Hanns-Josef Ortheil
Kunstmomente

HANNS-JOSEF ORTHEIL

KUNSTMOMENTE

Wie ich sehen lernte

btb

Die Entstehung der Kunstmomente

Im Winter 2018/19 lebte ich eine Zeitlang in Venedig, um dort an meinem Roman *Der von den Löwen träumte* zu arbeiten. Ich war in einer kleinen Wohnung im Sestiere Dorsoduro zu Gast und verließ das Haus morgens recht früh, um einen ersten Gang durch die Stadt zu machen.

Einmal passierte es, dass ich nicht sofort nach rechts in die dunkle Gasse abbog, sondern kurz nach links schaute. Die Gasse endete dort an einem schmalen Kanal, das flaschengrüne Wasser schimmerte. Darüber kletterten Pflanzenreste die bröckelnde Mauer eines Wohnhauses hinauf, und über ihnen strahlte, von der Morgensonne erhellt, rosafarbene Wäsche an einer Schnur, als bildete sie einen Vorhang zu einem bevorstehenden Auftritt.

Ich ging nicht weiter, sondern blieb zunächst stehen und vertiefte mich in das Bild. Es hatte etwas von einem kleinen Gemälde, ich konnte den Blick kaum abwenden. Wenige Minuten später verließ mein Wohnungsnachbar unser Haus, auch er wollte zuerst nach rechts abbiegen, sah mich dann aber dastehen und schauen. Ich grüßte und bemerkte, dass auch er hinschaute, dann hörte ich ihn flüstern. »Ein schönes Foto (molto bella la foto)«, flüsterte er, als sähe er wirklich ein Foto und nicht eine kleine, pittoresk wirkende venezianische Szene.

Ein Foto sei das leider noch nicht, antwortete ich, aber vielleicht könne er mir den Gefallen tun, ein Foto mit mir als Betrachter zu machen. Ich deutete auf den niedrigen Poller, der am Rand der Gasse stand, und nahm auf ihm Platz. »Natürlich«, sagte mein Nachbar, das Foto mache er gern, unbedingt und sofort mit seinem Smartphone.

Ich setzte mich und schaute auf die leuchtende Wäsche vor meinen Augen, es war still, ein unwirklich erscheinender früher venezianischer Morgen lieferte seine ersten Bilder. Mein Nachbar fotografierte mich im Sitzen, und wir verständigten uns darauf, wie er das Foto rasch an mich weiterleiten konnte. Danach trennten wir uns, ich blieb auf meinem Beobachterplatz, und mein Nachbar ging weiter, zum Einkauf.

Wie lange habe ich an diesem Morgen auf dem Poller gesessen? Eine halbe Stunde, eine ganze? Wohl so lange, wie das Morgenlicht auf die Wäsche fiel und die Szene ihr rührendes Leuchten behielt. Nach einer Weile öffnete ich die Umhängetasche, die ich während meiner Gänge dabeihatte. In ihr befanden sich alle Geräte und Hilfsmittel, die ich brauchte: ein kleines Fernglas, ein Fotoapparat, ein Skizzenblock, verschiedene Stifte, eine Papierschere und ein winziger Bluetooth-Lautsprecher.

Ich nahm das kleine Fernglas heraus und schaute mir die Details meines Bildes noch genauer an. Ich zoomte sie heran, verweilte beim Grün der Algen und Pflanzen, kletterte an der Hauswand herauf, schnupperte an der Wäsche und schaute schließlich auf die Gardinen hinter dem Fenster. Während dieses langsamen Bilderstudiums kam mir urplötzlich die Erinnerung. Ich dachte an meine ersten Beobachtungen mit einem Fernglas in unserer Kölner Familienwohnung in den fünfziger Jahren. Damals war ich noch ein kleines Kind, und das Fernglas war mein erstes Werkzeug gewesen, um Bilder zu entdecken und mit ihnen umzugehen.

Ich setzte das Fernglas ab und erinnerte mich. Was waren das für Momente gewesen, die ich zunächst mit dem Fernglas, dann mit dem Fotoapparat, später mit einer Videokamera erlebt hatte? Mit ihnen hatte ich ein reiches Bilderstudium betrieben, das ich in vielen Fällen auch in Texte übersetzt oder verwandelt hatte. Die Bilder hatten dann als Vorlagen oder Inspirationen gedient, und nicht selten bauten sogar längere Erzählungen oder Romane auf diesem Bilderstudium auf.

Dabei bin ich im Laufe meines Lebens auch jenen Kunstkontinenten begegnet, die dieses Studium angeregt haben: den Gemälden und Plastiken der Kölner Kirchen in den fünfziger Jahren, dem antiken Griechenland in den sechziger, Rom und Paris in den siebziger, New York in den achtziger Jahren. Die Kölner Bildsequenzen haben mich das ganze bisherige Leben begleitet, ebenso die Westerwälder meiner Elternlandschaft. Noch heute lebe ich in ihnen und habe eine dritte Heimat in Stuttgart gefunden.

Am Abend dieses Tages, an dem ich in einer dunklen Gasse Venedigs einen Epiphanie-Moment besonderer Art erlebte, machte ich in meiner Wohnung erste Notizen für das Buchprojekt *Kunstmomente*. Ich legte Listen der Bilder und Texte an, die solche Kunstmomente ausgelöst und beschrieben hatten.

Wie ich schreiben lernte – davon habe ich einmal in einem Roman detailliert erzählt (*Der Stift und das Papier*, 2015). *Wie ich Klavierspielen lernte* (2020) ist ebenfalls nicht nur der Titel, sondern auch das Thema eines Romans. Die *Kunstmomente* bilden, so gesehen, den dritten Teil einer Trilogie von Lernprozessen, die aus einem in der Kindheit noch relativ hilflosen Menschen einen halbwegs entwickelten gemacht haben. *Wie ich sehen lernte* – war daher der folgerichtige Untertitel, den ich an diesem denkwürdigen Tag in Venedig notierte.

Inzwischen habe ich meine Kunstmomente aus vielen unveröffentlichten, aber auch aus bereits vorliegenden Texten zusammengestellt und eigens kommentiert. Lesen lässt sich das Ganze als eine autobiografische Reise durch die Welten der Kunst aus der Perspektive eines Schreibenden, der unterwegs versuchte, mit Hilfe der Künste (Gemälde, Plastik, Architektur, Fotografie, Film, Video) schreiben zu lernen.

Wissen/Sieg, Köln und Stuttgart, im Frühjahr und Sommer 2022

Die Erfindung der Werkstatt

Die kindliche Werkstatt 1 – Das Schauen

Wie und wo anfangen? Ich denke an meine frühsten Kinderjahre in Köln und frage mich, wie und wodurch sich erste »Kunstmomente« herausbildeten. Hat ein kleines Kind von wenigen Jahren bereits solche Erlebnisse?

Ich habe das damalige Familienleben im Blick, die Wohnung und jene Szenen, die sich mir tief eingeprägt haben. Was kann ich erkennen?

Wir lebten im ersten Stock eines Mietshauses in Köln-Nippes am Erzbergerplatz. Das ist ein noch heute sehr eindrucksvoller, rechteckiger Platz, rundum von Häusern umgeben. In der Mitte befinden sich Spielplätze und Gartenanlagen, der Platz wirkt trotz der vielen Menschen, die dort wohnen, eigentümlich ruhig, fast idyllisch.

Woran ich mich als Erstes erinnere, ist der Blick aus dem Fenster unseres Wohnzimmers herunter auf den Platz. Ich stand auf einem kleinen Schemel und schaute mir das Leben und Treiben an, und ich war von den vielen Bildern und Szenen sehr fasziniert. Das Zimmer hatte einen Erker, dort standen ein kleiner runder Tisch und ein Sessel. Das war der Platz meiner Mutter, sie saß in diesem bequemen Möbel, und auf dem Tisch lagen Stapel von Büchern. Ich, auf dem Schemel stehend – und meine Mutter neben mir, sitzend und lesend. Das sind die ersten Bilder, an die ich mich erinnere.

Sie sind aus der Zeit, als ich drei, vier Jahre alt war. Ich lebe im Binnenraum meiner Mutter, eng an ihrer Seite. Während sie liest, schaue ich auf den Platz, und während sie das

Essen in der Küche vorbereitet, helfe ich ihr, und wenn sie zum Einkaufen geht, begleite ich sie. Wir gehen Hand in Hand, das sind die frühsten Bilder.

Damals hat meine Mutter nicht gesprochen. Die Verständigung mit anderen Menschen verlief ausschließlich über Notizzettel. Sie hatte das Sprechen aufgegeben, nicht aber das Lesen und Schreiben. All das, was sie Schreckliches erlebt hatte, ließ sie schweigen. (Die Eltern hatten in den Jahren vor meiner Geburt vier Söhne verloren.)

Meine frühen Bilder im Kopf imaginieren eine lesende und schreibende, nicht aber sprechende Mutter, die im Erker unseres Kölner Wohnzimmers sitzt, ohne einmal herunterzuschauen. Man hat mir erzählt, dass auch ich etwa ab drei Jahren immer weniger gemurmelt oder an Lauten von mir gegeben und mich der Mutter angeschlossen habe. Wir waren in dieser Hinsicht ein Duo oder ein Team, später hat meine Mutter dafür eine in meinen Augen sehr passende Bezeichnung gefunden.

Häufig hat sie dann leicht ironisch von unserem *stummen Handwerk* gesprochen. Die Formulierung ist genial, finde ich. Denn sie fixiert genau, was wir beide machten: Wir waren handwerklich tätig, und wir waren stumm. Ihr Handwerk war das Lesen und Notieren, meines war das Schauen, später auch das Klavierspielen. Und zusammen betrieben wir das Handwerk des Kochens, zu zweit, mittags in der Küche. Ich schnippelte das Gemüse klein, sie machte daraus eine Suppe.

Gesprochen wurde auch dabei nicht. Aber ich musste nicht rätseln oder überlegen, was gerade geschehen sollte. Im Gegenteil, ich wusste immer genau, was zu tun war. Das Reden wurde ausgeblendet, wir konzentrierten uns auf das Handwerk. Zu hören war nur das Radio – das hatte eine lautliche Ersatzfunktion. Musik, immer nur Musik, meist klassische, aber auch französische Chansons, etwa von Juliette Gréco.

Mein eigentliches, erstes Metier war aber das Schauen, das unendlich lange Schauen auf den Platz unter uns. Dieses genaue Hinschauen und Fixieren der Bilder – das empfinde ich noch heute als eine zentrale Keimzelle aller späteren Kunstmomente. Beobachten, Aktionen verfolgen, Atmosphären einsaugen – das sind die Urerlebnisse.

Dieses Schauen ist verknüpft mit einem ersten Hilfsmittel, einem Fernglas oder, wie es bei uns hieß, einem Feldstecher. Er gehörte meinem Vater, der mehrere solcher Feldstecher besaß. Als Geodät benutzte er sie bei seiner Arbeit, aber er benutzte sie nicht nur dann. Er liebte das Schauen durch Ferngläser, unendlich oft hatte ich das gesehen und früh zu imitieren begonnen. Sie dienten vor allem der Beobachtung von Tieren in der ländlichen Umgebung des Westerwaldes, in der meine Eltern aufgewachsen waren und sich in der Nachkriegszeit ein kleines Einfamilienhaus für ihre Ferienaufenthalte gebaut hatten. Dort beobachteten Vater und ich die Vögel, oder wir stiegen früh am Morgen auf Hochsitze, um das Wild auf den Feldern durch unsere Ferngläser aus der Nähe zu sehen.

Dieses Heranholen von Tieren, Menschen und Umgebungen an das eigene Auge und das dadurch mögliche genaue Sehen hatten etwas Erregendes. Es ließ uns viel mehr sehen als die Prosa der Wirklichkeit. Stattdessen sahen wir intensive, plastische Bilder, scharf in jedem Detail, ein Farben- und Konturenspiel, als präsentierte eine gestaltende Hand die sonst so prosaische Welt in vielen erweiterten Dimensionen.

Als kleiner Junge war ich in das Schauen durch Ferngläser vernarrt. Ich hatte sie beinahe jeden Tag dabei und behandelte sie wie Spielzeug. Dann veränderte ich die Einstellung, drehte sie um oder betrachtete mit ihrer Hilfe auch nahe Gegenstände und Zimmer, als ließen sie sich auf diese Weise zerlegen und in Fantasiewelten überführen.

Heute würde ich sagen, es handelte sich um einen leicht autistischen Spleen, um das Spiel eines stark zurückgezogen lebenden Kindes, das soziale Kontakte durch Kontakte anderer Art ersetzte. Zu einem Kunstmoment wurde dieses frühe Schauen durch die Benutzung des Fernglases, das ich unbewusst, aber doch gezielt wie ein künstlerisches Werkzeug einsetzte. Es formte die Wirklichkeit, inszenierte sie neu, entwarf Bilder und Szenerien, die bis in die kindlichen Träume nachwirkten. Hier, denke ich, liegen die ersten Grundlagen für das weitere Sehen, die Fundamente des Sehenlernens.

Das spätere Schauen mit der Hilfe von Texten

Die Folgen des kindlichen Trainings eines genauen Sehens und Schauens lassen sich in vielen späteren Texten verfolgen, in längeren vor allem dann, wenn das Geschehen sich verlangsamt und Raumfantasien entstehen. Dann zoomt der Text auf kleine Details, kreist auf der Stelle und konzentriert sich auf präzise Wahrnehmungen. Diese Fokussierung erscheint mir wie ein asiatisches Moment des Schreibens, als orientierte sich der jeweilige Text an Traditionen der Haiku-Dichtung.

So zum Beispiel in meinem Buch »In meinen Gärten und Wäldern« (2020), das lauter Einzelerscheinungen von Pflanzen, Bäumen und Sträuchern porträtiert, die so auftreten, als hätte ich sie ganz aus der Nähe oder sogar mit einem Fernglas über einen längeren Zeitraum beobachtet. Solche Beobachtungstexte habe ich oft geschrieben, ein Leben lang, zunächst auch ohne daran zu denken, sie je zu veröffentlichen. Sie entstanden wie von selbst, und sie waren keineswegs das, was man leichtfertig »Impressionen« nennt. Das nämlich waren sie eben gerade nicht, sie enthielten keine »Stimmungen«, sondern hefteten sich eng und sehr direkt an das Gesehene. Der Gestus war also kein impressionistischer, sondern eher ein phänomenologischer. Erklären kann ich ihn mir dadurch, dass ich mich an die Kindheitsmomente des regungslosen Starrens und Schauens erinnere.

Das ganze Jahr über ist das dunkle, polierte Grün seiner Blätter präsent, unverändert und fraglos. Als rasch sich breitmachender Strauch berühren sie einander, neigen ihre Spitzen und streben keine weitere Ordnung an.

Von der fein gezogenen Mittellinie zweigen nach beiden Seiten kürzere und schwächere Linien ab – wie unscheinbare Impulse.

Erstaunlich sind seine weißen Blüten, die lange geschlossen bleiben und einen starken Duft aussenden.

Als winzige Kugeln bilden sie imponierende Traubenstände in großer Zahl, die aufrecht, neben- und hintereinander wie Gestalten eines sakralen Ritus auftreten, dessen Regeln nur sie allein kennen und denen sie, Litaneien anstimmend, ergeben folgen.

Wohin soll ich schauen? Auf die zentrale, hängende Traube mit den lila-weißen Blütenhauben, die an einem dünnen, biegsamen Strang hinauf- und hinabklettern, indem sie ihn wie ein Bergsteigerseil benutzen?

Oder auf die schmal und spitz zulaufenden Blätter, die sich von den auffälligen Blüten fernhalten und ihren Glanz wie ein schlichtes, asiatisch-grünes Dekor untermalen?

Oder auf die starken, hartnäckigen Holztriebe, die sich um die Gerüstgitter ranken und sich schwer an sie pressen, massive Schlingen bildend?

Glyzinien suchen die Nähe von Mauern, Wänden und Zäunen – und damit scheinbar auch die Nähe von Menschen.

Sie bilden mit ihrer Dreiheit von Blütengesicht, Blattbegleitung und hölzernem Strang jedoch eine eigene, strenge Einheit. Es ist die einer dekorativen Garde, die Haus und Hof in ihren Außenbezirken beherrscht und alles auf Abstand hält, was sich unerlaubt einschleichen will.

Mohn

Der grüne, raue Stängel balanciert die schwebendrote Blütenkomposition.

Mehrere schwere Gewänder öffnen sich verschwenderisch wie zur Preisgabe eines erotischen, dunklen Geheimnisses.

Die Heerschar der Staubblätter umkreist eine Kapsel, die im Laufe der Tage fester werden und schließlich die gelagerten und gereiften Samen ausscheiden wird.

Zuvor erscheint das alles aber noch so, als öffnete sich eine leicht parfümierte Hand mit mehreren roten Fingern und biete wie ein kleiner Teller starke schwarze Narkotika mit feinsten Weißschaumakzenten an.

Die kindliche Werkstatt 2 –
Das Ausschneiden und Sammeln

Parallel mit dem Schauen verlief ein zweites frühes Moment: das Ausschneiden und Sammeln. Hier kommt mein Vater ins Spiel. Er hatte in unseren familiären Kontexten auch festgelegte Rollen, und in die schlüpfte er hinein, wenn er abends von seiner Arbeit als Geodät nach Hause kam. Vater liebte Zeitungen und Zeitschriften sehr. Abends drehte er mit mir kleine Runden durch das Nippeser Veedel, und häufig suchten wir dann auch eines der typischen kölschen Büdchen auf. Da wurden dann Zeitungen oder Zeitschriften gekauft, ich durfte mir welche aussuchen und hatte so meinen ersten, eigenen Anschauungsstoff von Bildern, Grafiken und Texten.

Wir befinden uns noch immer in den mittleren fünfziger Jahren. Es gab kein Fernsehen in unserer Wohnung, aber es gab die bunten Zeitschriften mit vielen Fotos und Bildern. Die waren für mich gleichsam Fernsehen. Ich durfte mitnehmen, was ich wollte, ich hatte alle Freiheiten. Zu Hause habe ich jene Fotos und Bilder ausgeschnitten, die mir besonders gefielen. Anfänglich kamen auch sie nur in Kisten, das war aber nicht sehr befriedigend, weil sie sehr chaotisch herumlagen, wie Papierwust.

Vater hatte die Idee, sie auf Kartons zu kleben, und das habe ich getan. Damit war ich dann sehr beschäftigt, und ich hatte eine Aufgabe: Zeitschriften und Zeitungen ausschneiden und die Ausschnitte aufkleben und aufbewahren. Das war eine chronikalische Arbeit und stark dokumentarisch. Ich steuerte nur das Auswählen und Aufkleben bei, mehr nicht, keine eigenen Zeichnungen, kein Gekritzel, das mochte ich nicht, und ich konnte es auch nicht. Ich habe nie gemalt oder gezeichnet, nur gezwungenermaßen, später, in der Grundschule. Es war desaströs.

Meine Arbeit begann also mit dem Ausschneiden der Fotos, und weiter ging's mit dem Aufkleben auf Kartons. Man konnte sie in unterschiedlichen Formaten zurechtschneiden, quadratisch, rechteckig, rund oder klein. Waren sie beklebt, erschienen sie wie richtige Seiten, und wenn ich sie hintereinander anschaute, blätterte ich in einem selbst gemachten Buch. Einem mit vielen losen Seiten.

Was damals entstand, hatte bereits einen gewissen Werkcharakter. Nichts Großes, aber doch etwas von einem Werk. Auch das war also eine Hervorbringung des *stummen Handwerks* als eines elementaren Tuns: aus einer Quelle, einer Vorlage etwas anderes zu machen. Zielgerichtet, lustvoll, hypnotisiert vom Visuellen, das in andere Formate umgegossen wurde.

Wichtig erscheint mir das Zusammenspiel. Ich war in Köln-Nippes nicht allein unterwegs, sondern mit dem Vater. Ich teilte eine seiner großen Leidenschaften: sich Zeitschriften und Zeitungen zu kaufen und sich vor allem in ihre visuelle Lektüre zu vertiefen. Das genau bedeutete für meinen Vater zu lesen: die Blicke über die Seiten wandern zu lassen und ihnen visuellen Stoff zu entnehmen.

Ich vermute, dass solche sehr besonderen Lektüren mit seinem Beruf und der Geodäsie zu tun hatten. Die Fachbücher meines Vaters bestanden aus Zeichnungen, Bildern, Grafiken und Texten. Die Texte waren eher untergeordnet, er war auf Bilderschau aus, und er las ganz anders als meine Mutter, die sich in Romane, Erzählungen und Gedichte vertiefte.

Ein zweites Moment des Zusammenspiels bestand darin, dass mein Vater das Ausschneiden von Bildern und Textmaterial ernst nahm. Es gefiel ihm ausgesprochen gut, er hielt es nicht für eine bloß kindlich-naive Tätigkeit, sondern für das Ergebnis einer Bilderlust. Sein kleiner Sohn entwickelte in Zusammenarbeit mit ihm eine starke Freude daran, ganz nach eigenem Gutdünken und eigener Regie Bilder auszuschneiden. Ohne danach zu fragen, ob das jemanden interessierte, ohne irgendeinen Kommentar.

Ich schaute auf die Seiten einer Zeitschrift, überflog sie und wusste vom ersten Moment an, ob mir bestimmte Bilder gefielen und welche das waren. Wenn diese Bilder zündeten, löste ich sie aus ihren Zusammenhängen heraus. Ich isolierte sie und machte sie durch das Ausschneiden und Kleben auf Kartons zu *meinen* Bildern. Jedes einzelne berührte auf irgendeine dunkle, nicht zu begreifende Weise mein Empfinden und wurde dadurch zum Teil einer Galerie des kindlichen Sehens und Fühlens.

Ohne das zu begreifen oder gar zu benennen, dokumentierte ich mein Sehen und arbeitete an einer Chronik der visuellen Lust. Stark zeitgebunden, flüchtigen, ersten Impulsen folgend und sie durch das Aufkleben und Aufbewahren vertiefend. Das Vertiefen ergab sich durch die Relektüre, das Wieder- und Wiederanschauen, Tage oder Wochen später, wenn das heiße Moment der Emphase für eine Fotografie oder ein Bild sich gelegt hatte. Dann erhielten die Zeitungsausschnitte etwas beinahe Feierliches, als wären sie getränkt von den entflohenen Empfindungen, enthielten aber noch deren übrig gebliebenen narkotischen Nachgeschmack.

Durch das Aufkleben und Aneinanderreihen der eingeklebten Zeitungsausschnitte entstand eine erste, starke Zeitkomponente. Und genau das war von großer Bedeutung. In den Zeiten davor war ein Tag wie der andere verlaufen. Ich stand auf, langweilte mich, schlich durch die Wohnung, versuchte, mich zu beschäftigen, frühstückte. Dann beschäftigte meine Mutter sich mit ihren Büchern, ich schaute aus dem Fenster, und wir hörten zusammen Radio, klassische Musik, niemals Nachrichten. Das alles wirkte zeitlos, wie ein ewiger Stillstand, ohne große Abwechslungen.

Durch das Ausschneiden aus den Zeitungen (regelmäßig, alle paar Tage, getrieben von starker Neugierde) wurden erste Markierungen der Zeit erkennbar: vorher, nachher! So konnte ich mich orientieren. Ich sah und erkannte, was Zeit ist, ich empfand mich als ein Wesen, das eine bestimmte Zeit durchlebt. Dieses Zeitempfinden wurde noch durch eine andere Tätigkeit gesteigert, die ich ebenfalls an der Seite des Vaters erlebte: das Sammeln.

Beinahe jeden Abend gingen wir zusammen in den *Goldenen Kappes*, ein großes Brauhaus nahe unserer Wohnung, das es heute noch gibt. Wir gingen in die Schwemme, da standen sechzig, siebzig Leute an kleinen Tischen und tranken ihr Kölsch. Mein Vater kannte viele von ihnen, und es war für mich jedes Mal ein starker Moment zu erleben, wie freundlich er begrüßt wurde: Jupp, komm her, hier ist frei – und bring den Jungen mit! So bekam ich zu spüren, wie man integriert sein konnte, integriert, angenommen, dazugehörig. Das war mein Vater in hohem Maß, meine Mutter war es aber nicht und wollte es auch nicht sein.

Ich bekam einen erhöhten Kindersitz und etwas zu trinken. Ich konnte also schauen, gucken und teilnehmen, obwohl ich kein Wort redete. Das interessierte aber niemanden, ich war einfach »dabei« und erhielt sogar einen eigenen Bierdeckel. Wenn ich etwas Kleines zu essen bekam, wurde das auf dem Deckel notiert. Das Essen und ein Getränk – und dazu das Datum. Diese Bierdeckel nahm ich mit nach Hause, sie kamen in eine kleine Kiste, ich sammelte sie, sie waren die erste Sammlung, die ich anlegte.

Jeder Deckel stand in meinen Augen für einen schönen Moment: das Zusammensein unter Leuten mit meinem Vater, die kleine Abendmahlzeit, friedlich, ungestört. Die Schrift auf den Deckeln hielt diesen Moment fest, deshalb habe ich sie aufgehoben. Ich vermute aber noch mehr, denn im Grunde erweiterte sich durch diese Sammlung von Bierdeckeln meine Chronik.

Die dahinströmende Zeit wurde in kleinen Zeitinseln

fixiert. Jeder Deckel eine Insel. Und mehrere Deckel hintereinander ergaben einen chronikalischen Verlauf. Und genau das hatte für mich wieder eine große Bedeutung: die Zeit festzuhalten, auf etwas zu schauen, das ihren Verlauf imaginierte. Nahm ich einen Deckel in die Hand, setzten die Träumereien ein, sie waren Wege zurück in die gerade erst erlebte Vergangenheit: Relektüre.

Die kindliche Werkstatt 3 – Fotografieren

Nach dem Schauen mit Fernglas und dem Ausschneiden von Zeitungsausschnitten sowie dem Sammeln von Bierdeckeln kam als drittes Moment das Fotografieren hinzu. Auch das regte mein Vater an, der auf seinen geodätischen Streifzügen und seinen Projekten der Landvermessung beinahe täglich mit einem Fotoapparat unterwegs war.

Ich erhielt einen kleinen Apparat als Geschenk und hatte danach große Freude daran, die Szenen auf dem Erzbergerplatz nicht nur mit dem Fernglas zu beobachten, sondern auch zu fotografieren. Dabei hielt mich eine verständliche Zurückhaltung davon ab, auch Fotos von Menschen zu machen, die sich zu den unterschiedlichsten Tageszeiten auf dem Platz bewegten. Ich wollte sie nicht gegen ihren Willen auf einem Foto festhalten, auch heimlich wollte ich das auf keinen Fall tun.

Das Fotografieren von Menschen erschien mir als aufdringliche Annäherung. Damals waren Annäherungen jeder Art für mich sowieso nur in bestimmten Momenten möglich, denn lange Zeit hatte ich als Kind eine enorme Scheu, Menschen in der Umgebung offen und entspannt zu begegnen. Auch in dieser Scheu wirkte ein Erbe meiner Mutter nach, die wenige Jahre nach dem Ende des Zweiten Weltkriegs noch eine tief sitzende Angst empfand und auf Distanz zu jedem ihr nicht gut bekannten Menschen blieb.

Welche Folgen hatten solche Empfindungen für mein Fotografieren? Zunächst die, dass ich bevorzugt Gegenstände und kleine Details von Räumen fotografierte und auf Abbildungen von Menschen verzichtete. Nicht einmal die Eltern fotografierte ich, wohl aber die Bäume und Pflanzen auf dem großen Platz unterhalb unserer Fenster. Meine Fotos waren daher vor allem Stillleben, die vieles von dem festhielten, was wir in der Familie in die Hand nahmen: Kämme, Seifen, Gläser, Besteck oder auch Schmuck.

Besonders gern fotografierte ich Zutaten von bestimmten Speisen. Wenn ich mit der Mutter in der Küche saß, machte ich Aufnahmen von dem Gemüse und den Salaten, und das in jedem Stadium ihrer Herstellung und Präparierung für eine Mahlzeit. Auch die Speisen, die ich an der Seite des Vaters im Brauhaus des Goldenen Kappes serviert bekam, fotografierte ich schließlich. Die Schwarz-Weiß-Aufnahmen wurden den Bierdeckeln auf ihrer Rückseite angeheftet.

Das Essen kam nie auf großen Tellern, sondern in kleinen Schälchen, das waren Kinderportionen. In der Schwemme wurde normalerweise nicht gegessen, sondern nur getrunken. Wer essen wollte, setzte sich an einen Brauhaustisch. Die Miniportionen waren etwas Besonderes, wie ein Gruß aus der Küche. Es gab kölsche Spezialitäten, saure Nierchen oder Reibekuchen, in schmale Streifen geschnitten. Meinen Vater freute das sehr, und er spielte etwas Theater, wenn das gebracht wurde. So sagte er oft: Ah, dem Herrn Baron wird serviert, ah, schau an, der Herr Baron erhält Apfelkompott. Dann lachten alle und schauten zu, wie ich kostete und aß.

Es waren einerseits ganz alltägliche kölsche Speisen, die andererseits eigens serviert wurden, als handelte es sich um Delikatessen. Diese kleinen Festmomente haben mein ganzes Essverhalten stark geprägt. Sie haben eine kulinarische Lust entstehen lassen, und zwar eben nicht die eines Gourmets, sondern die eines Liebhabers von einfachen, sorgfältig zubereiteten und eigens servierten Speisen.

Auf meinen Fotografien waren sie jederzeit abrufbar und präsent, und wenn ich sie wieder betrachtete, war das wie ein zweiter intensiver Genuss. Das Visuelle der Relektüre bewirkte auch hier eine temporäre starke Empfindung, die Wiederbelebung eines vergangenen Moments.

Die kindliche Werkstatt 4 – Die Fotoalben der Familie

Diese Formen der Wiederbelebung erlebte ich vor allem dann, wenn wir uns in der Familie gemeinsam oder auch allein Fotoalben anschauten. Mein Vater hatte viele solcher Alben angelegt, sie enthielten Fotos seiner Herkunftsräume auf dem westerwäldischen Land und solche von seiner geodätischen Arbeit. Auch meine Fotos kamen schließlich in eigens dafür angelegte Fotoalben, die meine kindlichen Erfahrungen der Welt um wichtige Komponenten erweiterten.

Darüber, welche Bedeutung das Format des Fotoalbums für meine Familie und für mich hatte, habe ich in einem Essay nachgedacht. Wie gingen wir mit den Fotos um? Welche Momente des Erlebens mobilisierten sie, im Anschauen, aber auch in späteren Gesprächen, die während des Anschauens immer wieder entstanden? Wie also verwandelt sich der visuelle Eindruck in Texte, und von welcher Art sind sie?

Ich erläutere das anhand von einigen Beispielen aus unserem Album.

Im ersten Jahrzehnt des zwanzigsten Jahrhunderts gruppiert sich in einem Flusstal der Nister, einem Nebenfluss der Sieg, eine Reihe von Menschen vor einem Gasthof mit angrenzendem Biergarten. Sie alle gehören zu einer großen Familie, die diesen Gasthof vor kurzem erworben hat und nun dabei ist, ihn als Ausflugslokal mit umgebender Landwirtschaft zu ge-

stalten. Sie haben Tische und Bänke nach draußen gestellt, als wären sie bei sich selbst zu Gast – und ein wenig ist es vielleicht auch so, denn sie werben mit diesem Foto dafür, wie schön und angenehm es sein mag, bei ihnen zu Gast zu sein.

Die Fotografie hat hier also eine bestimmte Aufgabe, nämlich die der Kundenwerbung. Man wird sie vervielfältigen und unter die Leute zu bringen versuchen, ein Berufsfotograf hat sie gemacht, der, wie man heutzutage weiß, den Auftrag vom stolzen Besitzer des Gasthofes erhalten hat.

Dieser Besitzer war mein väterlicher Großvater, der sich auf der Fotografie zusammen mit seiner Frau und vielen seiner insgesamt elf Kinder präsentiert. Die Personen auf dem Bild unterscheiden sich in Kleidung und Selbstdarstellung stark: einige tragen Arbeitskleidung, andere haben sich offenbar für die Fotografie umgezogen und betonen in Gestus und Attitüde ihre Einzigartigkeit. Die Eltern sitzen, beide dunkel gekleidet, hinter dem vor das Haus geschobenen Tisch, nur für sie hat man zwei Gläser nach draußen gebracht, während die übrigen Familienmitglieder sich mit ihrer bescheiden wirkenden Selbstdarstellung begnügen müssen.

Das Törchen zum Biergarten, in dem mein Großvater einige Jahre zuvor Lindenbäume hat pflanzen lassen, steht offen, und am Zaun lehnt ein Fahrrad. Ich stelle mir vor, dass die große Gesellschaft nach dem fotografischen Akt aufspringen und sich in alle Richtungen zerstreuen wird. Einige werden in den Garten eilen, der Onkel in weißem, offenem Hemd wird hinter die Theke gehen, und die ihm zugesellte, besonders elegant gekleidete Frau (ebenfalls in Weiß) wird sich um die von überallher eintreffenden Gäste kümmern.

Diese Gäste kamen damals mit der Kutsche, aber auch mit dem Fahrrad oder zu Fuß. Einige, die es sich leisten konnten, fuhren auch bereits mit einem Auto. Auch davon gibt es eine Fotografie desselben Fotografen.

Die fotografischen Akzente sehen jetzt ganz anders aus, denn dieses Foto präsentiert nicht die große Wirtshausfamilie, sondern das Ensemble von Gastwirtschaft und Landhotel

in stiller, menschenleerer Umgebung. Man sieht die ansteigenden westerwäldischen Höhen und Felder und die breite Landstraße, die Gäste haben ihre Wagen vor dem Haus geparkt, und in der Tür steht eine einzige weibliche Person in Arbeitskleidung, eine Tochter des Hauses, die ihre Gäste gleich bedienen und ins Haus führen wird.

Heute hängt eine Kopie dieser Fotografie in einem der fast unveränderten Speisesäle, Gast- und Landwirtschaft sind noch immer im Besitz der Familie Ortheil, und wenn sie an ruhigen Abenden im Biergarten unter den Lindenbäumen zusammensitzt, lässt sie manchmal eine Fotografie zirkulieren und zeigt den nachgeborenen, jüngeren Familienmitgliedern, wer darauf zu sehen ist. Dabei identifizieren sie aber nicht nur einzelne Personen, indem sie Namen oder spätere Berufe nennen, nein, sie fangen nach einigen Momenten der Überlegung auch an, von ihnen zu erzählen.

Was und wie erzählen sie? Sie erzählen von typischen Verhaltensformen, von Charaktereigenschaften oder von biografischen Details: »Schau mal, der da als Einziger einen Sonnenhut trägt, das ist Onkel Hubert. Er hat gerade noch auf dem Feld gearbeitet, deshalb trägt er den Hut und das offene Hemd. Er durfte das Bier zapfen, niemand sonst, erst sehr viel später durfte es auch Onkel Heinrich, der ja viel jünger war und nach Onkel Huberts Abgang die Gastwirtschaft übernommen hat.«

Was tun die Familienmitglieder, indem sie eine Fotografie so betrachten und behandeln? »Studieren« sie ein Bild, so, wie man Gemälde »studiert«? Nein, sie behandeln das Bild wie eine Projektion von Vergangenheit und wie deren legitimen Spiegel. Was sie herumreichen, halten sie nicht für Kunst, sondern für ein Bild des alltäglichen Umgangs. Es hat einen Augenblick kondensiert, den eines fotografischen

Aktes, für den der professionelle Fotograf die dargestellte Familie und die Gastwirtschaft inszeniert hat.

Solche Fotografien werden in diesen Jahren zu sozialen Objekten, gehen von Hand zu Hand, werden als Postkarten vertrieben und verschickt. Sie stimulieren das gesellige Reden, indem sie es öffnen für die Erzählung. Das Identifizieren der Personen ist dabei lediglich ein Aufhänger, von dem aus das Erzählen sich auf den Weg macht und im Extremfall weite Kreise zieht.

Finden die Fotografien den Weg in ein familiäres Fotoalbum, erhält das Erzählen eine episodisch vorgegebene Struktur. Man schaut, identifiziert, blättert eine Seite nach der andern um – nicht zu schnell, verweilend, das Kondensat aufsaugend –, manchmal stundenlang, bis das Erzählen im Rhythmus der umgeblätterten Seiten seinen größeren Rhythmus gefunden hat: den des Familienromans, den jetzt nur noch jemand zu schreiben braucht.

Meine literarischen Arbeiten kreisten seit ihren Anfängen um immer neue Bruchstücke eines solchen Familienromans. Die alten Fotografien, die ich als Kind im familiären Fotoalbum zu sehen bekam, bildeten die Grundlage und waren nie versiegende Inspirationen für das Erzählen: indem ich auf einzelne Personen fokussierte, indem ich über die Beziehungen der Personen zu- und untereinander nachdachte, indem ich die umgebende Landschaft zu einem Erzählmoment werden ließ oder indem ich die Personen in den besonderen zeitlichen Umständen verankerte und aus Elementen des Familienromans Elemente eines Zeitromans machte. Das kann ich noch genauer erläutern, indem ich aus den Fotografierten fotografierende Erzähler mache.

Um fotografiert zu werden, gruppieren sich Menschen in den ersten Jahrzehnten des zwanzigsten Jahrhunderts zunächst im Atelier eines Berufsfotografen oder in freier Landschaft, die dadurch ebenfalls Momente eines geschlossenen Atelierraums erhält. Sie ordnen sich fotografischen Inszenierungen unter, erhalten Plätze zugewiesen, Kleider empfohlen und werden gebeten, den fotografischen Akt stumm und möglichst bewegungsarm an sich vollziehen zu lassen.

Noch sind sie selbst keine fotografierenden Akteure, die ersten Prototypen der später so erfolgreichen Leica mit Formaten von Kleinbildnegativen sind noch in der Konstruktion und noch nicht als Serienprodukte auf dem Markt. Als es in den zwanziger Jahren so weit ist, werden die Personen als Akteure ihres Selbst auf ihren Fotografien zu anderen Gestalten. Blättern wir im familiären Ortheilschen Fotoalbum weiter und schauen wir, wie und als wer oder was sie sich dann präsentieren.

Auf diesem Foto befinden sich zwei Brüder bei der sommerlichen Feldarbeit und Ernte. Den einen, den mit Hut und offenem Hemd, kennen wir bereits, es ist Onkel Hubert, der

andere dagegen ist mein Vater. Er lächelt leicht selbstzufrieden, ich vermute, er ist von dem Fotografen darum gebeten worden, aber es ist auch möglich, dass er lächelt, ohne es zu ahnen, denn mein Vater hat viel gelacht oder gelächelt, unergründlich und rätselhaft viel. Bruder Hubert lächelt nicht, er hat sich mit seinem Gesicht in die schattige Dunkelheit des Sonnenhutes zurückgezogen, eine auch in diesem Fall häufige Geste, denn Onkel Hubert war ein ausgesprochen scheuer und zurückhaltender Mensch, der trotz seines gestandenen Alters keine Probleme damit hatte, Jüngeren den Vortritt zu lassen.

Genau diese Geschichte erzählt das Foto, es erzählt, wie der ältere Bruder dem jüngeren den Vortritt lässt, problemlos, fast entspannt, das Foto ist nicht inszeniert, sondern zeigt einen schönen Moment – ein Familienmitglied hat diesen Zufallstreffer gelandet: ein Lächeln, ein scheuer Blick, zwei Männer bei der Feldarbeit, heute würde man sagen: ein gelungener Schnappschuss! Gelungen, weil er von diesen beiden Männern auf treffende, vielsagende und rührende Weise erzählt.

Rührend, weil er sie so zeigt, wie auch viele andere sie wahrnehmen, in einem Augenblick, in dem sie etwas von ihrer Eigenart preisgeben. Dass die beiden nicht dicht nebeneinander, sondern getrennt voneinander so stehen, dass der ältere, hinten stehende kleiner zu sein scheint als der vorn stehende, deutet auf einen Rest des »Malerischen« hin. Der Gelegenheitsfotograf hat ein Foto »geschossen«, als wäre er ein Maler des neunzehnten Jahrhunderts, der zwei Männer bei der Feldarbeit auf einem Feld porträtiert. Setzen wir die Anforderungen an den Gelegenheitsfotografen höher, erwarten wir von ihm ein Gruppenporträt der Geschwister, möglichst ebenfalls bei der Feldarbeit.

Wieder ein schöner, unvergleichlicher Moment! Einige Personen kennen wir jetzt bereits – Onkel Hubert mit dem Sonnenhut, meinen ewig lächelnden oder lachenden Vater, den jüngeren Bruder Heinrich, diesmal mit einer feschen Kappe – und dazu zwei Schwestern. Die eine, vorn liegend, organisiert die Küche der Gastwirtschaft zusammen mit ihrer Mutter, die andere beobachtet versonnen und melancholisch, wie mein Vater seine Geschwister mit einem Getränk bedient. Was bekommen die Kinder eines Gastwirts auf dem Feld zu trinken, was wird – mit eleganter, gelöster Geste – eingeschenkt?

Immer wenn ich dieses Foto betrachte, erinnert es mich an einen Film, den ich als junger Mann einmal gesehen und dessen Szenen auf dem Land ich mit den westerwäldischen Szenen des familiären Fotoalbums in Verbindung gebracht habe. Es ist der Film *Une partie de campagne* (*Eine Landpartie*) aus dem Jahr 1936. Der Regisseur war Jean Renoir, und er hat in diesem Film das französische Leben auf dem Land, orientiert an einer Erzählung von Guy de Maupassant, so eingefangen, wie wir es auf diesem Gruppenporträt beobachten können.

Die Arbeit ruht, sie scheint niemanden zu überanstrengen, sondern im Kreis der Geschwister sogar eine gewisse Freude zu machen. Man spricht miteinander, viele lächeln oder lachen, sie halten meinem Vater ihre leeren Tassen hin, damit sie von dem belebenden Getränk wie von seinem Lachen etwas abbekommen. In *Une partie de campagne* hätte der Gastwirtssohn seinen Geschwistern ein Glas Wein eingeschenkt, auf dem Gruppenporträt der Familie Ortheil schenkt er dagegen etwas Westerwäldisches ein: Es ist Milch von jenen Kühen, die auf den Feldern des Hofes gehalten werden. Auch Milch, nicht nur Wein, scheint die Lebensfreude zu steigern – das erzählt die Fotografie in bescheidener und angemessener Weise, wir befinden uns schließlich nicht auf dem französischen Land, wo ein Glas Wein zur Feldarbeit gehört, sondern auf dem westerwäldischen, wo die Milch aus der Milchkanne in Tassen serviert wird.

Davon einmal abgesehen, sind die »malerischen« Momente dieser Gelegenheitsfotografie sofort zu erkennen: die drei Männer im Hintergrund, mit dem Sonnenhut in der Mitte, die beiden Frauen davor, die eine beobachtend sitzend, die andere in Schräglage, liegend, als sperrte sie den intimen Raum der geschwisterlichen Gespräche gegen die möglicherweise anflutende Neugierde von außen. Dieser Neugierde wird kein weiterer Stoff geboten, der Kreis der Familienmitglieder ist geschlossen, sie bewahren einander in seltener Einmütigkeit wie treue Kinder und Ableger der nicht sichtbaren Eltern, die es geschafft haben, ein Leben ohne strenge und verzehrende Konflikte zu führen.

Schließen wir das Ortheilsche Fotoalbum nicht, ohne daran zu erinnern, was seine Verwendung und sein spezifisches

»Studium« den Familienmitgliedern ermöglicht. Indem sie es öffnen und seine Bilder betrachten, aktualisieren sie den inneren Film, den sie anhand dieser Fotografien für ihre Erinnerungen entworfen haben. Die Fotografien erscheinen im Albumformat als vergangene, aber präzise erinnerbare Szenen, die sogar in den Träumen auftauchen.

Es ist dieser innere Film, den ich in vielen literarischen Arbeiten belebt habe. In meinem Roman *Die Erfindung des Lebens* etwa spielen die Eltern und die Geschwister meines Vaters sowie das Landleben, das sie lange führten, eine große Rolle. Die Gastwirtschaft, die Nähe der Brüder zueinander, der Kreis der Geschwister auf dem Feld – die alten Fotos des Albums entwickelten einen Film, der zentrale Raum- und Handlungsmomente dieses Romans vorgab.

Das Selbst der Familienmitglieder hat seinen Raum und seine persönliche Präsenz in Form dieser Fotografien erhalten, und diese fotografische Präsenz wirkt so stark, dass sich die Familienmitglieder am Ende mit den Augen der Gelegenheitsfotografen gehen, arbeiten, lächeln, stehen und liegen sehen. Zwar erscheinen Momente des »Malerischen« (und damit Momente der traditionellen Kunst) auch auf diesen Fotografien, keiner von den Dargestellten versteht sie aber als »Kunst«, sondern – ja, als was eigentlich?!

Exkurs 1 – Roland Barthes »studiert« sein Fotoalbum

Die Frage mobilisiert Theorien und Ästhetiken des Fotografischen, die sich erst lange nach den ersten Fotografien deutlicher formuliert haben. Anscheinend war vielen ihre Erscheinung nicht ganz geheuer, denn in eine »Ästhetik der Kunst« konnte man die Fotografie (noch) nicht einschreiben, sie war vielmehr ein unverschämt direktes Medium, das ohne den Künstler auszukommen schien, indem eine Kamera Lichtsignale einfing. Wie aber dann Fotografien lesen, verstehen und einordnen? Und als was?

Genau diesen einfachen Fragen ist der Schriftsteller und Semiologe Roland Barthes Anfang der achtziger Jahre des vergangenen Jahrhunderts in einem Buch mit dem Titel *Die helle Kammer* nachgegangen. Für meine Überlegungen zum Fotografischen erscheint es mir vor allem deshalb sehr geeignet, weil es den Fragen nach der Ästhetik der Fotografie auf fast naive Weise, ohne theoretischen Überbau oder erkennbare Anlehnungen an Ideenvorräte älterer Ästhetik, folgt.

Wichtig ist zu wissen, warum Roland Barthes zu diesen Überlegungen genötigt wird. Kurze Zeit davor war nämlich seine Mutter und damit jene Person gestorben, mit der er fast ein ganzes Leben, verteilt auf zwei Wohnungen, in einem Haus in Paris und einem auf dem Land, verbracht hat. Die konkreten inneren Bilder der Mutter sind am Verschwinden, und so öffnet er Fotoalben, auf der Suche danach, ihre Präsenz auf Fotografien wiederzufinden. Um dieses Wiederfinden genauer zu erfassen, fragt er nach dem Status fotografierter Personen, nach der Fotografie als Geschehen und nicht zuletzt, was einer denn tut, indem er Fotografien betrachtet.

Auch Barthes fixiert den ersten Schritt der Betrachtung, vergleichbar der Betrachtung von Gemälden, noch als »Studium«. Es handelt sich aber um ein anderes Studium als beim Studium von Kunst: »Es ist«, schreibt er, »das *studium*, was nicht, jedenfalls nicht in erster Linie ›Studium‹ bedeutet, sondern die Hingabe an eine Sache, das Gefallen an jemandem, eine Art allgemeiner Beteiligung, beflissen zwar, doch ohne besondere Heftigkeit.«

Solche Verfahren eines »Studiums« habe ich gerade anhand von Bildern aus dem Ortheilschen Fotoalbum vorgeführt. Ich hatte deutlich Gefallen an diesen Aufnahmen, ich widmete mich ihnen »hingebungsvoll«, ich zeigte mich beflissen, sie zu erkennen, ohne übertriebene Heftigkeit.

Das »Studium« bleibt aber, Roland Barthes zufolge, beim Betrachten von Fotografien nicht allein. Oft gesellt sich vielmehr ein zweites Moment der Beobachtung oder des Blickes hinzu, das er »punctum« nennt: »Das zweite Element, welches das *studium* aus dem Gleichgewicht bringt, möchte ich daher *punctum* nennen; denn *punctum*, das meint auch: Stich, kleines Loch, kleiner Fleck, kleiner Schnitt – und: Wurf der Würfel. Das *punctum* einer Photographie, das ist jenes Zufällige an ihr, das *mich besticht* (mich aber auch verwundet, trifft).«

Auch dafür habe ich Beispiele gegeben: Der Sonnenhut meines Onkels, das Lächeln des Vaters, die Milchkanne und die bereitgehaltenen Tassen der Geschwisterrunde – sie nahm ich als einzelne Momente eines *punctum* wahr: bestechende, entwaffnende, sprachlos machende, wie ein Blitz erscheinende, höhere Zufälligkeit. Solche Momente entwerfen keine »Bedeutung«, sie sind keine Repräsentanzen eines möglicherweise »ländlichen Lebens« wie auf einem Gemälde. Nein, sie erscheinen plötzlich, durchsetzen das nervöser und fiebriger werdende »Studium« und verankern im Betrachter die Gewissheit, von einem sehr direkten Impuls des »Lebens an sich« getroffen oder berührt worden zu sein.

Exkurs 2 – Georg Simmel ortet einen Konflikt der modernen Kultur

Im Jahr 1918 hält der damals sechzigjährige Philosoph Georg Simmel einen Vortrag mit dem Titel *Der Konflikt der modernen Kultur*, der bereits wenig später einige Berühmtheit erlangen und sogar in Buchformat erscheinen wird. In ihm entwirft Simmel die Tiefendiagnose einer Kultur, die sich ihrer Fundamente im neunzehnten Jahrhundert nicht mehr sicher ist und sich in ungeheurer Beschleunigung, getrieben durch wirtschaftliche und soziale Revolutionen, in eine bedrohlich wirkende, offene Zukunft bewegt.

Als Philosoph hat Simmel diese enormen Eruptionen im Übergang zum zwanzigsten Jahrhundert so aufmerksam wie kaum ein anderer studiert und in vielen, auch ins Soziologische ausholenden Essays, Aufsätzen und umfangreicheren Werken beschrieben. In Berlin geboren und dort jahrzehntelang mit vielen Kulturschaffenden in engem Kontakt hatte er in seinen beliebten und viel besuchten öffentlichen Vorlesungen die Umbrüche und Avantgarden der Künste gedeutet und kommentiert. In *Der Konflikt der modernen Kultur* zieht er kurz vor seinem Tod ein Resümee, das nicht nur die geschichtsphilosophischen Herausforderungen der Zeit, sondern auch die ästhetischen in den Künsten zupackend umkreist.

Dabei lehnt er sich eng an die Philosophie des fast gleichaltrigen französischen Philosophen Henri Bergson an, der ähnliche Beobachtungen in der französischen Hauptstadt gemacht hatte. Auch Paris, in Walter Benjamins Studien später als »die Hauptstadt des neunzehnten Jahrhunderts« gefeiert, hatte in den ersten Jahrzehnten des zwanzigsten jenen *élan vital* der Umbrüche zu spüren bekommen, den

Bergson immer wieder beschworen hatte. Angesichts seiner elementaren Wucht halten er und Simmel viele traditionelle Fachrichtungen der Philosophie wie etwa Metaphysik oder Erkenntnistheorie für nicht mehr zuständig. Stattdessen verschaffen sie in ihren Analysen einer universellen Begrifflichkeit Raum, die sich am zentralen Begriff des »Lebens« festhält. Im Blick auf *das* Leben in seiner vitalen, nicht zu bändigenden, eruptiven Unergründlichkeit betreiben sie »Lebensphilosophie«. In Simmels bedeutendem Vortrag aus dem Jahr 1918 sind deren Spuren unübersehbar.

Das Leben, erläutert Simmel, entlässt aus seinem unaufhörlichen Werden laufend sogenannte »Kulturformen«, die den Lebensprozess in erstarrter Form, gleichsam stillgelegt und monadisch, spiegeln. Diese Kulturformen enthalten Fermente des Lebens, die man untersuchen und beschreiben kann, um sich der eigenen Zeit anzunehmen und zu nähern. Über die rasend schnellen Wandlungen dieser Kulturformen geht »das Leben« aber gleichzeitig hinweg: »Der Tiefenvorgang«, sagt Simmel, »dürfte aber der sein, dass das Leben vermöge seines Wesens als Unruhe, Entwicklung, Weiterströmen, gegen seine eigenen festgewordenen Erzeugnisse, die mit ihm nicht mitkommen, dauernd ankämpft; da es aber seine eigene Außenexistenz nicht anders finden kann als eben in irgendwelchen Formen, so stellt sich dieser Vorgang sichtbar und benennbar als Verdrängung der alten Form durch eine neue dar.« (G.S.: *Das individuelle Gesetz …*, S. 149)

Der Konflikt der modernen Kultur besteht ebendarin – in einer rasanten Bewegung eines »Stirb und Werde«, die dem Dasein jede Festigkeit und jede Chance der konzentrierten Selbstwahrnehmung entzieht. Ein Diagnostiker der Zeit wird sich demzufolge mit einer Analyse kurzfristig aufleuchtender Erscheinungen des Neuen beschäftigen und letztlich begnügen müssen. Eine Teilhabe an wirklich gegenwärtiger Zeiterfahrung dagegen ist ihm versagt, denn »die Zeit« ist aus den Fugen. Sie verläuft nicht mehr kontinuierlich, ihre Phasen bauen nicht mehr aufeinander auf, sondern durchdringen einander laufend.

Damit bleibt der »modernen Kultur« versagt, was die traditionellen, ins neunzehnte Jahrhundert zurückreichenden Kulturformen noch möglich machten: den Menschen ein begründetes Verhältnis zu ihren eigenen Bildern und Selbstbildern zu erlauben, um sich dadurch auf sich selbst beziehen zu können. Der Konflikt der modernen Kultur untergräbt dieses Selbst, so, wie es der Dichter Jakob van Hoddis wenige Jahre vor Georg Simmels Vortrag in einem Gedicht mit dem Titel »Weltende« fixiert hat:

Dem Bürger fliegt vom spitzen Kopf der Hut,
In allen Lüften hallt es wie Geschrei.
Dachdecker stürzen ab und gehn entzwei
Und an den Küsten – liest man – steigt die Flut.

Der Sturm ist da, die wilden Meere hupfen
An Land, um dicke Dämme zu zerdrücken.
Die meisten Menschen haben einen Schnupfen.
Die Eisenbahnen fallen von den Brücken.

Durch diese Zeilen wogen die Pluralbildungen von »Lüften«, »Küsten« und »Dämmen« als dumpfe Signale einer Überfülle, die in den wiederkehrenden U-Lauten (»Hut«, »Flut«, »hupfen« »Schnupfen«) auch klanglich-visionär herbeigetrommelt wird. Die von Hoddis ekstatisch und temporeich gesetzten Bilder ordnen sich nicht zu jenem Empfinden, das im neunzehnten Jahrhundert vor allem in Künsten wie der Malerei gepflegt wurde.

Dieses Empfinden war eine Wahrnehmung des »Malerischen«, das in Zeichnungen und Gemälden leuchtende Räume der stillen Gegenwärtigkeit von Zeit entwarf. In den Hervorbringungen des »Malerischen« bildeten Repräsentanzen der Natur, der Dinge und der Menschen »Erscheinungen«, die sich als Stellvertreter zu sich gekommener Empfindungen oder Erfahrungen sehen ließen. Das Sehen dieser Bilder vollzog sich in den Formen einer Betrachtung oder eines »Studiums«, das ihre Teile nacheinander zur Kenntnis nahm, um sie in der Zeitfolge des Sehens und Schauens schließlich wieder zusammenzusetzen.

All das ermöglichten die Eindrücke und das Wirken von Bildern, die im Bewusstsein der Betrachterinnen und Betrachter als Faktoren immer genauer werdender Raum- und Zeitwahrnehmungen zu verstehen waren. Ihr Verständnis bedurfte der Schulung, wie es im Lauf des neunzehnten Jahrhunderts, parallel zur expansiv werdenden Bildlichkeit des »Malerischen«, in Schulen und Hochschulen einzog. Kunstgeschichte und Kunstpädagogik entstanden als theoretische und praktische Lehrformen einer Vermittlung von Tiefenerfahrungen, die von den Künsten angeboten wurden. So wurden »der Blick« und »die Blicke« zum vielleicht vielsagendsten Motiv des »Malerischen«, Zeugnis seiner Selbstreflexion und seines fast narzisstischen Gefallens an den eigenen Reizen.

Exkurs 3 – Roland Barthes antwortet Georg Simmel

Ich lese Georg Simmels Analyse der modernen Kultur nun in erweiterter Form, indem ich sie mit den Überlegungen von Roland Barthes konfrontiere.

In seinem Buch *Die helle Kammer* hatte Roland Barthes »studium« und »punctum« als die den Fotografien adäquate und zugehörige Form des Betrachtens beschrieben und gezeigt, wie er mit diesem methodischen Verfahren Fotoalben durchwandert. Die Frage, die sich dabei unweigerlich stellt, ist die nach der spezifischen Präsenz der Dinge und Menschen im fotografischen Format.

Barthes schreibt, bei Betrachtung einer Fotografie lasse sich nicht leugnen, dass *»die Sache dagewesen ist«*. Diese Verbindung aus Realität und Vergangenheit ist in seinen Augen so etwas wie der »Sinngehalt« der Fotografie. Ihr Name sei also, heißt es, fast feierlich: *»Es-ist-so-gewesen«* oder auch das »Unveränderliche«: »das, was ich sehe, befand sich dort, an dem Ort, der zwischen der Unendlichkeit und dem wahrnehmenden Subjekt ... liegt; es ist dagewesen und gleichwohl auf der Stelle abgesondert worden; es war ganz und gar, unwiderlegbar gegenwärtig und war doch bereits abgeschieden.« (*Die helle Kammer*, S. 87)

Verbinde ich Barthes' Analyse mit der kulturhistorischen von Georg Simmel, gehört die Fotografie zu jenen Kulturformen, die fähig wären, den *élan vital* des Lebens zu stoppen, anzuhalten und aufzunehmen. Dann wäre die Fotografie das Medium der unmittelbaren, direkten Erscheinung und damit eine Erscheinung des *élan vital* im Moment und im fotografischen Akt der Belichtung. Betrachten wir also Fotografien in Fotoalben, um als »Lebensphilosophen« dem »Leben« so nahe wie möglich zu kommen?

Anders gesagt: Es ist der *élan vital* des Lebens, der in einem fotografischen Akt als Lichtspur fixiert und gleichsam abgesondert wird, damit er – als Fotografie – die Erfahrung eines »Es-ist-so-gewesen« ermöglicht. Diese Erfahrung, immer wieder gemacht und aneinandergereiht oder gar zu einer Folge komponiert, macht die Geschichten des Lebens auf dokumentarische Weise erzählbar und gewinnt dem eruptiv dahinströmenden Leben seine Zeugnisse ab.

Exkurs 4 – Der Fotograf August Sander

Solche Zeugnisse des »Es-ist-so-gewesen« habe ich zunächst anhand der Fotografien des familiären Fotoalbums gefunden. Es waren Gelegenheitsaufnahmen, die bestimmte Momente eines Familienromans fixierten, der vor allem im Westerwald, der Heimat meiner Eltern, und in Köln, meinem Geburtsort, spielte. Erst sehr viel später habe ich die Fotografien von August Sander entdeckt und in ihnen die künstlerische Steigerung der Gelegenheitsaufnahmen hin zu Aufnahmen von Kunstmomenten gefunden.

Ich begegnete ihnen zum ersten Mal Anfang der siebziger Jahre. Zunächst waren es nur wenige, auf die ich aufmerksam wurde, als ich mich intensiver mit der Geschichte der Fotografie beschäftigte. Damals machten diese Fotografien einen ungeheuren Eindruck auf mich, waren es doch Bilder, die ich einerseits wie Familienfotografien betrachtete und die andererseits unübersehbar mehr waren als schlichte Familienporträts. Meine innere Nähe zu diesen Bildern sagte mir, dass auf ihnen etwas von meinen Verwandten und damit von mir selbst getroffen war. Aber was?!

Die Fotografien hatten etwas ergreifend Direktes, sie wirkten, als seien die mir vertrauten Gesichter und Körper zu Ikonen erstarrt, an denen sich nun etwas studieren ließ. Wirkungsvoll waren diese Ikonen aber vor allem dadurch, dass sie vor dem nur angedeuteten, aber doch deutlich wahrnehmbaren Hintergrund der Westerwälder Landschaft in Szene gesetzt waren. Die Menschen erschienen in so enger Verbindung mit der Landschaft, dass sie keine bloße Kulisse, sondern der Raum war, der sie hervorgebracht hatte.

Dieser enge Bezug verlieh ihnen etwas Kreatürliches und damit etwas von Lebewesen, die ohne die sie umgebende Natur nicht zu denken waren. Sander hatte diesen Bezug der Menschen zu den sie umgebenden Räumen jedoch weder dramatisiert noch betont, vielmehr hatte er ihn beinahe unauffällig, mit unglaublicher ästhetischer Noblesse versteckt. Dadurch aber wirkte der gleichwohl unverkennbare Kunstanspruch seiner Fotografien reduziert, als dürfe sich die Kunst nicht hervortun, als dürfe sie den Menschen und Dingen nichts aufdrängen, sondern als müsse sie Menschen und Dinge nur in genau jenes Erscheinen setzen, das ihre Gestalt und ihr Gewordensein verdeutlichten.

August Sander, geboren 1876 in Herdorf, arbeitete zunächst als Haldenjunge auf einer Eisenerzgrube, wo er einen Siegener Berufsfotografen kennenlernte. Er hat das Glück, einen Mäzen zu haben, der ihm den Kauf einer Fotoausrüstung ermöglicht. Die nächsten Schritte führen zur Ausbildung in einem Fotoatelier und zu Jahren der Wanderschaft, in denen er neben dem Fotografieren auch Zeichnen und Malen erlernt.

Betrachtet man diese Stationen seiner Jugendbiografie, erkennt man Kapitel einer fast unglaublichen Erzählung. Es ist die eines jungen Mannes, der in den dunklen Tiefen der Eisenerzgruben des Siegerlandes jenen Lichtspuren folgt, die von Fotografien eingefangen werden. Während seiner Ausbildung zum Fotografen lernt er die Techniken kennen, diesen Spuren zu folgen. Gleichzeitig vermutet er aber, dass eine künstlerische Ausbildung im Zeichnen und Malen dazu beitragen könnte, die Erscheinungen des Lichts im fotografischen Akt nicht nur auf dokumentarische, sondern auch auf künstlerische Weise zu bannen.

Um seine Arbeiten ganz zu begreifen, ist es notwendig, an die genannten Ursprünge seiner Fotografien zu erinnern. Sander begann sein großes Projekt der Porträtierung der deutschen Gesellschaftsschichten nicht irgendwo, sondern in der Landschaft, der er entstammte: im Westerwald. Am Anfang seines Projekts standen seine Streifzüge durch diese Landschaft und die frühen Auftragsarbeiten, die ihn von Hof zu Hof führten und jene Fotografien entstehen ließen, die er später in einer sogenannten »Stammmappe« zusammenführte. Über ihre Entstehung berichtete er 1954: »Die Gestalten zu der Mappe sind in der engeren Heimat des Westerwaldes entstanden. Menschen, die ich in ihren Gewohnheiten von Jugend auf kannte, schienen mir durch ihre Naturgebundenheit dazu geeignet, meine Idee in einer Stammmappe zu verwirklichen, damit war der Anfang gemacht ...«

Die »engere Heimat«, die Menschen, die er von Jugend an kennt – ihr und ihnen gegenüber platziert sich der Westerwälder August Sander und verharrt minutenlang, um ihre bilderlose Geschichte zu erzählen und Landschaft und Menschen ins Bild zu setzen: die Stille, den Naturbezug, den Eigensinn, das Für-sich-bleiben-Wollen.

Diese Ausgangssituation wird bestimmend für Sanders Ästhetik. Immer wenn er von ihr gesprochen oder geschrieben hat, hat er zwei Begriffe ins Spiel gebracht, die er für zentral hielt: zum einen den Begriff des »Wesentlichen«, zum anderen den der »Lichtmalerei«. Fotografie, heißt es dann, solle Menschen und Dinge so porträtieren, dass sie nicht das Flüchtige, sondern das Dauerhafte, das »Wesentliche« einfange; und sie solle es zweitens tun, indem das Licht selbst das Bild hervorbringe. Nicht der Fotograf, sondern das Licht sei für das Kunstmoment der Fotografie verantwortlich – so lautet Sanders häufig wiederholtes Credo.

Bezieht man es auf meine vorigen Überlegungen zur Ästhetik von Fotografie, ist zu erkennen, dass dieses Credo die Gedankengänge von Roland Barthes auf verblüffende Weise berührt. Was Sander als das Wesentliche und was er als Lichtmalerei bezeichnet, erscheint in den Begriffen von Barthes als »das Unveränderliche« und als »Absonderung« durch Lichtspuren.

Wie passend wäre es gewesen, wenn August Sander auf seinen Wanderungen durch den Westerwald auch den Hof meiner Großeltern aufgesucht und Fotografien der versammelten Familienschar gemacht hätte! Leider hat er das nicht getan. Sehr wohl aber hat er sich in das Nistertal begeben und dort im Jahr 1912 eine Fotografie gemacht, die uns eine ungefähre Vorstellung davon vermittelt, wie er die Ortheil-

sche Familie vor ihrem Gasthof fast zu demselben Zeitpunkt fotografiert haben könnte.

Auf diesem Foto erkennen wir aber nicht die Familie Ortheil, sondern die Familie Enders. Sie wird aus ihren Behausungen ins Freie gebeten, um dort, gut sichtbar und als geschlossene Gruppe formiert, ein Bild abzugeben. Die Zugehörigkeit der einzelnen Mitglieder zur Großfamilie macht die dunkle Sonntagskleidung sichtbar, die jedem Mitglied einen altersbedingten Charakter gibt und zugleich das Verwandtschaftliche betont.

Die Köpfe der drei älteren Familienmitglieder befinden sich auf einer Höhe, und die Haltung der jeweils auf dem Schoß liegenden Hände ist ähnlich. Daher erscheinen diese drei Figuren als Variationen eines familiären Typus, so dass ihre Individualität im Blick auf ihre Familienzugehörigkeit verschwindet (oder keine große Rolle mehr spielt).

Die um die Älteren herumstehenden Kinder rahmen die Dreiergruppe. Von den kleinsten rechts und links an den Rändern steigt der Blick des Betrachters in einer langsamen Aufwärtsbewegung hinauf zu den Gesichtern der größeren, die auf verblüffende Weise wie jüngere Adaptionen der Gesichter der Älteren erscheinen. So bezeugt der forschende Blick auf die Großfamilie den fortschreitenden Lebensprozess. Er porträtiert dessen Stadien wie ein Muster von altersbedingten Ausdrucksvarianten, deren Gemeinsames die Familienähnlichkeit ist.

Jede noch so individuelle Regung (wie etwa ein flüchtiges Lächeln, ein verlegenes Fremdeln oder ein sich anbiederndes Schauen) würde eine der vielen Figuren aus dem Zusammenhang heraustreten lassen und den besonderen Bildcharakter zerstören. Selbst die kleinen Kinder lächeln nicht, sondern schauen ernst, wie von der Schwere des Lebens geprägt und in Grenzen gehalten. Für den Moment der Fotografie widerfährt dieser Familie ein Zu-sich-Kommen. Jedes einzelne Mitglied legt sein individuelles Profil ab und präsentiert sich als ein »Antlitz der Zeit« – in den Grenzen der Fotografie um 1912, die heftige Bewegungen noch nicht erfassen konnte und den Personen ein möglichst unbewegtes Erstarren abnötigte.

Die Fotografie der Ortheilsche Familie vor ihrem Gasthof war die eines Gelegenheitsfotografen, August Sanders Fotografie der Familie Enders ist die eines Kunstfotografen. Er inszeniert Kleidung, Gestik und Aufbau der familiären Pyramide und stellt die Fotografie in einen größeren Zusammenhang, indem er sie als Teil einer Porträtfolge von Bildern seiner westerwäldischen Heimat begreift.

Exkurs 5 – Pierre Bourdieu »studiert« Fotografien

Ergänzend möchte ich in einem kurzen Exkurs den französischen Soziologen Pierre Bourdieu ins Spiel bringen, der in einem Essay aus den sechziger Jahren den »sozialen Gebrauchsweisen der Photographie« nachgegangen ist und bestimmte Inszenierungen vor allem von Gruppen- und Familienporträts als »illegitime Kunst« bezeichnet hat. Bourdieu hat seine empirischen Studien von Gelegenheitsfotografien meist in Algerien betrieben und dabei bestimmte Muster entdeckt, mit denen Fotografen des gehobenen Bürgertums und der vermögenden Mittelschicht die Bauern der Region ins Bild setzten.

Diese Muster orientieren sich am frontalen Gegenüber der Abgebildeten, die während des Fotos still posieren: »Die Photos zeigen die abgebildeten Personen meist von vorn, in der Bildmitte, stehend und als Ganzfigur, d. h. in achtunggebietender Distanz, unbeweglich in würdevoller Pose verharrend. Wer posiert, wünscht in einer Haltung photographiert zu werden, die weder ›natürlich‹ ist noch dies sein will. Hinter der korrekten Haltung (in bester Kleidung) und hinter der Weigerung, sich bei einer alltäglichen Verrichtung überraschen zu lassen, steckt ein und dieselbe Absicht. Eine Pose einzunehmen bedeutet, sich selbst zu achten und von anderen Achtung zu verlangen.« (Pierre Bourdieu u. a.: *Eine illegitime Kunst. Die sozialen Gebrauchsweisen der Photographie*, Frankfurt/Main 1981, S. 92)

Bourdieu nennt den Geschmack, der bei den Fotografen des gehobenen Bürgertums am Werk ist, wenn sie die Bauern der Region in bestimmten Posen fotografieren, »barbarisch«. Deren Inszenierung in bester Kleidung, frontal und zum würdevollen Ausdruck animiert, erkennt er als Machtausübung, die den einfacheren Schichten des Volkes keine Chance lässt, »natürlich« in Erscheinung zu treten: »Der Gedanke mag erlaubt sein, dass das spontane Bemühen um Frontalität mit tiefverwurzelten kulturellen Werten verknüpft ist. Die Ehre gebietet, dass man der Kamera in derselben Weise gegenübertritt wie einem Menschen, den man achtet und dessen Achtung man erwartet: von vorn, mit erhobenem Kopf und den Blick gerade gerichtet ... Die abgebildete Person wendet sich an den Betrachter in einem Akt der Reverenz, der konventionell geregelten Höflichkeit, und verlangt von ihm, denselben Konventionen und denselben Normen zu folgen. Sie bietet die Stirn und wünscht, von vorn und mit Abstand betrachtet zu werden. Dieser Anspruch auf gegenseitige Ehrerbietung macht das Wesen der Frontalität aus.« (Bourdieu u. a., S. 94)

Berührt die machtstrategische Analyse der bäuerlichen

Gruppenporträts durch Pierre Bourdieu auch den Sanderschen Kosmos? Hat Sander seinen Figuren Haltung angepasst, oder hat er nicht vielmehr ihre Haltungen aus ihrer Umgebung und den Räumen gewonnen, die er selbst von Jugend her kannte und in denen er lebte? Schon das Foto der

Familie Enders im Nistertal beweist, dass August Sander seine Personen in die westerwäldischen Räume integriert hat. Sie wachsen aus diesen Räumen des Dorfes, der Häuser und Bäume heraus und hinterlassen noch im Schnee die Spuren ihres irdischen, gegründeten Daseins.

Wie dieses Verhältnis von fotografierter Person und Raum noch besser zu verstehen ist, macht eines der wenigen Selbstbildnisse August Sanders deutlich, das ebenfalls in einer Schneelandschaft entstanden ist.

Dieses Selbstbildnis zeigt ihn fast vollständig eingepasst in ein landschaftliches Detail, mitten im Winter. Die schweren Schuhe stecken im hohen Schnee, der sich auch von Mantel und Hut nicht abschütteln ließ. Noch massiger wirkt dieser weiße Besatz auf den Bäumen im Hintergrund, die so etwas wie eine Folie für die ernste Gestalt im Vordergrund abgeben.

August Sander jedoch hebt sich mit seinem Auftritt von dieser landschaftlichen Folie keineswegs ab. Er wirkt vielmehr wie ein integrierter Teil der Landschaft, der sich aus dem Bildzusammenhang nicht heraustrennen lässt. Die verschneiten Bäume und der eingeschneite Fotograf – sie sind kaum zu unterscheiden, nur ein einziges Detail sticht ab und zieht den Betrachter dadurch umso mehr an. Es ist das von einem dunklen Bart gerahmte Gesicht des Fotografen, es ist sein scharfer, forschender, den Betrachter fixierender Blick.

Sander begegnet dem Betrachter mit seiner eingehüllten Gestalt nicht frontal. Anders als viele seiner menschlichen Objekte zeigt er sich auch nicht als Mitglied eines Berufsstandes in einer sozialen Rolle oder als Teil einer Gemeinschaft (Familie, Verein, Musikkapelle). Er führt sein Arbeitsgerät zwar mit sich, stellt es aber nicht aus. Vielmehr porträtiert er sich seitlich, als einen die Landschaft gehend durchmessenden Menschen. Dieser Mensch ist wie ein stiller Jäger unterwegs, er verfolgt und hinterlässt Spuren und Witterung, es sind die Spuren, die ihn jahrzehntelang durch seine westerwäldische Heimat führen, geprägt von einer Zuwendung, die jeden Betrachter heutzutage noch immer sprachlos macht.

Das Selbstporträt des Verschneiten aus dem Jahr 1911 zeigt August Sander als einen Wanderfotografen. Er durchstreift eine Landschaft, in der er mit all seinen Instinkten und sensiblen Fühlern zu Hause ist und die er mit Hilfe seiner Fotografien anderen nahebringt. Dabei tritt er nicht aus der Landschaft heraus oder entfremdet sich etwa von ihr. Immer bleibt er ein »Zugehöriger«, der sie aufscheinen lässt und dabei in ihren typischen oder charakteristischen Momenten fixiert.

Sander hat sein ganzes Lebenswerk aus dem Studium des Westerwaldes hergeleitet. Diese auf seinen Fotografien so entlegen, unglaublich still und in sich versunken erscheinende Landschaft hat sich ihm als Erste »zu erkennen gegeben« oder – noch pathetischer gesagt – »offenbart«. Aus ihrem Studium hat er die großen Arbeitsprojekte seines Lebens hergeleitet. Indem er den Westerwald in all seinen Physiognomien studierte, ist er zu dem bedeutenden Fotografen geworden, der 2022 im Rahmen einer großen Ausstellung im Centre Pompidou in Paris geehrt wurde.

Exkurs 6 – August Sanders westerwäldische Räume

»Physiognomisches Sehen« – so lautet eine Lieblingsformel Sanders für die verschiedenen Temperamente seiner Arbeit. Sie fasst zusammen, dass er sein Objekt (eine Landschaft, ein Raumdetail, eine Menschengruppe, einzelne Personen etc.) wie ein »Gesicht« untersuchte und dessen besondere Regungen und Eigenheiten verstehen wollte. Ein solches »Gesicht« ist von Falten, Rissen und Zeichen geprägt, mit denen die Geschichte sich in seine Gestalt eingegraben hat. So ist es lebendige Gegenwart und gleichzeitig Momentaufnahme einer langen, nur für einen Augenblick zur Ruhe kommenden Vergangenheit. Darstellen kann sich dieses Verhältnis in sehr unterschiedlichen Formationen. Sie werden durch Sanders jeweils spezifischen Blick auf sein Objekt festgelegt.

Zunächst ist da der weite, offene Landschaftsraum, der durch einen panoramatischen Blick eingefangen wird. Die kleinen westerwäldischen Dörfer erscheinen in solchen Formationen eingebettet in eine größere Umgebung. Der Blick des Betrachters studiert die Bezüge von Weite und Enge und die ganze Nomenklatur der Einbettung.

Wie treten die Straßen, Bäume und Häuser einer Ortschaft aus den offenen Bezügen der Umgebung hervor? Welches Verhältnis zwischen Natur und menschlicher Ansiedlung ist zu erkennen? Schmiegen sich die kleinen, oft dunklen Bauten in die Landschaft wie in einen Rahmen, übernehmen sie deren Züge oder treten sie hier und da zu ihnen in einen Kontrast? Und weiter: Wie formiert sich ein Ort selbst zu einem »Gesicht«? Wo sind seine Akzente? Sind es die Kirchen, die Gehöfte am Rand oder sogar die Straßen? Wie sprechen diese Details miteinander? Tun sie es überhaupt oder stellen sie sich einander entgegen? Hat ein Ort etwas Glattes, Fügsames oder stemmt er sich gegen die Umgebung?

Es gibt die verloren, wie absichtslos hingestreuten Siedlungen, die sich ganz in der Weite der Landschaft verlieren und dagegen kaum zu behaupten scheinen.

Es gibt den Ort, der sich mit seinen Häusern, Kirchen und dem auf der Höhe thronenden Schloss aufreckt und um seine Höhenlage kämpft.

Und es gibt das Dorf, das noch gar keine Struktur gefunden zu haben scheint und in dem die einzelnen Häuser quer und schräg gegeneinanderstehen, als beharrte jedes auf seinem Eigensinn.

»Physiognomien« im Sanderschen Sinne entstehen allmählich aus dem nüchternen Blick auf den konkreten, nie

ins Dekorative versetzten Raum. Indem der Betrachter die Konkreta von Natur und menschlichen Hinterlassenschaften wahrnimmt, erfährt er sie im zweiten Moment aber auch als emotionales Ereignis. Die zunächst regungslos erschei-

nenden Räumlichkeiten treten »in Erscheinung« und verwandeln sich bei längerer, intensiver Betrachtung »in einen Ausdruck«. Diese Verschiebung geschieht im Kopf des Betrachters, dem Sander zumutet oder es überlässt, aus dem Konkret-Dinglichen das Erfahr- und Erlebbare abzuleiten.

Den panoramatischen Blick auf weite Landschaft und bauliche Grenzziehungen ergänzt der Motivblick auf ein bestimmtes Detail des Raums. Sander zeigt ein einzelnes Gehöft, ein Bauernhaus oder auch einen mächtigen Baum vor einem Hügelzug, der den nahen See und die angrenzenden kleinen Häuser überragt und beschirmt.

Solche Details werden aus dem weiten Raum herausgeschält, um charakteristische Momente des menschlichen Umgangs mit der Umgebung zu verdeutlichen. So erscheint ein Gehöft wie eine weitläufige Zusammenrottung von Häusern und Scheunen, umschlungen und gehalten vom Verlauf der Straßen. Einige davor auf einem Feld postierte Bewohner fallen beinahe gar nicht auf und sind gerade noch wie kleine Stecknadeln vor dem dominanten Lebensumkreis des Gehöftes erkennbar.

Rückt ein größeres einzelnes Bauernhaus in den Blick, sind die davorstehenden Bewohner bereits besser erkennbar. Die drei Erwachsenen stehen jedoch nicht dicht nebeneinander, sondern voneinander getrennt, zwei von ihnen sind mit einem kleinen Kind verbunden. Auf diese Weise formen sie keine Gruppe, sondern stehen für sich: Jeden von ihnen verbindet eine eigene Tätigkeit und ein eigener Raum mit dem größeren, hinter ihm stehenden Gebäude, das die Erscheinung der fünf Menschen prägt und sie als Zuträger dieses Gebäudes erkennbar macht.

Auf dem Foto eines Kleinbauernhofs sind die Menschen gegenüber dem wiederum hinter ihnen auftauchenden Gebäude gewachsen. Sie formieren sich als Familie (Mutter, Vater, zwei kleine Kinder), der eine einzelne Kuh so beigesellt ist, als hätte sie den starren, reglosen Blick von den Menschen gelernt. Bewohner und Hof bilden einen engen

Lebenszusammenhang, in dem die einzelne Kuh von den Aromen der Menschen hin zu denen des Hauses vermittelt.

Sanders Motivfang widmet sich schließlich den Straßen, die in einen Ort hineinführen oder ihn durchlaufen. Solche

Fotos, die sich in einen Dorfausschnitt wie in einen schmalen, von Licht und Schatten präparierten Kanal hineinbohren, sind von besonderer, außerordentlicher Schönheit. Dann erscheint eine sorgfältig gepflasterte Straße wie ein breit ausgerollter, leerer, völlig ungestört daliegender Steinteppich als das vibrierende Bild einer Frühlingsverlassenheit.

Und eine andere Dorfstraße kontrastiert eine Allee alter und hoher Bäume mit einer Reihe von alten, fast ebenso hohen Häusern. Bäume und Häuser scheinen einander anzublicken oder sich gegenseitig zu halten. Indem die leicht schrägen Schatten der Bäume dann auch noch über die Straße hinüberreichen bis zu den Häusern, bildet sich eine Szene. Und als sollte der stark szenische Akzent dieser Fotografie betont werden, versetzt Sander einige menschliche Figuren in dieses Ambiente: eine Gehende mit Kopftuch vorn, mit dem Rücken zum Betrachter, zwei Stehende in der Ferne, in unterschiedlichen Entfernungen, sowie ein kleines Kind, versteckt zwischen zwei Alleebäumen.

Dadurch, dass die Gehende auf dem Weg zu den in der Ferne stehenden Personen zu sein scheint, wird der Raum auch von den Bewegungen der Menschen durchkreuzt. Sie formen ihn sichtbar (wenn auch verborgen) mit, ja sie fangen ihn mit ihren kleinen Gestalten als einen atmosphärischen ein. Bäume, Häuser und Menschen bilden so eine Trias von verletzlichem Ausdruck: Alles auf dieser Fotografie ist wunderbar in der Schwebe, kein Detail erhält etwas Dominantes, Sanders Meisterschaft erzielt hier die Inszenierung eines stillen Gesprächs der Details.

Exkurs 7 – August Sanders Westerwald-Porträts

Die Fotografien von Landschaft, Natur und bewohntem Raum werden vertieft durch die Fotografien von jenen Menschen, die sich in ihr aufhalten und sie mitgestalten. Dem Motivblick auf landschaftliche Details entspricht der Motivblick auf kleinere Gruppen oder einzelne Personen. Eine besonders eindrucksvolle Gruppe bilden die sitzenden alten oder hochbetagten Menschen, die am Ende ihres Lebens angekommen sind. Sander postiert sie auf einem Stuhl oder einer Bank und gibt ihnen kaum ein Ambiente zur Seite.

Ihr ganzes vergangenes Leben ist eingefangen in den tiefen Furchen des Gesichts, in der Abwehr des Betrachters, in der dunklen, geschlossen wirkenden Kleidung, in den schwer aufeinanderliegenden, zur Ruhe gekommenen Händen. Eine fast unheimliche Stille und ein Auslaufen der Lebensimpulse vermitteln solche Porträts, die einen einzelnen Kopf wie eine Skulptur aus dem Dunkel der Umgebung herausmeißeln. Enthoben, wie eine Bildhauerarbeit, die der Lebensprozess selbst hinterlassen hat, thront er auf dem Sockel des Rump-

fes. In seinem beharrlichen Ausdruck ist der letzte noch spürbare Lebenswille eingefangen, der sich nicht mehr auf die zu erlebenden Dinge der Welt hin ausrichtet, sondern sich ins Dunkel zurückzieht.

Ganz anders werden die kleinen Gruppen formiert, die noch auf dem Lebensweg sind und ihn zusammen bestreiten.

Da gibt es die verwitwete Mutter mit der noch kindlichen Tochter, die so dicht und eng aufeinander bezogen sind und auf die jeweils andere verweisen, dass das Fehlen eines Dritten (oder gar weiterer Personen) beinahe schmerzhaft spürbar wird. Aneinandergeschweißt erscheinen diese beiden, vom Lebensprozess untrennbar miteinander verbunden. Die

Mutter betont in ihrer schweren Statuarik das Gesetz und die Regel, die Tochter, scheu und folgsam an ihrer Seite, den Fleiß, den Gehorsam, das tägliche Lernen.

Daneben aber gibt es häufig das noch junge Paar, das ganz am Anfang des gemeinsamen Lebensweges steht. Diesen er-

hofften Frühling fängt Sander in winzigen Zeichen ein, etwa dadurch, dass die Braut ein kleines Feldsträußchen hält, zu dem die Ansteckblumen im Reversknopfloch des Bräutigams eine verhaltene Verbindung aufnehmen. Tastend gruppieren sich die beiden frisch Verheirateten zu einem Doppelporträt: Die Hände schmiegen sich ineinander und bilden eine Klammer, und die Blicke erscheinen offen, unbefangen und furchtlos, als brächte die neue Verbundenheit nicht nur Sicherheit, sondern erweckte auch eine direkte Neugier auf alles Zukünftige.

In seinen Paarfotografien nähert sich Sander dem Privaten und teilweise sogar Intimen einer Person. Zeigt er eine einzelne aber als Mitglied eines Berufsstandes, so wird diese Privatheit zugunsten der Zeichen zurückgenommen, die den Beruf charakterisieren. Auf solchen Fotografien entsteht ein lebendiges Wechselspiel zwischen diesen hervorstechenden Zeichen und der menschlichen Haltung. Ein Förster steht am Waldrand und schaut den Betrachter nicht an. Er hält den Kopf seitlich, und zwar so, als lauschte er in den Wald. Gefangen (und fast bezaubert) erscheint er von seinem Beruf. Hut, Fernglas, Gewehr und Stock gehen eine enge Verbindung zur Jagdkleidung ein und verweisen fast allesamt darauf, dass diese menschliche Figur ein Pendant der Tierwelt ist, die sie pflegen und hüten soll. Ein Vertreter dieser Tierwelt im Wald ist der kleine, geduldig und aufmerksam wirkende Hund, der in Farbe, Haltung und Ausdruck wie der ideale Gegenpart zu dem lauernden, stehenden Menschen erscheint.

Sander hat all diese Details mit unendlicher Feinheit erkannt und gestaltet. Nichts bleibt hier dem bloß Zufälligen überlassen, so dass die Menschen, Tiere und Dinge sowie die nähere Umgebung um sie herum wie komponierte kleine Szenen oder Erzählungen erscheinen.

Bleiben schließlich noch jene Einzelpersonen, die nicht als Mitglieder einer Familie, einer Gruppe (Musiker oder Sportler) oder eines Berufsstandes auftreten, sondern ganz für sich stehen. In diesen Fällen porträtiert Sander den individuellen Ausdruck, das einzelne Schicksal, den kurzen, vielsagenden Augenblick im Werdegang einer Biografie. Ein noch junger

Mann erscheint dann wie ein selbstbewusster junger Herr, der bereits großen Wert auf Aussehen und Kleidung legt. Der feine, gut sitzende Mantel, die dazu passende Krawatte, der blendend weiße Kragen – sie geben dem aufgeweckten, munteren (und vielleicht sogar ironischen) Gesicht einen sicheren Halt.

Der Mund ist leicht geöffnet, man glaubt ein paar Worte oder auch nur einige Redensarten zu hören. Eine solche Gestalt lässt sich vom Fotografen nicht »einfangen«, sie gibt vielmehr etwas direkt an ihn zurück, indem sie mit ihm zu sprechen oder zu spielen scheint. Der schöne Hut betont diese jugendliche Selbstsicherheit noch, die sich von einem Älteren nichts mehr sagen lassen will. Vom Aussehen und von einer eminenten Ähnlichkeit her wirkt Herr Thomas aus Herdorf wie ein mutig gewordener junger Franz Kafka, der den mächtigen Vater und die Familie hinter sich ließ, weil er längst die Lebensregionen vor Augen hat, in die er aufbrechen und in denen er (nach seinem jugendlichen festen Glauben) sein Glück machen wird.

Die bekannteste aller Westerwald-Fotografien ist jedoch die der »Jungbauern«, die in die Weltgeschichte der Fotografie eingegangen und zu einer ihrer berühmtesten Ikonen geworden ist. Und in der Tat: Diese Fotografie steht im Gesamtwerk zwar nicht ganz für sich, weist jedoch gegenüber den bisher in den Blick genommenen Bildtypen einige Abweichungen oder Besonderheiten auf.

Zum einen ist diese Kleingruppe gehend unterwegs, so dass sie gegenüber dem Betrachter nicht frontal zur Ruhe kommt. Eigentlich kommt sie sogar überhaupt nicht zur Ruhe, sondern ist auf der Wanderung und durchstreift oder »durchzieht« das Bild. Nur einen kurzen Stopp legen die jungen Männer ein, und beinahe glaubt man den Unwillen darüber zu spüren, dass sie aufgehalten und für einen Moment am Weitergehen gehindert werden. Sie wollen sich nicht als Typen oder in Rollen präsentieren, so vermeiden sie jede »Darstellung«. Viel Wichtigeres als den Augenblick der Fotografie haben sie nämlich im Kopf: den Tanz, zu dem sie im Sommer 1914 (kurz bevor sie zum Militär eingezogen werden) unterwegs sind.

Drei junge Männer, allesamt keineswegs so selbstsicher wie Herr Thomas aus Herdorf, sondern eher noch etwas verträumt und stecken geblieben im Durchgangsstadium der Jugend! Zwei sind miteinander verwandt, ihre Physiognomien lassen daran keinen Zweifel (es sind die beiden jungen Männer rechts, man hat sie vor kurzem als Vettern identifiziert). Das Verwandtschaftliche lässt sie eng nebeneinanderstehen und etwas abrücken von der dritten Figur, deren Eigenständigkeit durch die Zigarette im Mund noch etwas betont wird.

Das Ergreifende und Überraschende dieser Fotografie besteht aber darin, dass alle drei ganz ähnliche Hüte tragen, ganz ähnlich gekleidet sind und ganz ähnliche Stöcke jeweils in der rechten Hand halten. Diese hochgradig irritierende Ähnlichkeit verleiht ihnen etwas Unheimliches, beinahe Abseitiges, als wären es Gestalten eines Geheimbundes, die zu einem dunklen Ritual irgendwo in einem Versteck aufbrechen. Die Gestik des Unterwegsseins und des Aufbruchs lässt die starken, beharrenden Details nur umso mehr aufblitzen: die blanken, schmucklosen Hände, die Wanderstöcke, die leicht zerbeutelten Sonntagsschuhe.

So ist das eigentliche Geheimnis dieser Meisterfotografie das Changieren: Sie changiert zwischen Beharren und Aufbruch, zwischen Offenbarung und Geheimnis, zwischen Gegenwart und Zukunft. Genau dieses zentrale Moment macht sie so rätselhaft und »eigen«, dass keiner, der dieses Foto gesehen hat, es jemals wieder vergisst.

In seinem Hintergrund ist das zeitlose, stille, sich den Fotografien Sanders oft auch entziehende Land ausgestellt, das er so sehr geliebt hat. Auf der Fotografie der »Jungbauern« von 1914 besteht der Westerwald aus einem nassen, holprigen, durch Steine und Grasbüschel unebenen Feldweg, einem bleichen Weidestreifen und einem dunklen Horizont mit einer Hügelkuppe.

Wer im Westerwald aufgewachsen und in ihm verwurzelt ist, erkennt ihn anhand genau dieser Details wie auf kaum einem anderen Foto August Sanders. In absoluter Beiläufigkeit und im nur angedeuteten Skizzieren der Urelemente dieser Landschaft (der nicht asphaltierte Weg, der struppige Feldrand, die Weide, der dunkle Wald) erscheint der uralte Westerwald am stärksten getroffen. Er ist das Land des Hintergrunds, das sich in sprachloser Bildlosigkeit letztlich entzieht und all seine Boten (Orte, Häuser, Straßen, Menschen) losschickt, präsentiert und aufbietet, um nur umso mehr verborgen und für sich zu bleiben.

Exkurs 8 – August Sander und mein Debütroman »Fermer« (1979)

In den späten siebziger Jahren schrieb ich meinen ersten Roman, der 1979 mit dem Titel *Fermer* erschien. Fermer – das ist die Hauptfigur, ein junger Mann von kaum zwanzig Jahren, der die Schulzeit gerade hinter sich hat und zum Militär eingezogen worden ist. An einem Vorfrühlingsabend kehrt er nicht mehr in die Kaserne zurück, er desertiert, und diese Desertion wird zu einer langen Reise durch Deutschland, auf der Suche nach dem inneren Frieden und dem inneren Glück.

Ich erzählte davon, was mir bis zu meinem damaligen Alter wichtig gewesen war und daher auch von jenen Menschen, die mir bis dahin viel bedeutet hatten. Zugleich ließ ich sie aber auch in Landschaften und Räumen agieren, die ich nicht nur gut kannte, sondern auch liebte.

Der Roman beginnt in Mainz und führt dann in den Rheingau, vom Rheingau aus geht es an einem großen Fluss entlang, bis der Held sich im zentralen Mittelstück des Romans in seine heimatliche Landschaft aufmacht, dorthin, wo seine

Eltern wohnen, dorthin, wo er seine Kindheit und Jugend verbracht hat: *Kleine Tannenwälder an den Abhängen der Schluchten, die Schneedecke auf den Wiesen, hohe Gräser und verwachsene Kiefernsträucher schauten noch heraus. Nebel wie Sprühregen zwischen den Tannen, dahinter schon alles im Grau. Den Frühling hatte er in dieser Gegend nie mit offenen Augen erlebt. So selten war die Sonne durch die meist tief hängenden Wolken gedrungen, hatte sich nicht befreien können, nicht vom Dunkel, nicht vom starken Wind, der über die kahlen Höhen zog … (Fermer, Frankfurt/Main, S. 183ff.)*

So naturtrunken und beinahe naturselig geht es immer weiter, es ist eine Heimkehr nach Hause, tief ins Innere hinein, in die uralte, vertraute Kindheitslandschaft. Doch nicht Mutter und Vater sucht der junge Fermer in dieser Landschaft zuerst auf, sondern einen Mann, den sie in dieser Gegend nur »den Müller« nennen. Der »Müller« lebt allein, im Abseits, fern vom Dorf, er ist eine Art Außenseiter und doch mit der Geschichte und den Eigenheiten der Landschaft eng verbunden. Der »Müller« ist ihr mythischer Erzähler und damit ihr Bewahrer.

Auf diese Gestalt bewegt sich der junge Fermer auf seiner langen Reise zu: *An einer großen Buche gabelte sich der Weg; in der Senke lag die alte Mühle. Hier trat auch schon seit den Zeiten, in denen er hier als Kind gespielt hatte, eine Quelle aus der Erde hervor. Er sah noch die Tafel mit den Namen der Gefallenen, die neben der Buche an einem mächtigen Felsen angebracht war, dann ging er zur Mühle hinab. Der Weg war noch zugeschneit, doch er hatte das Steinhaus bald erreicht. Am Fenster bewegte sich eine Gardine, unter dem kleinen Kreuz, das über dem Eingang hing, blieb er stehen. Die Tür öffnete sich, und der Mann, den sie im Dorf immer den »Müller« genannt hatten, stand vor ihm und schaute ihn an.*

Der alte Mann stand vor ihm und schaute ihn an …, sie blicken sich direkt in die Augen. Das ist der Moment der

eigentlichen Ankunft, es ist jener Moment, in dem der junge Fermer in seiner ihm fremd gewordenen Heimat aufgenommen wird.

Die Textstelle hat ein Geheimnis, das ich bis heute gehütet habe. Sie ist nämlich inspiriert durch eine Fotografie der damals bereits hochberühmten amerikanischen Fotografin Imogen Cunningham, die sich 1960 auf den Weg nach Kuchhausen im Westerwald machte, um den alten August Sander in der Wohnungstür seines schlichten westerwäldischen Fachwerkhauses zu fotografieren.

August Sander bietet der fremden Betrachterin die Brust. Er trägt einen weltmännischen Anzug, aber er trägt ihn auf westerwäldische Art, mit dem westerwäldischen Schalk im Nacken: Die Hose sitzt viel zu hoch, sie reicht beinahe bis unter das Kinn. Die Brillengläser halten die berühmte Kollegin auf Distanz, die Baskenmütze bringt eine künstlerische Note ins Spiel, in der Rechten hält er einen Spazierstock von genau jener Art, wie ihn die drei westerwäldischen Jungbauern mit sich führten.

Vom Betrachter aus gesehen links aber stehen die Utensilien der westerwäldischen Welt an der Hauswand: ein Reisigbesen, ein krummer Stock. Und daneben: ein alter, schlichter Briefkasten, der damalige Kontakt zur weiten Welt, zur Welt des »Weltbürgertums«.

Der alte Mann, der in der Türe seines Häuschens steht, ist ein solcher Weltbürger geworden und ist doch ein Westerwälder geblieben. Er ist ein Westerwälder im weltbürgerlichen Gewand, der – ganz ähnlich wie seine gewitzten Jungbauern – eine weltbürgerliche Szene entwirft.

Es war genau dieses Foto, an das ich dachte, als ich von dem alten Mann schrieb, der den jungen Fermer in seiner Heimat empfängt und aufnimmt, nicht zufällig habe ich ihm im Roman den Mädchennamen meiner Mutter (»Müller«) gegeben. Die Heimkehr des jungen Fermer nach Hause war daher für mich eine Heimkehr in die Landschaften August Sanders – und damit eine Heimkehr in die Landschaften jenes von mir so verehrten, einzigartigen Menschen, der mir den Westerwald wiedergeschenkt hat: *Die Tür öffnete sich, und der Mann, den sie im Dorf immer den »Müller« genannt hatten, stand vor ihm und schaute ihn an.*

Exkurs 9 – Eine Fahrt zu Bernd & Hilla Becher

Neben dem Westerwälder August Sander haben Bernd & Hilla Becher mir mit ihren Fotografien den nördlichen Westerwald (und damit das Siegerland) erschlossen, in dem ich aufgewachsen bin. Auf Empfehlung des Fotografen Laurenz Berges habe ich mich von meinem Heimatort auf den Weg einer Annäherung gemacht. Der Anlass war ein Gang durch das Becherhaus in dem kleinen Ort Mudersbach. Nach dieser Fahrt schrieb ich eine Erzählung, die von den Vergangenheiten von Bernd & Hilla Becher und der des Becherhauses berichtet.

1

Anfang Mai 2022 fuhr ich von meinem westerwäldischen Heimatort Wissen/Sieg nach Mudersbach. Die Fahrt dauert kaum eine halbe Stunde und führt über die B62 an der sich durch ein offenes Talgelände dahinschlängelnden Sieg entlang.

Hat man einen der kleinen Siegorte hinter sich, tun sich meist grüne, im Sonnenlicht glimmende Wiesen mit stolzen Hecken, Sträuchern und Baumreihen auf, die etwas Malerisches haben. Niemand jedoch hat sie je gemalt, das Siegerland und der nördliche Westerwald sind Landschaften, die jahrhundertelang ohne Malerei auskommen mussten. Erst die Fotografie hat sie ins Bild gesetzt, anfänglich die August Sanders, danach die von Bernd und Hilla Becher.

Wie ich erfahren hatte, soll sich in Mudersbach ein altes Wohnhaus befinden, das noch immer im Besitz der Becherfamilie ist, heute jedoch nicht mehr bewohnt wird. Viel mehr wusste ich darüber nicht, mein Interesse war durch die Mitteilung jedoch sofort geweckt, und so fuhr ich durch Betzdorf und Kirchen auf Mudersbach zu, dessen Häuser an den Straßenseiten langsam auftauchten. Bald danach zweigte ich von der Hauptstraße ab und bog in die Berggasse ein, wo ich zwei Personen erkannte, die vor einem alten Fachwerkhaus bereits auf mich warteten.

Ich begrüßte eine Kuratorin vom Siegener Museum für Gegenwartskunst und einen Historiker der Universität, einen Spezialisten für die Regionalgeschichte des Siegerlandes. Beide wollten Ideen für zukünftige Projekte besprechen, die um die weitere Zukunft des Becherhauses kreisten.

Der Fotograf Laurenz Berges, der das Haus bereits seit einiger Zeit immer wieder zu den verschiedensten Tageszeiten vor allem innen fotografiert hatte, war leider verhindert. Ich hatte seine Fotografien erhalten, wollte sie aber erst anschauen und studieren, nachdem ich das Haus mit eigenen Augen gesehen und mir einige Eindrücke verschafft hatte.

Wie ich aus Erfahrung weiß, können Bilder und Fotografien mich stark beeinflussen und mich für ihr Sehen und Deuten einnehmen. Das aber wollte ich vorerst vermeiden und das Becherhaus zunächst unbeeinflusst von fremden Sichtweisen kennenlernen.

2

Wenige Minuten nach elf betraten wir es zu dritt, der Historiker sperrte die Tür auf, dann folgten die Kuratorin und schließlich auch ich. Es war ein sonniger Maitag, das Licht flutete uns gleich entgegen, als wir im Flur standen und uns umschauten. Nach mehreren Seiten öffneten sich Türen, und man konnte in die unterschiedlich eingerichteten Zimmer blicken.

»Das Haus hat der Großvater von Bernd Becher gebaut«, begann der Historiker. »Es ist ein typisches Siegerländer Fachwerkhaus von der Art, wie sie Bernd Becher später fotografiert hat.« – »Interessant«, sagte die Kuratorin, »die spezifische Ästhetik des Becherschen Schauens wurde also schon früh geprägt, dieses Haus könnte man als eine Art Urphänomen verstehen.«

»Moment«, sagte der Historiker, »wir wissen nicht eindeutig, wann und wie lange Bernd Becher sich hier aufgehalten hat. Darüber existieren nur Vermutungen. Laurenz Berges, der Fotograf, glaubt, dass er Bernd Becher von diesem Großvaterhaus habe erzählen hören. Er hat es wohl *gemocht* und sich häufig hier aufgehalten.« – »Ich denke, er hat es *geliebt*«, sagte die Kuratorin. »Es hat sein Sehen und Denken maßgeblich beeinflusst, daher hat er es sehr geliebt.« – »Eindeutige Belege für diese Liebe, wie Sie es nennen, liegen aber leider nicht vor«, antwortete der Historiker. »Sagen wir vorerst so: Er mag es *gemocht* haben …, er *könnte* …, es ist wahrscheinlich, dass …«

»Ich glaube fest, dass er es *geliebt* hat«, sagte ich. »Wenn man, ohne dazu genötigt zu werden, immer wieder an einen Ort zurückkehrt, liebt man ihn. Gerade in den frühsten Schulzeiten kann eine solche Liebe entstehen, wenn man zu Hause nicht die Liebe findet, die man zum Weiterleben braucht.« – »Sie sagen es«, pflichtete mir die Kuratorin bei. »Bernd Becher soll es als Kind und später als junger Mann mit seinen Eltern nicht leicht gehabt haben. Vor allem mit seinem Vater gab es wohl gewisse Probleme.«

»Moment«, unterbrach sie der Historiker, »bleiben wir vorerst mal bei den Fakten. Bernd Becher wurde 1931 in Siegen geboren. Sein Vater war Dekorationsmaler, auch in diesem Fachwerkhaus hat er Wände und Decken bemalt, anscheinend aus purer Freude am Handwerk, diesen Eindruck machen die Malereien jedenfalls. Wenn Bernd Becher immer wieder hierher zurückgekehrt ist, könnte das auch damit zu tun haben, dass er die Malereien seines Vaters wiedersehen wollte.«

»Ausgeschlossen«, sagte die Kuratorin. »Bernd Becher hat zwar eine Zeitlang im Betrieb des Vaters gearbeitet, seit er sechzehn Jahre alt war. Er fühlte sich dort aber nicht wohl und hat sich in Richtung der Kunst orientiert, zunächst zum Grafikstudium, dann zum Studium der Typografie an der Kunstakademie Düsseldorf. Das war Ende der fünfziger Jahre.« – »Die gewissen Reibungen mit dem Vater, von denen Sie sprechen«, wandte der Historiker ein, »erkenne ich nicht auf den ersten Blick. Schließlich ist der Weg von der Dekorationsmalerei zu einem Grafik- oder einem Typografiestudium keineswegs weit, sondern liegt sogar nahe.« – »Ich bitte Sie«, sagte die Kuratorin, »es ist ein existentieller Weg, vom Handwerk zur Kunst!«

»Laurenz Berges erzählt«, versuchte ich, die Debatte zu schlichten, »dass der junge Bernd Becher zunächst gezeichnet habe. Dies und das, die Siegerländer Umgebung, Häuser, Straßen, Industrieanlagen. Vor allem hier, in Mudersbach, soll er gezeichnet haben.«

»Na bitte«, sagte die Kuratorin, »hier entstanden die entscheidenden künstlerischen Impulse, im Großvaterhaus und in seiner Umgebung!« – »Auf der Basis des väterlichen Handwerks eines Dekorationsmalers«, ergänzte der Historiker. »Vielleicht können wir uns so verständigen und einigen.« – »Jedenfalls hat er dieses Haus sehr *geliebt*«, sagte ich leise. »Hierhin zog es ihn oft, es war für ihn ein stark emotional besetzter Raum.« – »Es war ein existentieller Raum …«, sagte die Kuratorin, »zutiefst existentiell!«

3

Der Historiker atmete tief durch und fasste sich an die Stirn: »Lassen Sie uns behutsam mit diesem Haus umgehen! Gehen wir von dem aus, was wir sehen und was uns zugänglich ist, möglichst ohne zu weit gespannte Vermutungen!« – »Einverstanden! Zu sehen gibt es ja nun wahrhaftig genug«, sagte die Kuratorin. »Ich sehe sogar viel Gegenständliches. Wem gehört denn das alles heutzutage?«

»Das Haus gehört Max Becher, dem Sohn von Bernd Becher«, sagte der Historiker. »Er lebt allerdings seit langem in den USA und kommt höchstens dann und wann einmal vorbei.« – »Weil auch *er* dieses Haus mag«, sagte die Kuratorin. »Schließlich hat sein Vater es sehr *geliebt*.« – »Dass sein Vater es *gemocht* hat, mag noch kein eindeutiger Grund dafür sein, dass auch er, also der Sohn, es *ebenfalls* mag. Lassen wir das offen, halten wir uns an das Gegenständliche«, entgegnete der Historiker.

»Ich schlage vor, dass wir die Zimmer begehen, um das Gegenständliche aus der Nähe zu sehen«, sagte ich, etwas lauter als zuvor. – »Das Gegenständliche führt uns nicht zu Bernd Becher und auch nicht zu seinem Sohn Max, sondern zu zwei Tanten«, sagte der Historiker. »Im Grunde haben wir es, jetzt einmal genau gesprochen, nicht mit einem Großvater-, Vater- oder Sohneshaus zu tun, sondern mit einem Zwei-Tanten-Haus!«

»Wie bitte?«, sagte die Kuratorin. »Von zwei Tanten habe ich noch nie etwas gehört, und ich habe die einschlägigen Studien zu Hilla und Bernd Becher wirklich aufmerksam gelesen. Selbst in ihren Interviews ist von zwei Tanten, soweit ich das überblicke, nirgends die Rede.«

»Die zwei Tanten sind die Bewohner dieses Hauses gewesen«, sagte der Historiker ruhig und langsam. »Sie waren unverheiratet und haben ihr ganzes Leben in diesem Fachwerkhaus verbracht. Zu zweit, in enger geschwisterlicher Nähe.« – »Das verändert meine Perspektive auf dieses Haus«, sagte die Kuratorin. »Ich sehe jetzt auch stark feminine Akzente, es handelt sich also auch – oder sogar vor allem?! – um ein feminin, also weiblich besetztes Haus!« – »Ich weiß nicht, ob wir uns auf eine solche Debatte einlassen sollten«, entgegnete der Historiker. »Weiblich, männlich, handwerklich, künstlerisch, wir sollten uns in Acht nehmen vor allzu starken Festlegungen.«

»Ich finde, wir sollten uns an das Gegenständliche halten«, sagte ich, »ich sehe hier zum Beispiel im Flur eindeutig Spuren von Dekorationsmalerei. Und hier, an der Wand, hängen Gehstöcke, wahrscheinlich die Gehstöcke der beiden Tanten!« – »Ganz eindeutig«, sagte die Kuratorin. »Das *müssen* die Gehstöcke der beiden Tanten sein! Interessant, dass die Stöcke einen betont männlichen Charakter haben!« – »Finden Sie?«, sagte der Historiker. »Ich sehe Gehstöcke, ganz normale Gehstöcke, männlich, weiblich, das bleibt offen.«

»Dieser schmale Raum hier mit Tisch, Fenster und Lehnstuhl, der gefällt mir«, sagte ich und deutete auf das nächstgelegene Zimmer. »Auf dem Tisch liegt ein Puzzle, ungeordnet, die Teile verstreut, als hätte noch vor kurzem jemand versucht, sie zusammenzufügen. Hier saß jemand lange allein, konzentriert, mit einer Arbeit beschäftigt, die viel Geduld erforderte.« – »Ich denke, dort saß eine der Tanten, ja, so muss es gewesen sein«, sagte die Kuratorin.

»Moment«, sagte der Historiker, »schauen Sie mal in den kleinen Salon, dort hängen einige Fotografien, darunter auch eine Schwarz-Weiß-Fotografie der beiden Tanten, Hilla Becher hat sie in der Tür dieses Hauses fotografiert. Maria, die Näherin, und Berta, die Rotkreuzschwester – sie stehen in der geöffneten Tür, dicht nebeneinander, wie zwei Portalfiguren.« –

»Na bitte«, sagte die Kuratorin, »dieses Haus ist eindeutig weiblich besetzt, die beiden Tanten haben seine Aura bestimmt und entworfen!« – »Der Begriff der Aura ist sehr vieldeutig«, sagte der Historiker. »Ich weiß nicht, ob wir uns erlauben …« – »Also, Sie sind wirklich ein sehr vorsichtiger Mensch, ein Wunder, dass Sie sich überhaupt erlauben, zu diesem Haus und seiner stark weiblich geprägten Aura etwas zu sagen«, unterbrach ihn die Kuratorin. »Die extrem weiblich besetzte Aura des Hauses vermittelt sich vor allem durch kleine Fundstücke, die eine geradezu rührende Patina haben. Schon auf den ersten, flüchtigen Blick erkenne ich an den Wänden religiöse Motive, eindeutig weiblich besetzt, sie kontaktieren mit den Familienfotografien, die sich hier und da an eine Wand oder einen Vorhang schmiegen. Das hat einen ganz eigenen Zauber, den man intensiv auf sich wirken lassen sollte.«

»Halten wir uns doch an das Gegenständliche«, sagte ich, »und schauen wir uns die Zimmer an! Wie unterscheiden sie sich?«

4

Wir separierten uns etwas und gingen langsam durch die Zimmer, manchmal hörte man kurze Laute des Erstaunens und des Aufmerkens. »Das ist eindeutig das Potsdamer Zimmer!«, hörte ich den Historiker rufen, um später zu erfahren, dass in diesem Zimmer Möbel aus der Potsdamer Hinterlassenschaft Hilla Bechers aufgestellt waren.

Im Erdgeschoss gab es neben dem kleinen Zimmer der Puzzle-Legerin einen Salon, eine Küche, ein Bad und eben das Potsdamer Zimmer, während im ersten Stock vor allem die Schlafräume untergebracht waren. Auch hier traf ich auf ein Zimmer, das mir besonders gefiel. Es war das der beiden Tanten, die anscheinend beide in diesem Zimmer geschlafen hatten. Die weißen Betten standen an der Längsseite so postiert, dass sie einander gut hatten hören und sehen können, und an der Wand neben dem Fenster hingen einige gerahmte Zeilen Schrift: *Mach es wie die Sonnenuhr, zähl' die heit'ren Stunden nur.*

Ein anderer Schlafraum war wohl für Bernd Becher bestimmt gewesen, hier hatte er, wie der Historiker erklärte, während seiner Aufenthalte bevorzugt geschlafen, während ein dritter Schlafraum für weitere Gäste frei gehalten wurde. (Auch von einem Kostgänger war die Rede, der in diesem Zimmer einige Zeit gewohnt und von den Tanten versorgt worden sei.) So unterschieden sich die Zimmer wahrhaftig stark, jedes hatten einen eigenen Charakter, bestimmt durch die hellen oder auch dunkleren Möbel, durch den jeweiligen Lichteinfall oder die möglichen Ausblicke in die nähere Umgebung.

An den Wänden hatten die beiden Tanten Bilder und Drucke mit vor allem religiösen Motiven angebracht, es gab eine Madonna und kleine Engel mit einer Lilie in der Hand, auch ein westerwäldischer Landschaftsausschnitt war zu entdecken und sah aus wie eine Schwarzwaldszene.

Die Bilder und die hier und da angebrachten Fotografien beschäftigten sofort meine Fantasien, denn sie waren unverkennbar mit den Vorlieben und den Lebensgeschichten der früheren Bewohner verknüpft und ließen Vermutungen über deren Empfinden und Denken aufkommen.

Dadurch geriet das Gesehene allmählich in Bewegung, und es entwickelten sich erste Erzählungen und Geschichten. »Ich sollte einmal eine ganze Woche in diesem Haus verbringen«, dachte ich. »Ich sollte hier schlafen und wohnen und seine Umgebung erkunden, dann würde eine Erzählung oder vielleicht sogar ein Roman entstehen.«

Ich sagte das aber nicht laut, sondern wartete ab, bis die Kuratorin und der Historiker auch Speicher und Keller untersucht hatten. »Der Speicher ist eine wahre Fundgrube an historischem Material«, sagte der Historiker. »Sogar die Turnhose eines Becher-Sohnes ist zu finden, ganz zu schweigen von den Kinderzeichnungen oder den Schulbüchern.« – »Der Keller steht dem in nichts nach …«, sagte die Kuratorin. »Es gibt noch gefüllte Einmachgläser aus den sechziger Jahren und alte Gartengeräte, sie stehen bereit, man könnte sofort damit arbeiten.«

Schließlich hatten wir uns einen ersten Eindruck verschafft und gingen nach draußen, ins Freie. Wir setzten uns an einen Gartentisch und überlegten.

5

»Ich fange mal an«, sagte die Kuratorin und holte ihren Notizblock hervor, »denn ich sehe bereits ein Konzept, das ich gerne in unserem Museum verwirklichen würde. Dabei halte ich mich an das faszinierend Gegenständliche, das mich während meines Rundgangs sprachlos gemacht und stark bewegt hat. Ich weiß nicht, ob es Ihnen auch so deutlich geworden ist, es hat sich mir beinahe schon eingebrannt, wie Materialien einer Beuysschen Fundgrube. Als Leitmotiv dient mir das ausgelegte Puzzle, das nicht beendet wurde. Seine bunten Figuren sind die ersten Figuren des Gegenständlichen, das ich jeweils separat ausstellen möchte. So etwa ein Küchenensemble mit Honigtöpfen, Pfeffermühle und Trinkkrug, begleitet von Madonnenfiguren. Oder das Ess- und Trinkgeschirr mit siegerländischen Motiven in einem Wandschrank. Oder ein Kaffee- und Teeservice als dunkles Blumenarrangement auf einem Häkeldeckchen. Dazu das Radio aus den sechziger Jahren sowie ein altes Telefon mit Wählscheibe, und, für mich ein einsamer Höhepunkt: eine Nachttischlampe mit kleinem Wecker, neben der zwei Kämme liegen, deren Zähne sich anschauen – ungeheuer präsent, als hätte eine Person sie gerade noch vor dem Zubettgehen dort abgelegt, ordentlich, wie zwei Mienenspiele. Daneben natürlich die vielen Gegenstände von Speicher und Keller, Kuriositätenkabinette, Theaterbühnen, im Schatten der Giebel und in den Lichtzonen der Kellerfenster, mit gespenstischer Würde. All das möchte ich präsentieren und den vielen Dingen das Puzzle voranstellen. Die Besucherinnen und Besucher werden anhand dieser Gegenständlichkeit auf eine Reise geschickt: sich die Räume, Szenen und schließlich auch Menschen zu imaginieren, die mit diesen Gegenständen umgegangen sind und mit ihnen gelebt haben.«

»Und was machen Sie mit den Möbeln?«, fragte der Historiker. – »Die lasse ich in diesem Haus zurück«, antwortete die Kuratorin, »oder, mit anderen Worten: Ich lasse sie stehen. Die Möbel stehen, die Dinge gehen …, ich werde das Haus bis auf den letzten Gegenstand entleeren oder entkernen, so dass die Möbel sich neu zu den Räumen verhalten und die Dinge keine Verbindungen mehr zwischen den Zimmern und Möbeln herstellen. Mein Vorgehen beruht auf Abstraktion, ich verleihe den Dingen ihr Fantasiepotenzial zurück und befreie sie von der Unterordnung unter Möbel und Raum. *Das Zwei-Tanten-Haus der Familie Becher in Mudersbach. Eine Dingcollage* – so wird der Titel meiner Siegener Ausstellung sein.«

6

»Einen Moment bitte«, sagte der Historiker, »noch sind wir nicht so weit. Ich finde Ihr Konzept beeindruckend, aber ich selbst hatte eine ganz andere Grunderfahrung. Es war die eines pompejanischen Schocks, denn ich konnte den Blick nicht abwenden von all den kleinen Hinterlassenschaften, die auf Truhen, Tischen und Bänken lagen. Eine Handvoll Münzen, ein paar Bücher auf einem Regal, ein Brief, Fotografien, einige Blätter einer Zeitung – mir kam es so vor, als hätte der Tod in das laufende Geschehen dieser kleinen Welt eingegriffen und die Dinge, Möbel und Räume erstarrt zurückgelassen. Vom Tod gezeichnet, verwundet, dunkel und verlassen, ein Schattenreich, in das an diesem Maisonnentag, fast schmerzhaft zu sehen, etwas Licht fällt.«

»Ich verstehe Sie gut«, sagte die Kuratorin, »aber ich verstehe noch nicht, welches Konzept sich aus dieser Erfahrung ergeben könnte.«

»Ich möchte das Haus versiegeln«, sagte der Historiker, »ja, ich möchte es in seiner gegenwärtigen Historizität erstarren lassen, wie nach einer Katastrophe. Das würde bedeuten: Die Räume und Dinge sollen so bleiben, wie sie sind. Besucherinnen und Besucher können sich durch das Haus bewegen, dürfen aber nichts anrühren und nichts fotografieren. Das Haus ist ein geschichtliches Panorama der frühen siebziger Jahre, das noch viel weiter zurückreicht, bis in die Bauzeit des Hauses. *Das Dreigenerationenhaus der Familie Becher in Mudersbach. Eine Raumerfahrung* – so würde ich das Ganze nennen.«

7

»Das wären also zwei Konzepte, die sich vollkommen ausschließen. Entweder das eine oder das andere, tertium non datur. Was meinen *Sie* denn?«, fragte die Kuratorin und schaute mich sehr direkt an. –

»Ich möchte mich zu den beiden Konzepten nicht äußern«, antwortete ich, »sondern ein drittes Konzept ins Spiel bringen, das den von Ihnen skizzierten Projekten vorausgehen könnte. Ich möchte nämlich eine Woche oder auch länger in diesem Haus übernachten, ganz allein. Ich werde nichts anrühren und verändern, ich werde mich in jedes der vielen Betten legen und in ihm schlafen, mehr nicht. Speise und Trank werde ich nicht im Haus zubereiten, sondern mitbringen und danach wieder fortschaffen. Ich werde in diesem Haus ein Geisterleben führen, nur vermittelt anwesend, kaum erkennbar.« – »Sie meinen spurenlos?«, fragte die Kuratorin.

»Nicht ganz«, antwortete ich, »ich werde meine Übernachtungen und Selbstgespräche mit den Räumen und Dingen filmen. Das Ganze verstehe ich als ein Vorspiel zu einem größeren Projekt. Anhand des Text- und Bildmaterials, das ich während meiner Übernachtungen sammle, werde ich eine größere Erzählung oder vielleicht sogar einen Roman schreiben. *Im Mudersbacher Nachtquartier. Roman der Familie Becher* – das könnte ein Arbeitstitel sein.«

»Auch das ist eine beeindruckende Idee«, sagte die Kuratorin. »Sie stünde meinem Projekt der Dingpräsentation nicht im Weg. Sie übernachten, schreiben Ihren Roman, und nach seiner Veröffentlichung präsentiere ich die Ausstellung. Ein Doppelprojekt, eine Kombination …«

8

»Bevor wir kombinieren und präsentieren, sollten wir uns die Fotografien von Laurenz Berges anschauen«, sagte der Historiker. »Er war als Erster vor Ort, und ihm gebührt das Vorrecht des ersten Zugriffs. Die Fotografien werden im Verlag Schirmer/Mosel erscheinen, und es wird ein Vorwort dazu geben.« – »Ja«, sagte ich, »wahrscheinlich wird es eines geben, der Verlag hat mich eingeladen, eines zu schreiben.«

»Na bitte«, sagte der Historiker, »dann bleibt uns zunächst noch etwas Zeit, bevor wir unsere Konzepte umsetzen! Sie schreiben das Vorwort, das Buch mit den Fotografien von Laurenz Berges erscheint, und danach?! Sehen wir weiter!«

»Haben Sie die Fotografien dabei?«, fragte die Kuratorin. – »Ja«, sagte ich und holte die Fotografien aus meinem Rucksack.

Es war ein schöner Mainachmittag. Wir saßen am Gartentisch der Familie Becher in Mudersbach und beugten uns über die Fotografien von Laurenz Berges … (Man findet sie in seinem Buch: *Das Becherhaus in Mudersbach*. München 2022)

Die kindliche Werkstatt 5 – Erste Spuren der Schrift

Das Schauen mit dem Fernglas, das Sammeln von Zeitungsausschnitten und das Fotografieren – das waren die ersten Momente meiner kindlichen Annäherung an eine Praxis, die künstlerische Verfahren im Kleinen kopierte. Sie schulten meinen Blick und schärften die Aufmerksamkeit für die visuelle Bildersprache der Welten in meiner Umgebung.

All diese frühen Beschäftigungen machten das Leben abwechslungsreich, ließen keine Langeweile aufkommen und waren kleine Aufgaben, die ich mit viel Freude absolvierte. Wenn der Tag begann, hatte ich einiges zu tun, ohne dass ich lange überlegen musste. Hatte ich einiges »getan«, erschienen mir die Stunden erfüllt, und die Tätigkeiten wirkten anregend nach, indem sie im Kopf immer neue Aufgaben anforderten und entwarfen.

Nebenher übte ich Klavier und machte rasche Fortschritte. So war ich nicht mehr das stumme, sich dem Sprechen verweigernde Kind von früher, sondern ein Kind, das sich mit Hilfe der Musik auszudrücken versuchte und sein Begreifen der Welt durch die Praktiken einer kleinen Werkstatt des Sehens schulte.

Lesen und Schreiben aber konnte ich noch lange nicht. Die ersten Erfahrungen mit der Schrift und dem Schreiben machte ich nicht in der Schule, sondern in einer Jagdhütte auf dem elterlichen Grundstück im Westerwald. In meinem Roman »Der Stift und das Papier« erzähle ich von den Anfängen.

In der Jagdhütte steht ein langer Tisch. Eigentlich ist es kein richtiger Tisch, sondern nur eine Holzplatte, die auf zwei Holzböcken liegt. Die Platte ist schwer und stößt an ihrem hinteren Ende gegen die Wand mit dem Fenster. Sie ist ganz glatt, und man kann sie mit einem feuchten Tuch leicht abwischen. Dann glänzt sie für ein paar Momente, während die Flüssigkeit verdunstet.

Papa hat eine merkwürdige Rolle dabei. Er legt sie auf die schwere Platte und entrollt sie langsam. So ein Papier habe ich noch nie gesehen. Es ist nicht das übliche weiße Papier, sondern ein durchsichtiges, dünnes. Man kann es so lange ausrollen, bis es die ganze Platte von links nach rechts bedeckt. Genau das tut Papa auch: Er befestigt das Papier an der linken Seite und entrollt es nach rechts, wo er es wieder befestigt. Die Platte ist in ihrer Mitte jetzt von dem milchigen, schimmernden Papierstreifen bedeckt. Ein wenig sieht es aus wie ein Tischschmuck, aber für einen Tischschmuck ist das Papier vielleicht doch zu farblos und langweilig.

Papa streicht mit der Hand über das milchige, dünne Papier. Er prüft, ob es auch wirklich fest und straff sitzt. Ich sitze neben ihm und streiche jetzt auch über das merkwürdige, fremde Papier. Es bedeckt den Tisch wie eine Haut. Die Haut ist sehr dünn und eben und vor allem sehr weich, sie ist aber keine richtige Haut, sondern eher ein dünner Überzug. Jedenfalls fühlt sich dieses Papier sehr gut an, und es sieht auch nicht so abweisend und streng aus wie normales weißes Papier.

Papa dreht sich um und holt die Kiste mit seinen Schreibutensilien aus dem Regal. Es ist eine einfache, ziemlich große Zigarrenkiste, in die er seine Stifte und die anderen Schreibgeräte hineinlegt. In dieser Kiste liegt alles durch-, über- und untereinander, aber Papa findet immer sofort, was er sucht. Er scharrt ein paar Sekunden in der Kiste herum, dann holt er einige Bleistifte heraus. Er legt sie nebeneinander auf das Papier, und dann legt er neben die Stifte einen Bleistiftspitzer. In meinem Schulmäppchen habe ich auch so einen Spitzer, aber ich benutze ihn nur selten, und die Benutzung klappt auch meistens nicht, weil die Spitze des Stifts, den ich spitzen möchte, laufend abbricht und immer wieder neu gespitzt werden muss, bis ich sie nur halb spitze und dann mit diesem halbgespitzten Stift zu schreiben versuche.

Ich sehe, dass Papa beginnt, die Bleistifte zu spitzen, einen nach dem andern. Nach dem dritten hört er auf und schiebt mir die Stifte und den Spitzer hin. Ich will auch mit dem Spitzen anfangen, aber ich mache das anscheinend zu schnell, jedenfalls nimmt Papa mir den Stift und den Spitzer gleich wieder aus der Hand und zeigt mir, dass ich ganz langsam spitzen und den Bleistift ruhig und fest halten muss. Kein Zittern, kein Wackeln! Man dreht den Bleistift langsam auf der Stelle und schaut, wie die abgeschabten Holzkringel wie kleine, von einem Friseur abgeschnittene Locken auf die Platte fallen. Und man spitzt nicht zu lange, sondern so, dass der Stift vorn keine zu scharfe Spitze hat, die dann gleich wieder abbrechen könnte.

Es dauert eine Weile, bis ich alle Stifte gut gespitzt habe. Sie liegen jetzt dicht nebeneinander, wie eine Mannschaft, die zu einem Spiel antreten soll. Papa nimmt einen Stift nach dem andern in die rechte Hand und zieht mit jedem eine gerade Linie. Die Linien verlaufen genau untereinander und sind etwa gleich lang. Dann legt er die Stifte wieder hin und lässt mich ebenfalls lauter Linien untereinander ziehen. Plötzlich bemerke ich, dass die Stifte nicht gleich, sondern sehr verschieden sind. Einige sind hart und kratzen über das Papier, andere sind aber zu weich und dick, so dass keine dünnen, feinen, sondern breite und verschmierte Linien entstehen. Papa zeigt mir, dass auf jedem Stift einige Buchstaben und Zahlen stehen: HB, 2B, 3B … Dann zieht er noch einmal mit jedem Stift eine Linie und schreibt die Buchstaben und Zahlen, die zu dem Stift gehören, neben die Linie. Er sagt, ich solle so wie er noch einmal alle Stifte benutzen und Linien ziehen, aber ganz vorsichtig, »hauchdünn«. Als er »hauchdünn« sagt, zieht er die Schultern etwas hoch und haucht wirklich vor sich hin. Er will also, dass ich kaum sichtbare Linien zeichne, und er will, dass sich die Linien gut unterscheiden.

Ich ziehe dünne und feine Linien. Ich schaue nach, wie jeder Stift heißt, und schreibe seine Buchstaben und Zahlen neben die Linie, die er gezogen hat. Ganz wie Papa habe ich die Schultern etwas hochgezogen. Mein Mund steht offen vor Anstrengung und wegen der großen Aufmerksamkeit, die meine Arbeit erfordert. Ich atme gut hörbar aus und ein, ich schwitze etwas. Ich ziehe so oft Linien untereinander, bis die Rolle in einem schmalen Streifen von oben bis unten mit Linien bedeckt ist. Es sieht aus, als hätte ich eine Leiter oder eine Treppe oder einen Weg gezeichnet. Oben an der Wand sind die Linien noch etwas wacklig und grob, ganz unten aber sind sie richtig gerade und dünn, »hauchdünn«, »hingehaucht«.

Papa deutet auf meine Treppe oder auf meinen Weg und sagt: »Der Weg von dick nach dünn ... Der Weg von laut nach leise ... Der Weg von stark nach schwach ...«

Dann zeichnet er mit einem Bleistift einen großen Kreis und in diesen großen Kreis immer kleinere Kreise. In den kleinsten Kreis schreibt er den Namen des Stiftes. Das macht er diesmal nur ein einziges Mal, weil ich ja längst verstanden habe, dass ich seine Arbeit fortsetzen soll. Und so versuche ich, mit den verschiedenen Stiften Kreise zu zeichnen. Das ist viel schwieriger als das Zeichnen von Linien. Immer wieder verrutscht ein Kreis, oder er gelingt nicht richtig rund, oder er passt nicht genau in den etwas größeren, so dass sich die Linien der Kreise überschneiden. Wenn das passiert, beginne ich wieder von vorn, aber ich schaffe es einfach nicht, die Kreise so fein und voneinander getrennt zu zeichnen, wie Papa das gemacht hat.

Als Papa sieht, dass ich mich abmühe, holt er aus der Zigarrenkiste einen gelben Buntstift. Er spitzt ihn und zeichnet damit einen riesigen Kreis auf das Papier. »Das ist die Sonne«, sagt Papa und steht jetzt vor der Tischplatte, weil man einen so großen Kreis im Sitzen nicht zeichnen kann. Er gibt mir den gelben Buntstift, und ich zeichne in den riesigen Kreis immer kleinere Kreise. Die Linien der Kreise sind sehr wacklig und zittrig, aber sie überschneiden sich diesmal nicht. Als ich fertig bin, sagte Papa: »Die Sonne mit ihren Strahlen ...«

Danach zeichnen wir mit verschiedenen, frisch gespitzten Buntstiften noch weitere Formen: ein Viereck, ein Dreieck. Und als wir damit fertig sind, ist die Schreibstunde zu Ende. Rechts von meinem Bleistiftweg schweben jetzt viele bunte Formen, und ich zeichne noch etwas weiter, mit den verschiedensten Stiften, von den oberen Partien der Rolle nach unten (und nicht umgekehrt, weil sonst alles verschmiert).

Ich muss sehr darauf achten, dass die Linien nicht verschmieren, es ist beinahe so, als wäre ich ein richtiger Zeichner und Maler, der sich keinen Fehler erlauben darf. Linien auszuradieren geht nämlich nicht, denn Papa mag das Radieren überhaupt nicht. »Wenn etwas nicht klappt, streicht man es durch oder lässt es so, wie es ist, und fängt dann neu an. Radieren aber ist eklig, Radieren ist: alles noch schlimmer machen und herumschmieren. Pfui deibel!«

Als ich fertig gezeichnet habe, gehe ich ein bisschen nach draußen, in den dichten Wald rings um die Jagdhütte. Ich höre, wie Papa die Musik in der Hütte wieder etwas lauter dreht. Was macht er jetzt mit der Rolle? Nimmt er sie von der Platte und legt sie beiseite? Ich vermute, dass er sie vorsichtig einrollt und ein rotes Schnipsgummi drum herummacht. In unserem Haushalt gibt es rote Schnipsgummis in allen Größen. Mama benutzt sie für die Zettel, die sie beschreibt, sie hält die Zettel eines einzigen Tages mit einem dünnen Gummi zusammen. Und Papa nimmt etwas dickere Schnipsgummis, um zusammengefaltete, halbleere Tüten (wie zum Beispiel Tüten mit Kaffee) zu kleinen, kompakten Päckchen zu formen.

Oft habe ich von den vielen Schnipsgummis auch welche dabei. Einfach so, in der rechten Hosentasche. Ich hole sie heraus und schieße sie nacheinander in die Luft. Und dann sehe ich, welcher am weitesten geflogen ist. Der bekommt einen Preis und einen Namen und braucht kein zweites Mal zu fliegen. Ich stecke ihn in die linke Hosentasche und gönne ihm etwas Ruhe. Wenn alle Schnipsgummis in die linke Hosentasche gewandert sind, höre ich auf. Der letzte, übrig gebliebene Schnipsgummi bekommt keinen richtigen Namen. Er wird nur »dummer Schisser« genannt, aber natürlich nicht für immer, sondern nur für die Dauer dieses *einen* Spiels.

Die kindliche Werkstatt 6 – Abzeichnen

Das Schreiben beginnt nicht, wie vielleicht zu erwarten gewesen wäre, mit einem Schreiben von Buchstaben in ein Schulheft, sondern in einer improvisierten Werkstatt, die auch die eines Zeichners oder Malers sein könnte. In Wahrheit ist sie das auch ein wenig, denn es ist die Werkstatt meines Vaters und damit die eines Geodäten, der nicht mit herkömmlichem Papier, sondern mit Rollen von Transparentpapier arbeitet.

Und als ginge es wirklich darum, zeichnen zu lernen, werden Bleistifte und Buntstifte gespitzt sowie Linien gezogen und Kreise gezeichnet. Die ersten Spuren der Schrift sind daher erstaunlicherweise Zeichnungen. Sie entstehen auf durchsichtigem Papier wie eine vorläufige Textur, die dadurch, dass dieses auf einer Holzplatte ausgebreitete Papier von der Platte gelöst und zusammengerollt wird, den Anschein einer abgeschlossenen Arbeit erhält.

Die von der Platte gelöste Rolle enthält also eine Vorform des Schreibens, die als visuelles Ensemble der ersten Schreibanstrengungen wie ein fragiles Bild erscheint. Danach geht es mit dem Abzeichnen weiter.

In den folgenden Tagen habe ich den ganzen auf der Tischplatte montierten Teil der Papierrolle mit lauter Linien, Kreisen und Vielecken in vielerlei Farben gefüllt. Ich habe all diese kleinen Bilder nicht mehr genau untereinander, in einer Reihe gezeichnet, sondern einfach dahin, wo es mir gefiel. Jedes Mal, wenn ich die Jagdhütte betrete, schaue ich zuerst auf die Rolle mit ihren vielen Zeichnungen: wie sie sich füllt, so dass alles ausschaut wie ein Himmel mit bunten Luftballons, Sternen, Sonnen und Monden. Es ist sehr schön, das zu sehen, ich freue mich über dieses Himmelsgewölbe, und ich sehe, dass man kleine Fehler oder Schmierereien auf den ersten Blick gar nicht erkennt, weil der Himmel einfach zu groß ist.

Was ich neben dem Zeichnen lerne, ist, wie sich die Bleistifte unterscheiden. Jeder ist anders, liegt anders in der Hand und bewegt sich auf dem Papier (das übrigens »Pauspapier« heißt) langsam, schwungvoll, kratzend, schabend oder auch stochernd. Mit der Zeit entdecke ich, dass ich Lieblingsbleistifte habe und andere nicht gerne benutze. Papa hat mir darüber hinaus ein viereckiges Stück Probepauspapier gegeben, damit ich auch das Zeichnen mit ganz anderen Stiften versuche. Aber ich habe schnell bemerkt, dass man mit einem Kuli nicht auf Pauspapier zeichnen kann. Der Stift rutscht seitlich ab, die Kulifarbe verschmiert und bildet kleine Flecke. Auch mit dem Füllfederhalter lässt sich auf dem Pauspapier nicht schreiben. Die Tinte kleckst und verläuft in dünnen Rinnsalen über das glatte Papier. Es sieht aus, als blute der Füller leicht, und wenn man mit ihm einen Kreis zeichnen will, eiert der Kreis und wirft Tintenschuppen nach allen Seiten.

Für das Pauspapier taugen nur Blei- und Buntstifte. Am besten sind die ganz dünnen, feinen, nicht zu harten. Sie nehmen mit ihrer Spitze Kontakt zu der weichen Oberfläche des Papiers auf und verbinden sich mit seinen Fasern. Der Strich des Stiftes wird von diesen Fasern aufgenommen und erwidert, Stift und Papier wachsen zusammen. Ich spüre es richtig, es ist ein gutes Gefühl, so, als seien Stift und Papier genau füreinander gemacht.

Als der ganze Teil der Rolle, der auf dem Tisch montiert ist, voller Zeichnungen ist, macht Papa etwas Merkwürdiges. Er fotografiert die Rolle, und dann schreibt er in die untere rechte Ecke die Daten der Tage, an denen ich an dieser Himmelszeichnung gearbeitet habe: »Von … bis …« Schließlich schneidet er den von mir bearbeiteten Teil der Rolle rechts und links ab. Dann ist ein Schnipsgummi dran, das meine eingerollte Himmelszeichnung zusammenhält. Das Ganze kommt dann nach hinten, ins Regal, wo es für eine Weile abgelegt wird. »Das legen wir jetzt mal ab«, sagt Papa, und es hört sich an, als hätten wir angefangen, an einem großen Werk zu arbeiten, an dem wir immer wieder weiterarbeiten werden. So weit ist es aber noch nicht, die Himmelszeichnung soll erst einmal etwas Ruhe bekommen. »Wir wollen sie jetzt für eine Weile vergessen«, sagt Papa, »dann freuen wir uns umso mehr, wenn wir sie wieder entrollen.«

Damit uns das Vergessen gelingt, müssen wir uns mit etwas anderem beschäftigen. Papa hat wieder ein kleines, quadratisches Stück Pauspapier (Papa mag Quadrate mehr als Rechtecke) ausgeschnitten und auf die jetzt leere Tischplatte gelegt. Das Pauspapier durchschneidet oder trennt er nicht mit einer gewöhnlichen Schere, sondern mit einer Rasierklinge. Er knickt das Pauspapier und fährt mit dem Zeigefinger mehrmals fest an der gefalteten Linie entlang. Dann nimmt er die Rasierklinge und durchtrennt mit ihr in langsamen kurzen Schnitten das gefaltete Stück Papier. Das

Papier seufzt bei diesem Schnitt leise, und die Rasierklinge taucht nach dem Schnitt aus der Falte auf wie ein eleganter Sieger, dem kein Papier etwas entgegensetzen kann.

Gut. Nun liegt das quadratische Stück Pauspapier vor mir. Was aber soll ich damit? Papa greift nach einem dicken dunkelbraunen Buch, das sich hinter ihm im Regal befindet. Er blättert etwas darin herum und schlägt es dann an einer bestimmten Stelle, die er gesucht hat, so auf, dass die beiden Seiten aufgeklappt vor mir liegen. Ich schaue hin, so etwas habe ich noch nie gesehen. Auf der rechten Seite befinden sich lauter kleine Zeichnungen von Gemüsepflanzen. Papa sagt, dass es vierundzwanzig seien und dass jede Zeichnung die Zeichnung eines essbaren, »schmackhaften« Gemüses sei. (»Schmackhaft« ist eines von Papas Lieblingswörtern. Ich habe erst nicht verstanden, was damit gemeint ist. Erst als Papa aufzählte, was alles »schmackhaft« sei, wusste ich, was dieses Wort bedeutet. Es bedeutet: gut essbar, häufig essbar, täglich essbar ...) Ich schaue genauer hin und erkenne eine dünne, leicht gekrümmte Gurke, eine spitz zulaufende Möhre, zwei dicke Zwiebeln (wie ein Paar Glocken miteinander verbunden), einen ausgebreitet daliegenden Kopfsalat und viele Gemüsesorten, die ich noch nicht genau kenne.

Was machen wir nun damit? Papa befestigt das ausgeschnittene Stück Pauspapier auf der Seite mit den Zeichnungen. Man kann die Zeichnungen jetzt nicht mehr scharf, wohl aber noch in ihren Umrissen erkennen. Es reicht aber völlig aus, sie so zu erkennen, denn diese Umrisse lassen sich nun mit einem Bleistift so nachfahren, dass ich die Gemüsepflanzen abzeichnen kann. Ich soll sie abzeichnen, richtig, ich soll sie ganz langsam, gründlich und ohne etwas hinzuzutun: abzeichnen.

Als ich anfange, denke ich, dass ich rasch damit fertig

werde und dass dies eine einfache, leicht zu lösende Aufgabe ist. Doch als ich weiter- und weitermache, sehe ich, dass diese Aufgabe viel schwieriger als die vorige (die große Zeichnung einer Himmelslandschaft) ist. Ich muss den Stift immer wieder spitzen und ganz vorsichtig die Linien entlangfahren. Ich muss sehr genau hinschauen und darf nicht von den vorgegebenen Linien abweichen. Gemüsepflanzen bestehen aus dem eigentlichen essbaren Gemüse, aus oft runden, knolligen, leicht schrumpeligen Körpern, und aus all dem Zottelkram drum herum. Kleine Blättchen, Fasern, Fäden oder Stängel schauen aus den essbaren Körpern heraus und sind so etwas wie eine lästige Zutat. Kann man dieses Beiwerk auch essen, schmeckt es überhaupt, oder für was ist es da?

Solche Fragen stelle ich aber nicht, obwohl sie mir so ähnlich durch den Kopf gehen. Ich darf mich von dem Beiwerk nicht ablenken lassen, und erst recht darf ich nicht ans Essen denken. Wenn ich daran denke, werde ich ungeduldig und bekomme sofort etwas Hunger. Zum Glück ist das Gemüse farblos, schwarz-weiß, und besteht nur aus Linien. Wäre es bunt, würde sich dieser Hunger sicher sofort einstellen.

Zu Beginn des Abzeichnens habe ich gedacht, dass ich es in kurzer Zeit hinbekomme. Nach einer Weile muss ich abbrechen, es ist sehr anstrengend, und ich werde am nächsten Tag weitermachen. Papa fragt, welches Gemüse ich noch nie gesehen habe. Ich zeige auf einen schweren runden Ball mit lauter Rillen. Dieses schwere Gemüse heißt »Kürbis«, und Papa sagt, es sei »wenig schmackhaft«. »Sehr schmackhaft« aber sind Radieschen, Spargel, Rettich und vor allem »Meerrettichwurzeln«. Papa bekommt anscheinend auch plötzlich Hunger. Er sagt, er würde jetzt am liebsten Radieschen und Rettich essen und dazu ein sehr kühles Bier trinken. So mache man das in Bayern, in sogenannten »Biergärten«. Da setze man sich stundenlang unter eine dicke Kastanie in den Schatten, trinke kühles Bier und esse dazu Radieschen und Rettich.

Ich muss lachen, weil Papa vormacht, wie er ein Glas Bier hebt und einen großen Schluck nimmt und in die kleinen Radieschen beißt, dass sie knacken. Dann schlagen wir das dicke Buch mit den wunderbaren Zeichnungen zu und lassen das Stück Pauspapier drinnen. Papa schaltet die Musik aus und verlässt mit mir die Jagdhütte, wir gehen hinüber ins Wohnhaus. Ich weiß genau, wohin Papa jetzt geht, er geht in die Küche und öffnet den Eisschrank. Im Eisschrank findet er nicht das, was er sucht. Dann geht er hinunter in den Keller, gleich links gibt es eine kleine Speisekammer, wo frisches Gemüse, Konserven und Getränke aufbewahrt werden. »Kommst du mit?«, fragt er mich, und ich gehe hinter ihm her.

In der Speisekammer liegt viel frisches Gemüse auf einem Holzregal direkt unterhalb des Kellerfensters. Papa nimmt eine rohe, noch ungeputzte Möhre und beißt hinein. Und dann beißt er genauso herzhaft und rasch in eine Petersilienwurzel. Er macht »Ah« und nochmal »Ah«, und dann bietet er mir auch von den Möhren, Wurzeln und anderen Strünken etwas an. Eigentlich mag ich das nicht essen, aber ich will ihn nicht enttäuschen. Und so esse ich zum Abschluss unserer Schreibstunde zwei kleine Radieschen. Sie sehen verhungert aus, wie vertrocknete rot-weiße Marsmenschen, die sehr durstig sind. Aber sie schmecken nicht schlecht, erdig und scharf.

Papa setzt sich danach auf einen kleinen Hocker und öffnet mit seinem Taschenmesser eine Flasche Bier. Und dann isst er wirklich lauter Radieschen und etwas Rettich, einfach so, unten im Keller, und er trinkt in kurzen Schlucken aus der Flasche und sagt jedes Mal »Ah«, bis ich ihm glaube, dass ihm das alles furchtbar gut schmeckt, und wieder hinauf ins Erdgeschoss gehe, während Papa noch eine Weile im Keller isst und trinkt.

Im Erdgeschoss stehe ich eine Weile vor dem Wohnzimmerfenster und schaue hinaus. Ich wäre gerne ein Jäger, der durch die Wälder da draußen streift und genau weiß, wo sich welche Tiere befinden. Vielleicht würde es mir sogar gelingen, einen Rehbock zu erlegen. Ich würde das Fleisch des erlegten Rehbocks braten und essen, und es würde mir so gut schmecken wie nichts sonst auf der Welt.

Die kindliche Werkstatt 7 – Die Erfindung der Chronik

Auf die ersten Zeichenübungen folgen die Übungen des Abzeichnens und damit die des Kopierens. Sie schulen die visuelle Aufmerksamkeit für Details weiter und sind erste Herausforderungen für ein Übernehmen von Vorgaben. Solche Vorgaben begrenzen das freie Zeichnen und Kritzeln und erscheinen wie Angebote, in den Zeichnungen mit bestimmten Mustern zu arbeiten.

In diesen ersten Phasen des Übens und Lernens enthalten die Blätter und Rollen, auf die ich zeichne, noch kein eigenes Schreiben. Erst als ich das Schreiben von Buchstaben und Sätzen einigermaßen beherrsche, entsteht das Konzept eines fortlaufenden Auffangens und schriftlichen Begleitens von täglich gespeicherten Bildern und Texten.

Das führt zu einer zunächst kindlichen »Chronik«, die ich mein Leben lang bis heute fortgesetzt und zu einer »Mitschrift« des Lebens entwickelt habe. Sie hat mein gesamtes Schreiben grundiert, denn in ihr waren die Impulse gespeichert und vorgeformt, die dann zu Erzählungen, Romanen und anderen literarischen Textformen führten.

Vorerst mache ich weiter. Ich sitze wieder neben Papa, und wir überlegen, was wir noch so alles auf die quadratischen Papiere mit dem Wochentag und dem Datum schreiben könnten. Ich schlage vor, dass ich etwas aus der Zeitung vom Tage abschreibe, aber das findet Papa nicht so gut. Stattdessen soll ich aus der Zeitung vom Tage kleine Fotos oder Bilder ausschneiden, die ich dann auch auf die Seite klebe. Papa meint, dass ich so meine eigene Zeitung schreibe, eine Zeitung mit vielen Meldungen aus meinem Leben und mit Fotos und Bildern aus dem Leben anderer Menschen. Unter jedes ausgeschnittene Foto oder Bild solle ich aber einen eigenen Text schreiben und nicht den verwenden, den die Zeitungsleute hingeschrieben hätten. Ich solle mir etwas anderes dazu ausdenken, etwas, das mir einfällt, wenn ich mir das Foto oder Bild anschaue. Die Fotos oder Bilder sollten aber nicht allzu groß sein, am besten wie Briefmarken oder höchstens ein klein wenig größer. Sie sollten die Seite also keineswegs beherrschen oder auftrumpfen, sondern sich zu den Meldungen aus meinem Leben hinzugesellen, wie ein Schmuck oder eine Beigabe von außen.

Ich hole die Tageszeitung aus unserem Wohnhaus und habe etwas Zeit, sie durchzublättern. Schließlich schneide ich einen Fußballer aus, den ich kenne. Es ist ein Brustbild, und darunter steht, dass dieser Fußballer (des 1. FC Köln) wohl bald nicht mehr in Köln, sondern in Duisburg spielen wird. Ich klebe das Foto auf meine Tagesseite und schreibe unter das Foto: *Wie viele Einwohner hat eigentlich Duisburg?* Papa muss lachen, als er das liest, und er findet es gut. Ich frage ihn, ob wir irgendwo nachschauen sollten, wie viele Einwohner Duisburg hat, aber er meint: »Nein, wozu? Wollen wir das jetzt wirklich wissen?« Ich muss auch lachen und sage: »Nein, eigentlich nicht.« Papa meint, dass die Frage, wie viele Einwohner Duisburg habe, eine »Blitzidee« gewesen sei und dass man eine »Blitzidee« in Ruhe lassen und nicht abtöten dürfe. »Blitzideen wollen für sich stehen«, sagt Papa, und ich merke mir das sofort und denke später immer wieder über diesen Satz nach.

Was aber kommt noch auf meine Tagesseite? Papa sagt, er wolle mir keine Vorschriften machen, ich solle mir das selbst ausdenken, schließlich sei es ja meine und nicht seine Zeitung. Ich muss etwas überlegen und nachdenken, deshalb verlasse ich die Jagdhütte und gehe kurz ins Wohnhaus, um etwas zu trinken. Mama fragt, was Papa und ich die ganze Zeit in der Jagdhütte machen, und ich erkläre ihr die Sache mit meiner eigenen Tageszeitung. Ich frage Mama, was sie noch alles auf so eine Seite schreiben würde, da antwortet sie, dass ich unbedingt die Titel der Klavierstücke aufschreiben solle, die ich an einem bestimmten Tag übe. Was ich täglich übe, sei schließlich sehr wichtig, aber es würde reichen, bloß die Titel zu notieren, das sei genug, ich solle mir nicht zu viel Arbeit machen …

Ich komme aus dem Wohnhaus in die Jagdhütte zurück und sage Papa, dass ich auf die Seite noch die Titel der Klavierstücke aufschreiben möchte, die ich heute geübt habe. »War das Mamas Idee?«, fragt Papa, und ich sage, dass er recht hat und dass es Mamas Idee gewesen sei. »Na, macht nichts«, antwortet Papa, »es ist ja eine gute Idee.« Ich überlege kurz, und dann schreibe ich die Namen der Komponisten und die Titel von zwei Stücken hin, die ich heute geübt habe: *Johann Sebastian Bach: Kleines Präludium in F-Dur und Felix Mendelssohn-Bartholdy: Venezianisches Gondellied.*

Oben auf der Seite die Angabe von Wochentag und Datum. Und darunter kommt all das: Die Tagestemperatur. Das Wetter (Wolken? Der Himmel hat welche Farbe? Regnet es? Etwas Wind?). Die Namen der Komponisten und die Titel der Klavierstücke. Was ich am Tag alles gegessen habe. Was ich am Tag im Wald oder auf den Wiesen gespielt habe. Und dazu noch ein Foto oder ein Bild aus der Tageszeitung – und unter Foto und Bild mein eigener Kommentar.

So sieht meine Tagesseite vorerst aus. Jeden Tag schreibe ich eine neue, und jeden Tag schaut Papa sie genau an und legt sie nach Fertigstellung in das Regal. Der Stapel mit den Tagesseiten wächst und wächst, und vor diesem Stapel hat Papa an der Regalleiste ein Schildchen angebracht. Auf dem Schildchen steht: »Chronik«. Meine Tagesseiten ergeben nämlich, hintereinander gelesen, eine Chronik.

Ich notiere: *Die Chronik*. Und darunter: *Die Chronik ist das Nacheinander der von mir selbst beschriebenen, beklebten und gefüllten Tagesseiten.* Diese Notiz kommt auf einen anderen Stapel. Auch vor diesem Stapel gibt es ein Schildchen. Auf dem Schildchen steht: *Reflexionen.* Immer mehr Stapel von quadratischen Pauspapierseiten lassen unser »Archiv« wachsen. Wenn ich die Jagdhütte betrete, schaue ich immer zuerst zu diesen Stapeln. Sie machen mir Mut, sie spornen mich an, sie flüstern mir zu: weitermachen, nicht aufgeben. Ich bin jetzt der Schreiber, Gestalter und Erfinder eines Archivs. Papa sagt, ich werde bald richtig staunen. Ich frage, worüber. Da sagt Papa: »Über dich selbst.«

Die spätere Werkstatt 1 – Formate des Notierens

Im Lauf der Jahre hat sich nicht die tägliche Anlage der Chronik, wohl aber ihr Format verändert. Statt mit einzelnen Seiten zu arbeiten, benutze ich inzwischen ein Album (Querformat, DIN A4 oder DIN A3), in das die täglichen Quellen (Bilder, fremde und eigene Texte) eingeklebt werden.

Nebenbei führe ich noch einen kleinen Kalender, in dem ich einen Tagesverlauf knapp in Stichworten notierte. Zu seiner Ergänzung gib es manchmal (nicht jeden Tag) noch Notizbücher, in denen ich Sequenzen mit stärkerem Tagebuchcharakter festhalte.

Vor kurzem besuchte mich ein Fernsehteam in meinem Westerwälder Wohnhaus. In einer kleinen Erzählung habe ich von der komischen Szene berichtet, als das Team auf meine vielen Chroniken und Kalender der vergangenen Jahrzehnte aufmerksam wurde und mich bat, einen morgendlichen Arbeitsbeginn mit diesen Formaten für einen Film vorzuführen.

Ein Fernsehteam kam vorbei, der Regisseur wollte eine Dokumentation über meine Arbeit drehen. Zu Beginn sollte ich am frühen Morgen in meiner Werkstatt Platz nehmen, am besten hinter dem Arbeitstisch, auf dem zu dieser Tageszeit die Notizbücher liegen. »Was haben wir denn da?«, fragte der Regisseur und schaute aufmerksam hin. – »Das ist die Chronik«, antwortete ich und hielt die Chronik hoch, in der ich jeden Tag festhalte, wie der Tag davor verlaufen ist. »Schlagen Sie mal auf«, lächelte der Regisseur. Ich schlug die Chronik (DIN-A3-Querformat) irgendwo auf, die handgeschriebenen Texte und die aus Zeitungen und Zeitschriften ausgeschnittenen Schnipsel waren gut zu erkennen. »Lassen Sie mal sehen«, machte der Regisseur weiter. – »Ungern«, sagte ich, »die Aufzeichnungen sind privat.« –

»Ah ja«, murmelte der Regisseur, »dann vielleicht etwas anderes. Was haben wir denn hier?!« – »Das ist der Kalender«, antwortete ich. »Darin trage ich jeden Tag die Arbeitsvorhaben und Erledigungen ein, aber auch die Telefonate und Mails, alles, was so gerade passiert und ansteht.« – »Lassen Sie mal sehen«, machte der Regisseur weiter. – »Ungern«, antwortete ich, »die Aufzeichnungen sind zwar nicht ganz, aber doch halb privat.« –

»Nun gut«, sagte der Regisseur, »was haben wir denn dort?« – »Das ist das Tagebuch«, sagte ich, »sehr persönlich, sehr privat, alles, was mich am Tag tiefergehend bewegt hat.« – »Verstehe«, nickte der Fernsehregisseur und setzte sich auf einen Stuhl mir gegenüber, »das ist also der Schreibtisch am Morgen! Chronik, Kalender, Tagebuch, alles leider geheim. Dann schreiben Sie doch einfach irgendetwas und tun Sie so, als wären wir nicht vorhanden.«

Er gab dem Kameramann und dem Tontechniker einige Zeichen, und die beiden Männer, die hinter meinem Rücken standen, machten sich an die Arbeit. »Kamera läuft«, sagte der Regisseur, und ich öffnete die Chronik und las, was ich am Tag zuvor geschrieben hatte. »Nicht lesen, schreiben bitte«, korrigierte mich der Regisseur. Ich nahm ein paar Stifte aus einem Mäppchen und überlegte, mit welchen ich schreiben wollte. Dann überlegte ich, was genau.

»Normalerweise höre ich jetzt etwas Musik«, sagte ich. – »Okay«, sagte der Regisseur, »dann lassen wir Musik laufen. Was hören wir denn?« – »Sonaten von Domenico Scarlatti, gespielt von Christian Zacharias.« – Ich stand kurz auf und drückte den Play-Knopf des CD-Players. Eine Scarlatti-Sonate war zu hören.

»Jetzt schreiben bitte«, mahnte der Regisseur an. Ich strich die Chronikseite glatt und schrieb: Eiris sâzun idisi, sâzun hêra duoder. – »Und jetzt lesen Sie das mal laut vor«, flüsterte der Regisseur. – »6 Uhr auf, Kaffee mit Milch, 8 Grad, leichter Regen«, sagte ich. – »Moment mal«, rief der Kameramann, »das haben Sie aber nicht geschrieben! Durch die Kamera sehe ich etwas ganz anderes.« – »Stimmt«, sagte ich, »Eiris sâzun idisi, sâzun hêra duoder – das habe ich geschrieben.« –

»Wie bitte?«, fragte der Regisseur. »Was soll das heißen?« – »Einstmals setzten sich Frauen, setzten sich hierhin und dorthin«, antwortete ich. »Merseburger Zaubersprüche, althochdeutsch, neuntes Jahrhundert.« – »Und was soll das?«, wollte der Kameramann wissen. – »Das sind schlichte Beschwörungsformeln«, sagte ich. »Sie beruhigen und konzentrieren mich auf die Schrift und das Schreiben.« – »Und was ist mit dem Kaffee und der Milch und dem Regen?« – »Den Chroniktext habe ich im Kopf gespeichert, er kommt danach dran, wenn ich mit den Beschwörungsformeln durch bin«, antwortete ich. –

»Aber so geht das nicht«, wandte der Tontechniker ein, »da stimmen Bild und Ton nicht überein.« – »Stimmt«, sagte der Kameramann, »wenn Sie etwas anderes schreiben als das, was Sie vorlesen, gibt es Probleme.« – »Und ob!«, sagte der Regisseur und beugte sich etwas zu mir vor: »Ehrlich gesagt, hatte ich mir alles etwas einfacher vorgestellt.« – »Ich auch!«, sagte ich. –

»Stilisieren Sie sich gelegentlich etwas?«, fragte der Regisseur und lächelte wieder. – »Nicht dass ich wüsste«, antwortete ich. – »Aber Sie fabulieren gern, stimmt's?« – »Das schon eher«, sagte ich. – »Leute«, sagte der Regisseur zu dem Kameramann und dem Tontechniker, »wir drehen jetzt einfach drauflos. Der Autor schreibt, die Musik läuft, und auf einem weißen Blatt entstehen lauter Zaubersprüche, welche auch immer. Okay?« – »Okay«, sagte der Kameramann, »genau so machen wir es.«

Die spätere Werkstatt 2 – Die Erfindung des Blogs

In der letzten Phase meiner Arbeit mit diesen Formaten (im Herbst 2016) übertrug ich einige Momente dieser Text- und Klebearbeit in einen Blog (www.ortheil-blog.de). Manche Blogeinträge bestanden nur aus Text, andere erweiterte ich um Fotografien, die ich mit dem Smartphone gemacht hatte, und in wiederum anderen ergänzte ich die Texte durch YouTube-Videos, die ich aus dem Netz gefischt hatte.

So ergab sich die Möglichkeit, das kindliche Projekt der Chronik in digitaler Form ins Netz zu übertragen und viele Aufzeichnungen beinahe von Tag zu Tag einem breiten Publikum zugänglich zu machen. Darüber habe ich in einem Artikel berichtet.

Vor einigen Jahren habe ich mit dem Bloggen begonnen, andere Blogs kannte ich damals nur flüchtig. Vorerst wusste ich nur, dass ich keinen thematischen, sondern einen kaleidoskopartigen Blog schreiben wollte. Mit verschiedenen Textsorten sowie unterschiedlichen Themen und Motiven, bezogen auf den jeweiligen Tag.

Ich suchte nach einer digitalen Form, mit der ich experimentieren konnte. Facebook, Twitter und Instagram gefielen mir wegen der gebotenen Kürze der Meldungen nicht, ich dachte an eine großflächigere Form. Keine intimen Mitteilungen oder Tagebuchartiges, sondern konzentrierte, per-

sönliche Texte, geschrieben in dem Bewusstsein, dass sie von vielen Menschen gelesen wurden.

Das literarische Tagebuch war in analogen Zeiten ein Vorläufer, Max Frischs *Tagebuch 1946–1949* hatte mir durch die sprunghafte Form seiner Aufzeichnungen gefallen. Der offene Raum einer Werkstatt, zu der die Leser Zutritt hatten! Schnappschüsse des Schriftstelleralltags, Reiseberichte, investigative Erkundungen im Nachkriegsdeutschland, Textproben geplanter größerer Arbeiten – und das alles als nachdenklich machendes, stark assoziatives Schreiblabor!

Mit dieser Orientierung fing ich an und berichtete von der Frankfurter Buchmesse, von Lesungen und Lektüren. Was tut und wie arbeitet ein Schriftsteller, wenn er nicht an einem größeren Werk sitzt? Solche Fragen hatte ich oft zu hören bekommen und glaubte daher, dass die Antworten manche Leser interessierten. Ich wollte sonst eher unterschätzte Arbeitsabläufe beleuchten und zum Nachdenken darüber anregen. Wann gelingen Lesungen besonders gut? Welche Bücher anderer Autorinnen und Autoren lese ich mit welchen Absichten und Ideen? Und was halte ich täglich in Kladden und Notizbüchern fest? All diese Fragen gehen den kreativen Randprozessen eines Schriftstellerlebens nach, das mit der Zeit seine eigenen Rituale entwickelt. Sie traten denn auch in den Blogeinträgen der ersten Zeit immer deutlicher in Erscheinung.

Womit ich jedoch nicht gerechnet hatte: Das Blogschreiben installierte in meinem Kopf eine Sonde! Vom frühen Morgen an war sie auf der Suche nach Motiven und Themen, die für den Blog geeignet wären. Und welche waren das? Auf jeden Fall aktuelle. Damit meinte ich keine Kommentare zu Politik und Gesellschaft, sondern Signale des Tages, die haften blieben und die ich selbst als überraschend empfand. Sie sollten sich frei und ungezwungen ergeben, aus heiterem Himmel, wie ich mir sagte. Außerdem sollten sie eng verbunden sein mit dem, was ich »meine private Ästhetik« nannte. Ein Graupelschauer, ein Haiku in einem japanischen Taschenkalender, ein Fetzen Musik in der U-Bahn, eine Kreidenotiz an der Schiefertafel eines Münchner Lokals – das alles waren solche Signale! Dass es welche waren, bemerkte ich dadurch, dass sie sich nicht abschütteln ließen.

Ich notierte sie, so entstand eine Flotte von Ideen, aus der ich wählen konnte: Worüber schrieb ich heute? Was ließ sich auf morgen oder gar die nächste Woche verschieben? Die Sonde im Kopf arbeitete unermüdlich, als hätte ich die Aufgabe, das fortlaufende Tagesprogramm eines Senders zu erfinden. Heute eine konfuzianische Meditation, am nächsten Tag eine Schubert-Einspielung des Pianisten Arcadi Volodos und die ganze folgende Woche ein zyklisches Siebentageprogramm: Seven Days Walking!

Derart besitzergreifend hatte ich mir das Bloggen nicht vorgestellt. Wenn ich mit Freunden unterwegs war und ein Foto machte, bekam ich zu hören: Bestimmt für deinen Blog, was? Danach versickerte der kreative Impuls meist sofort. Meine Signale legten Wert darauf, exklusiv, nur von mir entdeckt und gespeichert zu werden. Ging ich arglos im Wald spazieren, lugten sie hinter jedem Baum hervor. Am schlimmsten aber war es im Garten. Jedes gerade erblühte Blümchen wollte fotografiert und betextet werden!

Hilfreich war, dass ich seit den Schultagen fast täglich etwas geschrieben hatte. Jahrelang hatte ich Chronik geführt: 6 Uhr aufgestanden, Pfefferminztee, Haferflocken mit Nüssen, auf dem Schulweg Peter getroffen, so in der Art. Das Bloggen erhöhte die Anforderungen jedoch erheblich. Längst arbeitete ich an einer auf viele Themen und Motive hin ausgeweiteten multiplen Chronik, erzählte Kalendergeschichten, berichtete von einem Kinobesuch oder einem Konzert oder fotografierte ein Pilzgericht in meinem italienischen Lieblingsrestaurant in Köln, samt gastrosophischer Analyse.

Mein Gott, stöhnte ich manchmal, ich habe auch noch anderes zu tun! Der Blog war nicht dieser Meinung. Selbst nachts meldete er sich und ließ mich weiter notieren. Hatte ich nicht von einem Spaziergang ausgerechnet mit Fanny Ardant geträumt? Richtig, ja, aber passte der wirklich in meinen Blog? Solche Fragen berührten die Diskretion. Zu meinen Blogregeln gehörte, dass ich auf keinem Foto auftauchte und die fotografierte Umgebung nicht genau zu lokalisieren war. Ich war schließlich kein Instagram-Grufti, sondern ein Blogavantgardist. In der Antike wäre ich als bloggender Marc Aurel durch meine Provinzen geritten. In der Renaissance hätte ich als Francesco Petrarca aus meinem Studiolo gebloggt. Allmählich erkannte ich, wo ich weitere frühe Vorformen der Bloggerkunst zu suchen hatte: In Georg Christoph Lichtenbergs Sudelbüchern! In Friedrich Nietzsches Notizheften! In den Cahiers von Simone Weil!

So lebte ich hin, während sich mein reales Leben in ein Bloggerleben verwandelte …

An den schriftlichen Reaktionen der Leser konnte ich erkennen, wie angetan sie waren. Sie erreichten mich ausschließlich als namentlich gezeichnete Mails, deren Ausführlichkeit mich erstaunte. Interessant daran war, dass oft nur eine Nebenbemerkung die Leserreaktion ausgelöst hatte. Ein Detail hatte den Funken überspringen lassen und eine Erzählung oder einen Bericht in Fahrt gebracht. Mit jedem Satz entfernte sich die Mail weiter von ihrem Anlass und verwandelte sich auf beinahe unheimliche Weise in biografische Prosa.

Oft fragte ich mich nach dem Grund dieser Verwandlungen. Was hatten die biografischen Mitteilungen mit den Texten zu tun, die ich in den Blog gestellt hatte? Sie antworteten, bezogen sich aber kaum darauf. In Wahrheit erzählten viele Leser auch nicht mir, sondern eher sich selbst, was anscheinend lange in ihrem Kopf geschlummert hatte. Niemand hatte diesen Poesiestau abgerufen oder erbeten. Hatte ich das denn getan? Anscheinend ja. Aber wodurch?

Ich las die Lesertexte genauer und verglich sie. Viele enthielten kleine Formeln der Vertraulichkeit, als wären wir miteinander befreundet oder bekannt. Mit der Zeit häuften sich solche Zeichen, bis sie deutlicher wurden. Dann wurde ich eingeladen, zu einem Kaffee, einem Glas Sekt, einer mehrstündigen Mahlzeit oder einem langen Spaziergang. Dabei hatte ich nicht den Eindruck, dass man meine Bekanntschaft suchte. Nein, das war es nicht, denn wir kannten uns ja längst durch unser gemeinsames Dasein, es ging also um mehr!

Anscheinend bildete der Blog einen geschützten Raum, in dem wir, jeweils zu zweit, unter uns waren. Anders als bei Facebook, Instagram oder Twitter waren die Rückmeldungen von Nutzern nicht öffentlich zu verfolgen. Meine Blogtexte inspirierten vielmehr eine Art vertrauliches Dating. Der Blog strahlte aus, und die Lesertexte strahlten zurück! Ich erhielt Buch- und Musiktipps und verfolgte oft sprachlos und fasziniert, auf welchen Nebenwegen diese Tipps auf die Terrains bezogen waren, die ich früher »meine private Ästhetik« genannt hatte. Man hielt mich für einen Spaziergänger mit Ausdauer, also waren diätetische Mahlzeiten und Fußsalben mit Kamille-Lotionen eine gute Empfehlung! Ich war begeistert von Daniil Trifonow und seinem Liszt-Spiel? In Köln-Lindenthal wartete ein Bösendorfer-Flügel auf mich, auf dem ich Liszt hätte spielen können! Die Leserin besaß diesen Flügel seit über dreißig Jahren, schon als siebenjähriges Kind hatte sie auf ihm geübt, sich aber erst als Zwanzigjährige an Liszt versucht ... und so weiter.

Nach einiger Zeit befand ich mich in einem mitreißenden Mahlstrom, mit Tausenden von Leserinnen und Lesern auf weiter Fahrt. Längst belieferte ich sie täglich und registrierte Glücksgefühle, wenn ich solche Reaktionen zu lesen bekam: Jeden Tag freue ich mich auf Ihre Texte! Ich lese sie noch vor dem Frühstück. Allen Hinweisen gehe ich nach. Ich lebe mit Ihnen, hören Sie bitte nicht auf! Nachforschungen ergaben, dass die meisten Leser in Berlin lebten, danach kamen Köln, Hamburg, Stuttgart und München! Zahlreiche Leser gab es auch in der Schweiz und in Österreich. Aber ich lernte auch Leserinnen auf Long Islands oder den Philippinen kennen. Sie schickten Fotos ihrer Wohnungen und Gärten, erzählten von ihren Kindern und spielten mir Kompositionen von Scarlatti auf dem Klavier vor.

Zu zweit fuhren wir im Medium des Blogs nach Paris und aßen im Freien vor dem Wohnhaus von Marguerite Duras. An meinem Geburtstag streiften wir durch Athen, empfingen Ehrengäste auf der Akropolis und feierten nachts in der ältesten Taverne der Stadt. In Venedig waren wir mit Hemingway unterwegs und tranken jede halbe Stunde einen anderen Drink, bis mein bloggendes Unterbewusstsein zumindest für ein paar nächtliche Stunden kapitulierte.

Der Hintergrund dieser Reisen waren laufende Buchprojekte, die ich höchstens andeutete. Damit ließ sich mein Blog jedoch auf die Dauer nicht füllen. Ich brauchte inspirativen Stoff in großen Rationen – und das täglich! Vier Tageszeitungen im Printformat hatte ich abonniert, dazu noch zwei weitere in digitaler Version. Drei Wochenzeitungen kamen hinzu, dazu Zeitschriften, die auf mich einen unerklärlichen Reiz ausübten: *Vogue, Harper's Bazaar, Frieze, Monopol, Eisenbahn-Landwirt!* Die Newsletter der Verlage boten eine besonders ergiebige Nahrung. So bestellte ich alle Neuerscheinungen, die in irgendeiner Verbindung zu den Themen des Blogs standen und in ihm vorgestellt wurden.

Artikel mit erkennbaren Blogsignalen schnitt ich aus und klebte sie in DIN-A3-Alben. Texte und Fotos aus dem Netz wurden ebenfalls ausgedruckt und eingeklebt. Ich legte ein Notizheft mit Verweisen in Form eines Themen- und Motivregisters an und kam mir vor wie der Herausgeber einer kostbaren und exquisiten Fachzeitschrift. Sie bestand aus meinen Blogeinträgen, im Untergrund aber gärte das in großen Mengen gesammelte Material, das anschwoll und lianengleiche Verbindungen zum Blog einging.

Wohin damit? Nur für mich behalten wollte ich es nicht, dazu war der Blog als Schreibprojekt zu interessant. Gab es dafür einen öffentlichen Ausstellungsraum?! In meinen Träumen dachte ich daran, Blog und Blogmaterialien in einem Museum oder einer Galerie als eigenständige, neue Kunstform digital und analog zu präsentieren. Vorerst ergab sich das leider nicht, also musste ich selbst aktiv werden. Ich mietete einen leer stehenden Laden in meinem westerwäldischen Heimatort, ließ ihn renovieren und installierte alte Möbel aus den Lebzeiten meiner Eltern. Hinzu kamen Fotografien und Vitrinen mit meinen Schreibgeräten seit den Kindertagen. Ich nannte ihn *Sala Ortheil* und dachte an öffentliche Führungen durch die Schreibwälder des Blogs.

Am Tag der Eröffnung warteten Scharen von oft weit angereisten Menschen. Endlich waren wir nicht mehr nur virtuell, sondern auch analog miteinander verbunden! Die *Sala* war Studiolo und Ausstellungsraum, vor allem aber eine Praxis des Blogs! In ihr fanden Begegnungen mit Leserinnen und Lesern statt, die sich dafür anmeldeten. Das Bloggen hatte einen realen Raum mit unzähligen Dokumenten entworfen, die gesehen, besprochen und vor Ort erlebt wurden. Lesungen im Kulturwerk der westerwäldischen Stadt vertieften die Treffen.

So schloss sich der Kreis, und ich segelte schneller als der Wind auf dem weiten Ozean des Blogs. Zu Beginn der Coronazeiten explodierten die Nutzerzahlen noch einmal. Zigtausende lasen ihn nun täglich für die Dauer von mindestens zwei Minuten. Über hundert Leserreaktionen gab es pro Woche, einzeln beantworten konnte ich sie nicht mehr. Meine Blogeinträge wurden länger und länger, schließlich enthielten sie sogar Vorschläge für die Tagesgestaltung. Wie könnte man einen Coronavormittag zu Hause oder im Freien verbringen? Wie mit Kindern? YouTube-Videos mit Konzert- und Filmausschnitten ergänzten meine Texte und waren Anregungen zum Hören von klassischer Musik und Jazz.

Im Herbst 2022 wird mein Blog sechs Jahre alt. Dann enthält er mehr als eintausendfünfhundert Einträge. Ich werde mit meinen Leserinnen und Lesern ein großes digitales und analoges Fest feiern. Zum Schluss wird es einen Wettbewerb geben. Wer hat alle Einträge des Blogs mehrmals gelesen, so dass sich jedes Detail eingeprägt hat? Eine Masterfrage zur Erlangung des Bloggerpreises 2022 könnte sein: Von welchem deutschen Fußball-Nationalspieler wurde Hanns-Josef Ortheil in der Feinkostabteilung von *Harrods* in London auf ein Kölsch in einem Kölner Brauhaus eingeladen? Die Antwort weiß, natürlich, mein Blog.

Kunstausstellungen 1 – Kirchen und Gotteshäuser

Kunstausstellungen in säkularem oder musealem, profanem Sinn – damit meine ich jene öffentlichen Formate, die Kunst beherbergen oder aufwendig präsentieren. Für mich spielten die in Köln zugänglichen Kirchen und Gotteshäuser dabei als Erstes eine stark prägende Rolle.

Als Kind besuchte ich sie nicht nur während der Gottesdienste, sondern dann und wann auch während der Spaziergänge, die ich mit der Familie unternahm. In ihnen erlebte ich ein durch den katholischen Glauben geleitetes, rituelles »Studium« von Architekturen und Kunstwerken, ohne damals bereits zu begreifen, dass es sich nicht nur um Glaubensakte, sondern auch um Frühformen der Aneignung von Kunst und ihrer Geschichte handelte.

1

Nehme ich es genau, sind Kirchen die ersten mehr oder minder großen, fremden Wohnungen gewesen, die ich in meinem Leben besucht habe. So jedenfalls wurden sie mir seit Kindestagen erklärt: Es handle sich um Wohnungen Gottes, in denen er die Menschen (bei sich zu Hause) zu einem kurzen Besuch

oder zu längeren Aufenthalten empfange. Dabei handelte es sich aber nicht um Wohnungen gewöhnlicher Art, wie ich sie bei Freunden meiner Eltern oder bei Nachbarn kennenlernte. Es waren vielmehr Behausungen, die in einem geradezu verschwenderischen Maß geplant und organisiert waren.

Man betrat sie meist nicht durch eine einfache Haustür, sondern durch ein Tor und stand dann oft in einer dunklen Vorhalle, in der einige Kerzen vor einem Marienbild brannten. Die Vorhalle war durch ein hohes Gitter vom Hauptschiff getrennt und machte als Empfangsraum bereits einen so starken Eindruck auf mich, dass ich meine Mütze von allein auszog und all meine Gedanken auf den vor mir liegenden Raum konzentrierte.

Mit anderen Überlegungen oder Fantasien, die mir draußen durch den Kopf gegangen waren, war es nun vorbei. Das Betreten einer Kirche machte mich nicht nur stumm, sondern verdrängte das Sammelsurium, das ich im Kopf hatte, auf einen Schlag. Ich war nicht in irgendeine Wohnung oder eine Hütte oder ein Zelt eingetreten, in das man sein voriges Leben mit hineinnahm, sondern ich stand von einer Minute auf die andere in einer ganz anderen Welt.

Wie diese Welt beschaffen war, konnte ich schon dadurch begreifen, dass in ihr nicht mehr laut gesprochen, sondern höchstens geflüstert wurde. Lautes, aber auch leiseres Lachen oder gar Kichern gab es in ihr überhaupt nicht. Die andere Welt war vielmehr die Welt eines einzigen, jede Bewegung bestimmenden Ernstes. Hier, in einer Kirche, ging es nämlich nicht mehr darum, ob man zu Mittag Blumen- oder Rosenkohl essen oder später mit der Straßenbahn oder dem Bus fahren würde, nein, hier ging es um die Lebensfragen schlechthin: Gut oder böse? Gott oder der Satan? Ewiges Leben oder Verdammnis?

Das Gewicht und die Schwierigkeit dieser Fragen waren es also, die mich kleinlaut oder stumm machten. Selbst die Nähe von Vater oder Mutter half nicht weiter und machte nicht wie sonst in schwer zu meisternden Lebenssituationen etwas Mut. Die Eltern standen vielmehr vor demselben Problem, vor dem auch ich stand. Jeder musste sich, ganz auf sich allein gestellt, vor Gott bewähren, denn Gott schaute auf jeden Einzelnen und nahm sich seiner so an, dass er ihn nicht mehr aus dem Blick ließ.

Unablässig angeschaut, nicht mehr aus dem Blick gelassen und damit durch die gesamte Kirche mit Blicken verfolgt zu werden – das war nichts Leichtes, sondern gehörte zum Schwierigsten überhaupt. Man bewältigte einen so anspruchsvollen Parcours nur dann, wenn man wusste, wie man sich in einer Kirche zu benehmen hatte. Kirchen waren nicht irgendwelche Rumpelkammern, in denen man ein paar Siebensachen verstaute. Und Kirchen ähnelten auch nicht Privatwohnungen, in denen die einzelnen Zimmer mehr oder minder aufgeräumt waren und man über etwas stolpern konnte, das an dem jeweiligen Ort gar nichts zu suchen hatte.

Stattdessen waren Kirchen die aufgeräumtesten Wohnungen überhaupt und darüber hinaus Wohnungen, in denen jedes einzelne Detail, jeder Gegenstand, jeder Raumausschnitt etwas zu bedeuten hatte. Nichts war hier noch zufällig oder beliebig, alles war durchdacht und hatte einen oft auch verborgenen Sinn, den man entweder kennen oder durch Nachdenken erschließen musste.

Was tat man zum Beispiel, wenn man die Vorhalle glücklich betreten und weiter durch eine Tür im hohen Gitter ins Hauptschiff wollte? Man ging vorsichtig und langsam, die Mütze in der Hand, hindurch und näherte sich dem Weihwasserbecken ganz rechts am großen ersten Pfeiler im

Hauptschiff. Dann streckte man Zeige- und Mittelfinger der rechten Hand aus und führte sie (wieder: vorsichtig und laaang-saam) in das geweihte Wasser. Das geschah nicht zu tief, sondern so, dass man das Wasser höchstens streifte und die beiden Finger damit benetzte. Danach führte man sie zunächst an die Stirn und machte dann mit ihnen das Kreuzzeichen, indem man sie gegen die Brust und die Schultern rechts und links führte.

Nicht zu schnell das alles, laaang-saam (in einem Gotteshaus gingen auch die Uhren anders, sie tickten nicht, sondern standen still)! Und danach nicht gleich weitergegangen oder gar forsch durch das Hauptschiff, nein, jetzt ging es darum, sich andächtig zu zeigen. Die Andacht bestand in einem längeren Verweilen, still, auf der Stelle. Ich konnte dazu auch eine Bank aufsuchen und mich niederknien (auf keinen Fall hätte ich mich jedoch sofort auf die Bank setzen dürfen, als wäre ich zu matt oder zu lustlos, den Parcours fortzusetzen). Hätte ich eine Bank aufgesucht und wäre niedergekniet, hätte das die Andacht um einige Minuten verlängert, denn schließlich kniete man sich nicht in eine Bank, um sie nach kurzem Niederknien rasch wieder zu verlassen.

Andächtig zu werden bedeutete: sich in ein Gebet zu vertiefen. Im Stehen dauerte das nicht allzu lange, im Niederknien brauchte es etwas mehr Zeit. Ich kniete also nicht nieder, sondern betete im Stehen, während zum Beispiel meine Mutter immer niederkniete und dann sogar viele Minuten so verharrte. Nur mein Vater benahm sich (wieder einmal) anders als die meisten Gläubigen, die eine Kirche betraten. Er blieb nämlich weder betend stehen noch kniete er in einer Bank nieder, sondern betrachtete nur einen Moment den Hut, den er in der rechten Hand hielt. Was war denn mit diesem Hut? Nichts, es erschien ihm anscheinend nur merkwürdig, dass er ihn in der Vorhalle ausgezogen hatte und nun in der Hand hielt. War mit dem Hut alles in Ordnung? War er auch sauber?

Oft machte mein Vater eine kurze Bügelbewegung mit der rechten Hand über eine Hutkante, als stimmte etwas nicht. Diese Bewegung ersetzte im Ablauf seiner sehr besonderen Rituale das Gebet. Vater betete nach Betreten einer Kirche nicht richtig, sondern bügelte stattdessen kurz seinen Hut und brachte ihn damit wieder in Form. Das alles dauerte nicht länger als etwa zwanzig Sekunden, dann ging er weiter, durch das Hauptschiff, auf den Altar im Chor zu.

Hatten wir die Kirche betreten, um an einem Gottesdienst teilzunehmen, ging man jetzt nicht zielstrebig, sondern zögernd voran, bis man einen guten Platz in einer der vielen Bänke gefunden hatte. Wollten wir keinen Gottesdienst besuchen, schlugen wir eine Besichtigungsgangart ein. Sie bestand darin, mit hin- und hergewendetem Kopf, mal nach rechts, mal nach links und immer wieder geradeaus schauend, wahrzunehmen, wie die Kirche aufgebaut war und was sich alles in ihr befand.

Aha, sie hatte im Hauptschiff also sechs dicke Pfeiler rechts und sechs dicke links. Vor jedem Pfeiler befand sich auf halber Höhe eine Figur, und da es nach Adam Riese insgesamt zwölf Figuren waren, konnte man wetten, es mit den zwölf Jüngern zu tun zu haben. Vermutete man das, musste man nur noch eine Figur herauspicken und nachsehen, ob man sie als Jünger identifizieren konnte. Lag einer solchen Figur ein Löwe zu Füßen, war die Aufgabe rasch gelöst, man hatte den Apostel Matthäus erkannt. Sind es dann also die Jünger?

Laaangsaam, nicht zu schnell weitergehen! Jede Figur wollte beachtet und angeschaut werden, deshalb hatte man sie schließlich vor den dicken Pfeilern postiert. Sie waren hohe Gefolgsleute Jesu und damit Gestalten, die im Leben der Kirche eine große Bedeutung hatten. An ihnen lief man nicht achtlos vorbei, sondern widmete jedem von ihnen etwas Aufmerksamkeit. Aha, das war der heilige Andreas – und der da, das war wohl Lukas – und dieser etwas Verlegene und abwehrend Wegschauende war bestimmt (ich hätte wetten können, weil ich mit ihm so meine Erfahrungen gemacht hatte) der heilige Thomas!

So ging oder schritt (oder »wandelte«) man durch das Hauptschiff. Keineswegs aber schlenderte oder spazierte oder flanierte man. Und erst recht machte man nicht (wie es längst üblich geworden ist) von jeder Figur ein Foto. (Man hätte das Foto entwickeln und später in ein Album kleben müssen, auch das hielt einen stark davon ab, ein solches Foto zu machen. Heutzutage gibt es keine Abzüge und Fotoalben mehr, deshalb macht fast jeder von fast allem ein Foto, speichert es auf seinem Handy und übergibt es damit dem endgültigen Vergessen.)

Ein Foto zu machen, unterließ man aber nicht nur, weil man sich später mit Abzügen und Einkleben in ein Album hätte beschäftigen müssen. Man machte es vor allem deshalb nicht, weil man das fotografierte Objekt nicht auf einem Foto festhalten, sondern im Kopf behalten wollte. Darin nun wiederum war ich ein großer Meister. Verließen wir später die Kirche, spielte ich mit meinen Eltern oft das Spiel, das meine Meisterschaft bewies, ohne dass noch jemand daran hätte zweifeln können. Ich fragte nach den Figuren, die meine Eltern noch im Kopf hatten, und ich fragte (höherer Schwierigkeitsgrad) nach der Reihenfolge, in der die Jünger rechts und links vor den Pfeilern in Erscheinung traten.

»Am ersten Pfeiler rechts steht der heilige Lukas«, begann mein Vater, und meine Mutter sagte (etwas zu rasch):

»Nein, der heilige Andreas!« Worauf ich (nicht zu rasch) sagen konnte: »Am ersten Pfeiler rechts steht der heilige Thomas, dann folgt Lukas, dann Bartholomäus, dann …« – »Ist ja schon gut«, beendete mein Vater dieses Strebertum und wandte sich (oft leicht gekränkt) ab, um einige Minuten schweigend davonzugehen. Mutter und ich folgten, und Mutter fragte jedes Mal: »Wie machst du das nur?« Und ich antwortete: »Ich merke mir nicht die Figuren, sondern die Attribute der Apostel.« – »Welche Attribute?« – »Löwe, Stier, Engel …« – »Die könnte ich mir auch nicht merken«, sagte meine Mutter. »Wenn man es raushat, ist es ganz einfach«, sagte ich.

Nun gut, vorerst befanden wir uns noch zu dritt in der Kirche und kamen dann in der Nähe des Chores an. Meist stießen wir hier auf die Kanzel, auf die der Pfarrer stieg, um von dort herab zu predigen. Möglich war auch, dass die Kirche in Kreuzform gebaut war, dann waren rechts und links Querschiffe zu erkennen. Sie machten alles noch eine Nuance schwieriger, denn nun mussten wir uns diesen Querschiffen zuwenden, um zunächst das rechte, dann das linke genauer in Augenschein zu nehmen. Befanden sich auch hier einige Figuren von Aposteln oder Heiligen? Gab es Altarbilder? Was war darauf zu erkennen?

Hatte man dieses Studium beendet, konnte man ins Hauptschiff zurückkehren und stand nun vor dem Chor. Weit hinten, in der Apsis, befand sich ein großer, kostbar geschmückter Altar. Und genau dort befand sich auch ein meist goldener Tabernakel, in dem die Hostien in einem ebenfalls goldenen Kelch aufbewahrt wurden. Die Apsis war daher die Zone des Allerheiligsten. Man näherte sich ihr nicht weiter, sondern blieb eine Weile andächtig stehen, nachdem man sich kurz verneigt hatte.

Danach ging man in eine Bank, um längere Gebete zu sprechen (mein Vater verweigerte sich wiederum). So kniete ich mich neben meine Mutter, schloss die Augen und begann zu beten. Damit war ich im Zentrum des Ernstes angekommen, den das ganze Gebäude ausstrahlte und einforderte. Nun kam es auf mich an, nun war ich dran: Ich sollte mit Gott sprechen, der mich empfangen und begrüßt hatte, ich sollte ihm danken und ihm von mir erzählen.

Oft hatte ich genau vor diesem entscheidenden Moment, auf den alles zulief, etwas Angst. Sie entstand aus meiner Befürchtung, ich könnte Gott langweilen. Was hatte ich ihm schon Besonderes zu erzählen? Und mit welchen Worten oder Gebeten sollte ich ihm danken, wenn ich es nicht so tun wollte, wie es wiederum fast alle anderen Kinder taten? Genügten jetzt ein *Vaterunser* oder ein *Gegrüßet seist du, Maria?* Höchstens in Notfällen, wenn ich sehr müde war oder mir absolut nichts mehr einfiel. Was aber sonst?

Ich hatte eine besondere Methode entwickelt, um mich aus der Verlegenheit zu befreien. Auf sie war ich gekommen, als uns ein Priester im Religionsunterricht der Schule auf meine Frage, wie wir zu Gott beten sollten, geantwortet hatte: »Erzählt ihm einfach etwas Schönes, das Euch Freude gemacht hat. Das macht auch ihm Freude, und damit ist alles gut.« Und so begann ich einfach zu erzählen …

2

Inzwischen habe ich in meinem Leben unzählig viele Gotteshäuser besucht. An der Art und Weise, wie ich sie besucht, studiert und meinen Gang zum Abschluss gebracht habe, hat sich nicht das Geringste geändert. Längst habe ich begriffen, dass es sich dabei nicht nur um einen Kirchenbesuch handelt, sondern dass diese besonderen Aufenthalte und Rundgänge eine Urerfahrung meines Lebens sind. Diese Erfahrung habe ich auf viele andere Lebensprozesse übertragen, zunächst ohne es zu wissen, später mit wachsendem Erstaunen.

Der Gang durch ein Gotteshaus ist nämlich kein gewöhnliches Gehen und Sich-Umschauen. Ich eigne mir dabei ein Gebäude an, das bis in jedes Detail auf ein Zentrum hin ausgerichtet ist. Die einzelnen Glieder des Baus und seine gesamte Ausstattung beziehen sich aufeinander und ergeben eine dichte Erzählung, die ein Besucher zu lesen verstehen sollte. Die Einzelheiten studieren, sie mit anderen verbinden, ein Ganzes herstellen – das sind die meist schwierigen Aufgaben, mit denen es der Besucher zu tun bekommt. Mit dem Eintritt in eine Kirche löst er die Verbindung zu seinem Alltag, in dem die Dinge ihm in beliebiger Folge und meist ohne Bezug zueinander begegnen. Er braucht sie nicht »zu verstehen« oder »zu deuten«, sie sind ihm durch seine Alltagserfahrung bekannt.

In einer Kirche aber ist das ganz anders. Sie präsentiert keine Säulen, Figuren oder Altäre, mit denen einen von vornherein etwas verbindet. Vielmehr befindet man sich in einer anderen Welt, die von den ernsten Dingen des Lebens (Tod, Auferstehung, Leben im Jenseits) handelt. Man begreift das gesamte Kircheninnere nur, indem man es durchschreitet und auslegt. Auf diese Weise wird man ein Teil des großen christlichen Kosmos, von dem die biblischen Texte erzählen und den sie zusammenhalten. Das Gebet am Schluss des Weges soll besiegeln, dass man den Gang zufriedenstellend absolviert hat. Man hat ein Puzzle zusammengefügt, die Architektur des Baus hat die Architektur eines Gangs bestimmt und im Denken und Erleben eine dritte Architektur hinterlassen: die einer kosmisch geordneten Welt.

Genau diese Form einer architektonischen, spirituellen

Erfahrung habe ich später, ohne es zu ahnen, auf andere Erkenntnisprozesse übertragen. So habe ich Texte und Bücher gelesen, indem ich versucht habe, ihre »Architektur« und damit den Zusammenhang ihrer einzelnen Momente zu ergründen. Und so habe ich selbst Texte und Bücher geschrieben, denen ich eine innere Architektur verlieh.

Anscheinend habe ich Lesen und Schreiben als einen Gedankengang von der Art der Kirchgänge verstanden. Einen Text vorsichtig betreten, die Mütze ablegen, kurz innehalten – so beginnen die Parallelen. Dann den Text Zeile für Zeile ergründen, sich umschauen nach Bezügen, die Bezüge benennen, die Details ergründen und deuten und endlich (vor dem Zentrum) zu einem Abschluss kommen – so setzen sich die Parallelen fort. In der Kirche habe ich mich als »umsichtiger« Diener Gottes zu bewähren. Lesend und schreibend bin ich ein umsichtiger Diener des Textes und seiner Schrift.

Solche Parallelen spielen aber nicht nur im Blick auf Texte und ihre Deutungen eine Rolle. Sie sind auch in meinem täglichen Leben erkennbar. So werde ich unruhig, wenn ein Tag »keine Ordnung« hat. So ärgert es mich, längere Zeit einem rigiden (und damit nicht Bedeutung vermittelnden) Alltag ausgesetzt zu sein. So bestelle ich selbst eine einfache Mahlzeit (mit Suppe, Hauptgang und Dessert), als käme es darauf an, ihr eine »Architektur« zu verleihen.

Spirituelle Erfahrungen sind Erfahrungen einer anderen, zweiten, hochgradig konstruierten und mit Bedeutung durchtränkten Welt. Als Kind habe ich sie in den Gotteshäusern kennengelernt und war von ihnen danach so fasziniert, dass ich sie immer wieder gesucht habe. Alles und jedes sollte eine »Bedeutung« haben, selbst der Alltag sollte davon erstrahlen. So dachte ich (vor allem während einer bestimmten Zeit meines Studiums) darüber. Selbst »die Liebe« war in diesen Studienjahren nur interessant, wenn ich in ihr eine Architektur wittern und erkennen konnte.

So spürte ich als junger Mann den geheimen Zusammenhängen und Hintergründen des Lebens nach. Ich fühlte mich wie ein Nachfahre des jüdischen Schriftstellers Walter Benjamin, der zu einem Vorbild durch seine unablässige Suche nach den spirituellen Zentren von Texten, Städten und Leben geworden war. Die Welt ergründen, ihrem Schein nicht erliegen – das verlangte ich von meinen Lehrern. Der große französische Zeichendeuter und Schriftsteller Roland Barthes löste Walter Benjamin in der Reihe meiner Lehrer ab. Ich ging bei ihm in die Schule, um noch tiefere Schwingungen hinter den alltäglichen Dingen wahrzunehmen.

Inzwischen haben sich diese fast hysterische Spurensuche und der Wille, alles in einen Kosmos (einen Zusammenhang, ein System) zu zwingen, beruhigt. Sie sind aber keineswegs verschwunden, sondern nur gelassener geworden. Ich schreibe und baue an einer Art »Kirche meines Lebens«. Sie steht in Köln (nahe St. Ursula) und hat eine Innenausstattung, die sich an italienische Kirchen der Renaissance und des Barocks anlehnt. Statt eines großen Geläuts hat sie nur eine einzige Glocke. Es ist die Glocke der Dorfkirche meiner elterlichen, westerwäldischen Heimat.

Kunstausstellungen 2 – Museen

1 Die Liebe zu Museen

Ich liebe Museen, ich liebe Museen aller Art. Immer wenn ich irgendwo unterwegs bin, schaue ich vorher nach, ob sich in der Nähe ein Museum befindet. Dabei geht es mir nicht unbedingt um berühmte, viel besuchte oder international anerkannte Museen, von denen alle Welt spricht. Nein, ich liebe gerade auch die kleinen, unscheinbaren Museen. Es gibt Museen für Badekultur, es gibt Heringfängermuseen, es gibt Rehmuseen und Knopfmuseen, es gibt Hanfmuseen und Nachttopfmuseen, es gibt Kartoffel-, Sensen- und Pfefferminzmuseen, und es gibt Museen, in denen man tief in die Lebenswelten eines geschätzten Menschen eintaucht, dem man in diesem Museum so nahekommt wie nirgends sonst. Denken wir nur an die wunderbaren Wohnräume in Goethes Haus am Frauenplan in Weimar, oder denken wir –

weniger spektakulär, aber ebenfalls beeindruckend – an das Loki-Schmidt-Haus in Hamburg mit dem bekannten Loki-Schmidt-Garten.

Meine Freude an Museen aller Art entstand in der Kindheit, als ich den Bilder- oder Museumsblick trainierte. Ich saß auf dem Fenstersims unserer Kölner Wohnung und schaute vom ersten Stock eines kleinen Erkers herunter auf einen großen Platz. Das Fenster bildete so etwas wie einen Rahmen, und die Scheibe war wie ein Distanzsignal, das man braucht, um Bilder überhaupt als Bilder zu begreifen. Das Distanzsignal erzieht dazu, sich nicht mehr zu bewegen, vollkommen still und ruhig zu werden, alle Hast, alles sonstige Nachdenken und jeden nur denkbaren am Weg liegenden Weltenkram zu ignorieren: um nur noch zu schauen.

Also saß ich und schaute und bewegte die Augen und Pupillen kaum noch. Es ging darum, sich in die unter mir liegenden Welten zu vertiefen, sie bis ins Detail zu studieren und sich vollzusaugen mit den Farben, Formen und Räumen, die sich dann auftaten. Was ich sah, war ein gewaltiges Panorama: eine fortlaufende Kette und Reihe von Wohnhäusern genau gegenüber, eine große Freifläche mit einem Kinderspielplatz und vielen Rosenbeeten in der Mitte und eine Straße, die den gesamten Platz umrundete.

Am frühen Vormittag waren meist nur wenige Menschen unterwegs, so dass der weite Bildeindruck ungestört erhalten blieb. Und so schaute ich nach, ob alles noch da war: die kleine Rutsche, die Schaukeln, der bleiche Sandkasten, die ersten Blütenansätze der Blumen. Hatte ich ein Detail wiedergefunden und etwas länger betrachtet, schloss ich die Augen und versuchte, es im Dunkel meines Kopfes auf die innere Leinwand zu projizieren. So baute ich das große Bild Stück für Stück wie ein Puzzle zusammen, bis ich es Detail für Detail wiedererkannte und mühelos in meinem Kopf abrufen konnte.

»Was der wieder glotzt!«, sagten manchmal die Nachbarn und schüttelten den Kopf. Glotzen war ein Anzeichen für Dummheit oder Blödsein und galt als anormale Handlung, dabei war ich doch mit einer Tätigkeit beschäftigt, die mir später im Leben sehr geholfen hat. In der Kindheit war sie aber zunächst einmal ein Ersatz für das Zeichnen, das mich verzweifeln ließ. Ich konnte nämlich weder zeichnen noch malen, es war schrecklich. Sobald ich einen Stift zum Zeichnen oder Malen in die Hand nahm, verkrampfte ich und spürte ein starkes Würgen. Im Dunkel meines Kopfes aber bewahrte ich durchaus viele Bilder auf, fix und fertig, bis in jedes Detail ausgearbeitet, schärfer und genauer als Fotografien. Damit hätte ich vielleicht Eindruck machen und das Glotzen verteidigen können, doch wusste niemand um diesen Bilderschatz – wie hätte man davon auch etwas wissen können, zumal sich dieser Schatz ja nirgends zeigte und versteckt und behütet in einem Kopf schlummerte.

Dass ich einen Bilder- oder Museumsblick besaß, wusste ich vorerst nicht einmal selbst, wohl aber wusste ich, wo sich dieser Blick noch alles entwickeln und anwenden ließ: auf Parkbänken am Kölner Rhein, wenn die Schiffe so langsam vorbeifuhren, dass man sich die Details genau merken konnte. Von den Zuschauerrängen eines Sportplatzes aus, wenn man den Leichtathleten oder den Fußballern beim Training zusah. Vor allem aber im Kölner Dom, wenn man während des Gottesdienstes als Kind unendlich lang stillsitzen musste, kaum ein Wort verstand und daher Zeit hatte, sich den Figuren- und Bilderschmuck des Domes anzuschauen.

Kannte einer der vielen Gläubigen, die sich damals noch sonntags und während der Woche vor dem Dreikönigsaltar mit dem Altarbild von Stephan Lochner versammelten –, kannte einer von ihnen dieses Altarbild so gut wie ich? War ihnen die goldene Brosche aufgefallen, die Maria auf diesem Bild trug? Hatten sie die vielen kleinen Engel bemerkt, die über den Köpfen der Heiligen umherschwirrten wie leicht nervöse Insekten mit großen Kinderköpfen? Und hatten sie erkannt, dass die Gottesmutter Maria sowie die heilige Ursula als einzige von den vielen Figuren auf den Boden schauten, anstatt den Auftritt der Heiligen Drei Könige zu beobachten und zu verfolgen?

Dass es angesichts der Bilderflut in meinem Kopf bei meinen ersten Museumsbesuchen in Köln dann beinahe folgerichtig zu kleinen Katastrophen kommen musste, ahnte niemand. Genau erinnere ich mich an einen dieser frühen Besuche, als ich mit meinem Vater den ersten Saal eines Museums betrat. Mein Vater dachte nicht daran, stehen zu bleiben und Bild für Bild abzugehen. Er stellte sich etwa in die Mitte des Saales, schaute rasch einmal rundum und bewegte sich weiter in den nächsten Saal. Ich aber blieb vor dem erstbesten Bild stehen und begann, mich nach der mir vertrauten Art in dieses Bild zu vertiefen: genau hinschauen, sich nicht mehr bewegen, kein Augenzwinkern, wohl aber ab und zu die Augen schließen, um die Details abzurufen. Wenn welche fehlten, wieder hinschauen, immer länger und immer genauer, bis das Bildpuzzle in meinem Kopf fertig war.

Mein Vater befand sich längst im nächsten oder übernächsten Raum, als er bemerkte, dass ich nicht hinterhergekommen war. »Was machst du denn noch hier?«, fragte er. Ich schüttelte den Kopf und zuckte mit den Schultern: Ja, was machte ich? Ich wusste es selbst nicht, ich konnte nichts dazu sagen, denn es wäre mir merkwürdig und auch peinlich vorgekommen, einfach zu behaupten: »Ich merke mir ein Bild.« Als ich dann aber noch einmal gefragt wurde, warum ich so stocksteif im ersten Saal des Museums herumstehe, anstatt forsch weiter durch die restlichen vierundzwanzig Säle zu gehen, sagte ich es dann doch: »Ich merke mir ein Bild.«

Da begriff mein Vater, was los war mit mir, und ich erhielt die erste Lektion anlässlich der schwierigen (und mich bis heute beschäftigenden) Frage: Wie geht man durch ein Museum?! Mein Vater war als Geodät daran gewöhnt, sich die Welt anhand von Plänen anzueignen. So auch in diesem Fall. Er hatte sich einen Plan der neben- oder hintereinanderliegenden Säle und Räume beschafft und besaß auf diese Weise schon einmal einen ersten Überblick über das schwierige Ganze. Ich bekam zu hören, dass wir es mit insgesamt fünfundzwanzig Räumen und daher mit Hunderten von Bildern zu tun hatten und dass unsere Aufmerksamkeit für all diese Bilder höchstens zwei Stunden anhalte. Danach seien wir erschöpft und sollten wieder nach draußen, ins Freie, um dort etwas zu trinken, spazieren zu gehen und das Gesehene, wie er sagte, »nachwirken zu lassen«.

Was wir zunächst aber angeblich brauchten, war: ein vorläufiger Überblick. Welche Bilder gefielen und interessierten uns auf den ersten Blick? Welche höchstens auf den zweiten? Und welche gar nicht? Um das herauszubekommen, musste man sich in die Mitte eines Saals stellen und sich einmal im Kreis um 360 Grad drehen. Kurz auf jedes Bild schauen! Einen kleinen Reizmoment wirken lassen! Dann das nächste Bild!

Die ersten Ergebnisse dieses Rundumblicks hatte mein Vater in Windeseile auf einem kleinen Zettel notiert: Saal 1: Keine Impulse. Klammer auf: Warum beginnt jedes Museum mit Bildern des zwölften Jahrhunderts? Klammer zu. Saal 2:

Ein Impuls (Bildnr. 16). Saal 3: Zwei Impulse (Bildnr. 23/24). Die Namen der Maler interessierten nicht und wurden daher auch nicht notiert. Es kam nur darauf an, eine Vorauswahl zu treffen. Am Ende, in Saal 25, würden wir etwa achtzig bis hundert Bilder ausgewählt haben, und von denen würden wir uns höchstens zehn genauer anschauen.

Ich begriff, dass durch ein Museum zu gehen eine schwierige Kunst war. Es kam auf ein rasches und erst später auf ein genaueres Sehen an. Und man musste seherisch gut in Form sein. Also folgte ich meinem Vater in Saal 2 und Saal 3 und versuchte, meine Favoriten zu notieren. Überall Madonnen und überall Szenen aus der Bibel! Lauter halbnackt strampelnde Jesuskinder und steif und stumm herumstehende Heilige, in Betrachtung des Jesuskindes versunken! Null Impulse! In Saal 4 empfand ich einen leichten Schwindel, in Saal 5 wurde der Schwindel stärker (Erster Impuls: Eine junge Frau trägt einen Totenschädel auf einem Tablett durch die Nacht), in Saal 6 wurde mir so übel, dass ich sofort eine Toilette aufsuchen musste.

»Okay.« Mein Vater hatte verstanden, dass man die Kunst des Durch-ein-Museum-Gehens erst mit mir einüben musste. An jedem Wochenende zunächst einmal fünf bis sechs Säle. Vorauswahl, drei Bilder genauer anschauen oder vielleicht auch nur zwei. Zwei Bilder in einem der hinteren Säle. Impuls 1: Mohnwiese mit gut gekleideter, auf der Wiese herumhüpfender Frau. Impuls 2: Eine lange Pappelallee entlang eines schmalen Baches. Für jedes Bild brauchte ich etwas mehr als 25 Minuten. Mein Vater stand anfangs noch neben mir, bewegte sich dann aber rasch wieder davon. »Was macht der Junge bloß vor dem Bild?«, mag er sich gefragt haben. Aber er sagte nichts, er ließ mich gewähren, und als wir das Museum verließen, wollte er mir jeweils eine Postkarte der lange genug betrachteten Bilder schenken. »Zur Erinnerung«, sagte er, »zum Nachwirken lassen.«

Ich schaute auf die beiden Postkarten und sah sofort, dass diese Aufnahmen mit den Bildern, die ich gesehen und mir eingeprägt hatte, nichts zu tun hatten. Die Farben stimmten nicht. Sie waren hier zu blass, dort zu stark, sie hatten keine Übergänge, sie wirkten wie aufgemalt. Ich sagte meinem Vater, dass ich diese Postkarten nicht möge. Die Farben darauf stimmten nicht, ich hätte die Bilder in ganz anderer Erinnerung. Mein Vater stutzte und blickte starr auf die Karten: Was redete der Junge da?! Wir befanden uns bereits außerhalb der Säle, im Erdgeschoss, in der Garderobe, als mein Vater mit mir an der Hand noch einmal den Weg in die hinteren Säle zurücklief. Wir stellten uns vor die Bilder, ich schloss die Augen, mein Vater holte die Postkarten hervor, und dann sagte ich: »Dieses Bild ist links unten hellgrün, und der Mohn ist in der Mitte der Blüten nicht schwarz, sondern dunkelbraun.«

Ich sprach und sprach, und das nicht, indem ich die Bilder anschaute, sondern so, dass ich die inneren Bilder in meinem Kopf abrief. Nach wenigen Minuten unterbrach mich mein Vater und zerriss die beiden Postkarten vor meinen Augen. Er hatte entdeckt, dass ich, wie es hieß, »eine besondere Gabe« besaß: Ich konnte mir »Bilder merken«, ich kannte sie nach einiger Zeit intensiver Betrachtung »auswendig«.

Nachdem wir zusammen diese besondere Fähigkeit entdeckt hatte, entwickelten wir drei Verfahren, uns ein Museum (jeder auf seine Weise) anzuschauen: Verfahren 1: Mein Vater lief zunächst durch alle Räume, sondierte auf die schon genannte Art aus und schaute sich maximal zehn Bilder genauer an. Währenddessen lief ich durch weitaus weniger Räume, sondierte ebenfalls aus und schaute mir höchstens drei Bilder an.

Verfahren 2: Wir einigten uns vor dem Besuch eines Museums auf ein einziges, uns beide stimulierendes Bild und schauten es uns gemeinsam an. Hinterher gab es den Vater-Sohn-Wettbewerb: Wer von uns beiden hatte genauere und zahlreichere Details im Kopf? Während wir das jeweilige Bild anstarrten, bemerkte ich oft, wie der Kopf meines Vaters langsam eine hellrosa, dann eine leicht rötliche, dann eine tiefrötliche Farbe annahm. Es handelte sich, wie ich bald wusste, um ein sattes Caravaggio-Rot, Ende des sechzehnten Jahrhunderts, römische Blütezeit des Malers mit den stärksten Farben dieser Erde. Mein Vater litt in solchen Momenten an Überanstrengung, und meist bekam ich dann auch recht bald zu hören: »Fertig. Ich hab's jetzt im Kopf.«

Muss ich noch sagen, dass ich fast immer gewonnen habe? Immer, bis auf eine einzige Ausnahme. Es ging um ein streng geometrisches Bild von Wassilij Kandinsky. Die dort dargestellten Kreise, Vielecke, Leitern, Stufen und zackenartigen Gebilde konnte ich mir nicht merken. Es war aussichtslos, ich bekam sie nicht zusammen, einige von ihnen verschwanden immer wieder, und die anderen stellten sich zu lauter neuen Kombinationen zusammen, die offenbar mein eigenes Hirn vornahm. Seither hasse ich alles Abstrakte mit geometrischen, scheinbar besonders spielerisch auftrumpfenden Formen.

So kostet es mich jedes Mal einige Überwindung, die große Plastik von Alexander Calder vor dem Stuttgarter Kunstmuseum zu passieren. Ich muss unbedingt anderswohin schauen und so tun, als gäbe es diese Plastik nicht. Calder überfordert mich.

Doch zurück und weiter: Wie verlief Verfahren 3? Waren Verfahren 1 und 2 so etwas wie die Pflicht, so bildete Verfahren 3 die Kür. Es handelte sich um reinen Luxus, um Überfluss, um Spaß, Vergnügen und Abenteuer. Wir schauten uns die Bilder eines Museums daraufhin an, wo und wie wir Details dieser Bilder in unmittelbarem Anschluss an unsere Bilderschau in der Realität »aufsuchen« konnten. Zwei dunkel gekleidete Personen in einem Kahn auf einem nicht allzu breiten Fluss? Wir könnten hinterher Kahn fahren gehen! Eine Kölner Straße oder Gasse in diesem typischen Kölner Nassgrau mit Übergängen zu Schwarz – und in der Mitte die Lämpchen eines Kölner Brauhauses? Wir könnten hinterher Kasseler mit Sauerkraut und Kartoffelpüree in der Südstadt essen gehen, und Vater könnte einige Kölsch dazu trinken.

Diese dritte Form der Bildrezeption nannte er »intensives Nachwirkenlassen«. Das »intensive Nachwirkenlassen« war (gegenüber dem »Nachwirkenlassen« und dem »bloßen oder kurzen Nachwirkenlassen«) die eleganteste und anspruchsvollste Form der Kunstbetrachtung. Sie gefiel meinem Vater auch deshalb besonders gut, weil er sich eigentlich nur für die Bilder selbst, nicht aber für kunstgeschichtliche oder gar biografische Kommentare zu Bildern interessierte. »Wer das Bild gemalt hat, ist mir vollkommen egal«, das war sein ästhetisch-puristischer Leitsatz, »es kommt immer nur auf das Bild selbst an, und im Bild steckt die ganze, alleinige Wahrheit.«

Die große Freude am Durchgehen oder Durchlaufen von Museen ist mir geblieben. Wenn ich in eine fremde Stadt komme, schaue ich nach, welche Museen es gibt. Dann überlege ich mir, was genau ich darin sehen und wie viel Zeit ich ansetzen will. Erst dann geht es los (und führt fast immer zu nicht erwarteten oder auch kuriosen Ergebnissen).

Die Museumsübungen meiner Kindheit haben ein Museum als einen von seinen Besuchern zu bespielenden Körper begriffen, in dem es zunächst auf die Raumkörper selbst (die Räume, Säle, Wände, Treppen und Fenster) ankommt. In diesem Sinn ist das Museum ein bewohn- und immer wieder anders begehbares Haus.

An zweiter Stelle geht es dann um die künstlerischen Objekte: um ihren jeweiligen Platz, um Nachbarschaften, um Gespräche und Verweise zwischen den Objekten, um ihre jeweils eigene Sprache an ihrem jeweiligen, veränderbaren Ort. In diesem Sinn ist das Museum ein Kabinett austauschbarer Gegenstände, eine Galerie, die zum Reden, Sprechen, Zeichnen, Tanzen, Musikmachen und Theaterspielen auffordert.

Und an dritter Stelle geht es um die unterschiedlichen Wege der Besucher, um ihr Spiel mit den Räumen und den Objekten und damit darum, wie viel Kreativität Besucher entwickeln, um sich Museen gegen den oft stark vorgeschriebenen Strich anzueignen. In diesem Sinn sind Museen Spielräume der eigenen, jeweils subjektiven Kreativität: stille Stätten der höchsten Konzentration auf Schauen, Merken, Wiedergeben und Anverwandeln ... – und in diesem Sinne sind Museen die späten und modernen Nachfolger unserer großen Kirchengebäude, in denen wir, wenn wir Glück und

Glauben ausreichend genug hatten, das Sehen, Schauen und Merken zuerst gelernt haben.

Damit möglichst viele Menschen zu möglichst jeder Stunde am Tag sich in einem Museum umschauen können, sollte der Eintritt (wie zum Beispiel im Essener Folkwang-Museum!) frei sein. Bei erstmaligem Betreten eines Museums erhält jeder Besucher eine Stempelkarte, auf der ein solcher Besuch mit einem Stempelabdruck vermerkt wird. Bei zwanzig Stempelabdrücken gibt es eine Flasche Wein gratis. Bei fünfzig Stempelabdrücken führt einen die Museumsdirektorin durch eine Ausstellung. Bei hundert Stempelabdrücken erhält man ein Objekt des Museumsshops. Und bei fünfhundert Stempelabdrücken begleitet einen der Oberbürgermeister während eines dreistündigen Museumsrundgangs der besonderen Art, bei dem man ihm die Bilder seines Kunstmuseums einmal ausführlich erklärt.

2 Der Museumsblick

Wenn ich durch ein Museum gehe, interessiert mich, wie gesagt, zunächst der Bau, also der Körper eines Museums. Wie werde ich hineingeführt, welche Säle oder Räume werden mir als Erstes angeboten, ist es sinnvoll, den vorgeschriebenen oder empfohlenen Pfaden zu folgen? Ich brauche etwas Zeit für einen Überblick, wichtig ist ein Plan der verschiedenen Stockwerke, so dass ich mir überlegen kann, wie ich das Gebäude durchwandern werde.

Ich würde nicht behaupten, dass ich ein Museum »besuche«, sondern eher, dass ich mit den Räumen und Bildern eines Museums arbeite. So kann ich mir nicht vorstellen, ohne ein Diktiergerät und/oder Stift und Papier durch ein

Museum zu gehen. Ich kann mir seine Objekte nicht einfach nur anschauen, ich brauche Zeit, sie zu sehen, und ich brauche ebenso viel Zeit, um zu den Objekten kurze Texte zu diktieren oder zu schreiben. Etwas festhalten, sich dazu zwingen, präzise zu sehen, im Kontakt mit einem Bild frei zu assoziieren oder sich in bestimmte Details zu verlieben – das macht die ersten Momente einer »Arbeit im Museum« aus.

Dafür brauche ich Ruhezonen. Es reicht nicht, mitten in einem Raum auf der einzigen Sitzgelegenheit Platz zu nehmen und nach einiger Zeit mit Notaten zu beginnen. Andere Besucher, Besuchergruppen oder Besucherpulks schieben sich vor einen oder schauen interessiert, was man alles so notiert oder treibt. Dazu gehört auch, dass ich winzige Details von Objekten fotografiere. Ein Bild als Ganzes versuche ich mir zu merken, die Details dagegen (eine einzelne Figur, ein Stück seltener Kleidung, die Geste einer Hand, ein Gesicht) fotografiere ich. Fotografieren ist ausschneiden, dem Bild etwas entnehmen, es sich anverwandeln.

Ruhezonen, in denen ich mich den Objekten entziehe und in Ruhe diktieren, schreiben oder meine Fotografien betrachten kann, muss ich also erst suchen. Ein Museumsbesuch gelingt in meinen Augen am besten, wenn ich laufend zwischen Sehen und Schauen sowie Notieren und Fotografieren hin- und herpendle. Ich bin in Bewegung, sitze eine Weile, gehe weiter oder zurück, überspringe einen Saal – ein solcher Besuch mündet in eine gewisse Ekstase oder einen Rausch, der durch das angespannte Beobachten in Verbindung mit intensiven Reaktionen auf das Gesehene entsteht.

Führungen kann ich mich leider nicht anschließen, das Umhergehen in einer Gruppe würde mich ablenken, oder ich könnte den Erklärungen eines Führers nicht folgen, weil ich zu sehr mit dem eigenen Schauen beschäftigt wäre. Auch mit Audioguides kann ich nichts anfangen, weil ich es nicht mag, wenn man meinen Blick auf ein Bild lenken oder mir aufdrängen will, wie ich es zu sehen habe. Ich muss also allein sein, ganz allein, ich vertrage nicht einmal die Begleitung durch einen Freund oder Bekannten. Nur allein kann ich so arbeiten, wie es sich jeweils ergibt: spontan, bildgefräßig, an einem Text arbeitend, der aus vielen kurzen Elementen des Sehens und »Verarbeitens« des Gesehenen besteht.

Ausstellungen liebe ich besonders, denn sie lassen sich besser und gezielter vorbereiten als ein Museumsbesuch. Ich kann vorher Lektüren zum Thema oder zur Biografie eines Künstlers ausleihen oder kaufen, ich kann »mich einlesen«, und ich kann meine Arbeit vor Ort durch ein vorgeschaltetes Schreiben und Notieren anstoßen und anregen. Wenn es irgend geht, besuche ich Ausstellungen mehrmals (an mehreren Tagen hintereinander). Ich niste mich in einem Hotel in der Nähe ein und gehe immer wieder hin: zu den verschiedensten Tageszeiten (drei Stunden in der Frühe, gleich nach Einlass, oder einige Stunden spät am Abend – sehr schön ist der Moment, wenn man eine Ausstellung als letzter Besucher verlässt).

Mit der Zeit »lebe« ich in der Ausstellung. Die Objekte werden langsam zu Bekannten, die ich in unterschiedlicher Folge betrachte, und meine handschriftlichen Notate verbinde ich mit Fotografien und Kopien aus Büchern zu einer Art Künstlerbuch. Vielleicht ist es das, was ich suche: auf das Werk eines Künstlers oder auf ein Thema mit einem eigenen Bild-Text-Zusammenhang zu antworten. Zu reagieren wie ein Künstler, der sich das Werk eines anderen Künstlers anschaut. Dieses Werk einzufangen, um einen Abdruck seiner Wirkung in einem ganz bestimmten Zeitraum zu erhalten.

Drei, vier Tage »Arbeit« – sie werden dokumentiert, als hätte ich eine Reise durch einen Werkbau unternommen. Ich bin ihn durchwandert, habe Stollen angelegt, habe mich verirrt oder bin angeregt worden, aus ihm auszusteigen, um ein eigenes Thema zu bearbeiten – das Ergebnis ist ein buntes, sehr vielfältiges Skizzenbuch, das von der mehrtägigen Reise berichtet und erzählt: als wäre ich lange sehr weit weg gewesen.

Kunstkontinente 1 – Das antike Griechenland

In den sechziger Jahren war ich Schüler eines altsprachlichen Gymnasiums – Latein in der ersten Klasse, später auch Altgriechisch und Hebräisch. Die griechische Antike lernte ich in diesen Jahren vor allem durch die Lektüre von Texten kennen – angefangen mit Caesars »De bello gallico« über die Gedichte von Horaz bis zu den Tragödien des Aischylos und den Platonischen Dialogen. Was fehlte, waren sinnlich-präzise Anschauungen von antiken Räumen, Architekturen und Skulpturen vor Ort.

Noch während der Schuljahre reiste ich daher mit meinem Vater in den Sommerferien auf einem Frachtschiff von Antwerpen durch den Golf von Gibraltar und weiter durchs Mittelmeer bis Athen, Saloniki und Istanbul. Während dieser Mittelmeerreise fotografierte und notierte ich viel, während mein Vater mit Hilfe eines Feldbuchrahmens zeichnete und aquarellierte. Nach der Rückkehr arbeitete ich meine Notate und tagebuchartigen Aufzeichnungen zu einer Reiseerzählung aus, die unter dem Titel »Die Mittelmeerreise« Jahrzehnte später als Buch erschien.

Heute ist der Feldbuchrahmen fast neunzig Jahre alt. Zunächst

benutzte mein Vater ihn für seine Vermessungsarbeiten im Freien (»Feldvermessungen«). Als wir im Sommer 1967 zusammen den Atlantik und das Mittelmeer durchfuhren, zeichnete er mit Hilfe dieses Rahmens minutiös die Küstenlandschaften, die wir von Bord aus sehen konnten. Die Besatzung nannte ihn damals »den Zeichner«, und der junge Steward, der während der Fahrt Bücher von Hermann Hesse las, nannte ihn »Klingsor«.

Auch ich habe den Feldbuchrahmen benutzt – als mein Vater mir als Kind das Schreiben beibrachte und wir oft tagelang in der Natur unterwegs waren und alles aufschrieben, was uns begegnete.

Der Feldbuchrahmen ist nicht nur eines der ältesten Dinge meines Lebens, sondern auch eines der Dinge, an denen ich noch heute am meisten hänge. Ich habe ihn oft in meiner Nähe und bin mit ihm unterwegs. Nicht zeichnend, sondern schreibend, notierend, ein Blatt nach dem anderen in den hölzernen, verkratzten Rahmen spannend, um es danach auf das glatte Aluminiumblech zu pressen und glatt zu streichen. Worauf das Schreiben beginnt, als wäre es (auch) ein Zeichnen …

1 Auf der Agora in Athen

In »Die Mittelmeerreise« ist Athen einer der Höhepunkte unserer Begegnungen mit antiker Kunst und Kultur. Am 22. Juli 1967 sind wir auf der Agora unterwegs.

Meiner Reiseerzählung (während der Lektüre sollte man nicht vergessen, dass ich 15 Jahre alt war, als ich diesen Text schrieb) ist der Versuch anzumerken, die Überwältigung durch das Gesehene mit den schmalen Lektüreerfahrungen durch den schulischen Unterricht zu verbinden: Der Anblick der grandiosen Architektur der Akropolis mündet in Fantasien über die kultischen Hintergründen der antiken Feste.

Aber noch mehr: Diese Fantasien wirken so stark und anziehend, dass sie geradezu danach drängen, in der realen Welt eingeholt zu werden! Das Sehen führt zu erlebten Visionen, die Vergangenheit und Gegenwart miteinander verbinden. Der Schock, den die antiken Architekturen auslösen, wird eingebettet in eine Ahnung von mediterranem Leben, wie ich es vorher nicht kannte.

Am Eingang übergab man uns neben den Eintrittskarten auch einen Plan mit einem Überblick über das große Gelände. Alle Gebäude und die meisten Wege waren mit Ziffern

versehen, und als wir aus dem Schatten eines großen Baumes ins helle Sonnenlicht traten, sank mir der Mut. Hundemüde war ich – und nun sollte ich jenes antike Gelände betreten, von dem ich schon so viel gehört und gelesen hatte. Platons Erzählungen von den Gesprächen des Philosophen Sokrates spielten auf der Agora, früher war sie der große Markt und der zentrale Treffpunkt der alten Athener gewesen.

Früher, ja früher! Damals hatte es auf dem Gelände noch große Gebäude gegeben, die Schatten gespendet und die Spaziergänger und Einkäufer hier und da zum Verweilen eingeladen hatten. Jetzt aber lagen auf den vertrockneten Wiesen nur noch einige Säulenschäfte und Mauerandeutungen der antiken Gebäude herum! …

Was allerdings gut zu erkennen – und auf den ersten Blick so großartig und triumphal war, dass es den Anblick der Agora fast auslöschte –, war das riesige Felsplateau oberhalb des flachen Geländes! Auf ihm thronten mehrere Tempel mit ihren Säulenreihen – und alles sah entrückt und geheimnisvoll und gewaltig aus, dass man hätte Angst bekommen können.

Genau das aber geschah nicht. Zwar begriff jeder, der hinauf zur Akropolis schaute, dass dies der ferne Bezirk der Götter war, den nichts mehr mit den Wohnräumen der Menschen und den das strahlende Licht mit den Himmelsräumen der Olympier verband. Andererseits hinterließ sein Eindruck aber keineswegs Angst oder Furcht, sondern eher so etwas wie Andacht. Ja, im Ernst, man schaute seltsam ergriffen und hypnotisiert hinauf und stellte sich vor, dass man mit vielen anderen Menschen in einer langen (typisch griechischen!) Prozession hinaufziehen würde, um dort den Göttern zu opfern!

Menschen, die man mit Göttern oder anderen übersinnlichen Wesen allein ließ, empfanden diesen Göttern gegenüber Angst oder Furcht. (Bestimmt war es zum Beispiel im Alten Ägypten so gewesen!) Menschen, die aber in einer langen Prozession an bestimmten Festtagen vor die Standbilder und zu den Tempeln der Götter zogen, empfanden Andacht. Hatte man Angst oder Furcht, blieb man mit seinen Gefühlen immer auf der anderen, irdischen Seite, auf den Knien vor den grausamen Göttern. Betrat man den Bezirk der Götter aber andächtig in einer Gemeinschaft mit anderen, so stand man mit den Göttern in Kontakt, sang Lieder zu ihren Ehren und feierte später mit ihnen zusammen das Festmahl.

War es so?! Durch den Griechisch-Unterricht wusste ich zumindest ein klein wenig Bescheid. Von der Agora führte ein Festweg hinauf zur Akropolis, und auf diesem Weg waren die Athener einmal oder mehrmals im Jahr zu den Göttern gepilgert! Mit vielen Reitern und Pferden waren die Einwohner der großen Stadt aus dem Gelände, auf dem sie ihre Geschäfte betrieben, Theater spielten, der Musik lauschten und Wein tranken, hinauf auf den leuchtenden Felsen gezogen. Sicher hatten sie dort Feuer entzündet und große Gesänge angestimmt, und sicher hatte man den festlichen Zug noch vom Hafen aus sehen können: ein Anblick ohnegleichen in der antiken Welt! …

Ich schaute kurz auf die Geländekarte der Agora und entdeckte den Weg: Panathenäen, richtig, so hieß das Fest – und Panathenäenweg hieß dementsprechend der Weg, der sich von der Agora aus hinauf zum Felsgelände der Akropolis schlängelte. Diesen Weg hatten alle Bürger der Stadt zurückgelegt, man stelle sich das einmal vor!

»Die alten Griechen haben vor Beginn des Panathenäenzuges Unmengen Wein getrunken, um in eine hymnische Stimmung zu kommen«, sagte ich zu Papa. »Selbst Sokrates soll viel Wein getrunken haben, um das ewige Philosophieren wenigstens für die Dauer des Festzuges mal aus dem Kopf zu bekommen. Auch Platon hat Wein getrunken, Aristoteles dagegen nicht, weswegen er übrigens von seinen Schülern insgeheim ein wenig verachtet wurde.« – »Woher weißt du denn sowas?«, fragte Papa. – »Ich weiß es eben«, antwortete ich, »aus dem Schul- und Selbstunterricht. Ich bin besser unterrichtet, als du vielleicht ahnst. Zumindest hier im alten Athen. Schließlich lebe ich bereits seit einigen Jahren zumindest mit einem Teil meines Kopfes in seinen Mauern und lese Texte, die auf seiner Agora, in seinen Theatern sowie in seinen Schulen spielen.« – »Großartig«, sagte Papa, »dann führst du uns durch das Gelände, und wir brauchen wirklich keinerlei Reiseführer.« – »Absolut nicht«, antwortete ich, »ich kann dir das meiste erklären. Aber willst du nicht als Erstes die Akropolis zeichnen? Von hier aus hast du eine fantastische Aussicht!«

Sehr gut, ich hatte ins Schwarze getroffen, denn Papa wollte (wohl ebenso wenig wie ich) gar nicht wissen, welche Gebäude die Wege säumten, nein, Papa wollte zeichnen. Und ich? Ich wollte schreiben, wenigstens einige Zeilen.

Reisetagebuch (22. Juli 1967, 11:10 Uhr)
Athen, Agora, 38 Grad. Und ich habe (zum ersten Mal in meinem ganzen bisherigen Leben) Lust auf ein Glas Wein. Ich würde es hier im Schatten trinken und später etwas Schafskäse dazu essen. Dann wäre die Vorstellung perfekt: Die vom Raunen der großen Menge auf diesem Gelände, vom Geschiebe der Menschen, von den Ausrufen der Händler – und vom Beginn des großen Festzuges!

Die Akropolis ist eine riesige Festwiese aus Stein (kein Widerspruch!). Die Tempel mit ihren Säulen bewohnen sie wie winddurchlässige, für die Götter abgegrenzte Zonen, in denen die Opferfeuer nachts bis zum Meer leuchten. Dort oben (und auf dem Weg dorthin) wurden die schönsten Hymnen gesungen, die nur von den Göttern handelten und von nichts anderem sonst. Kamen die Feiernden auf dem Felsen an, knieten und beteten sie nicht. Sie hörten auf die Hymnen der Sänger und stimmten später einen Chorgesang an. Schaut man (wie ich gerade) zur Akropolis hinauf, versteht man die antike, griechische Welt auf einen Blick. Demeter, Schönhaar! Ioannis, weit entfernt von dir zur Welt gekommen/ grüßt und verneigt sich, erwartend des Weins,/ den er wird leeren, auf dein und der Tochter Persephoneia Wohl und Ergehen! (Gar nicht übel, was ich da aus dem Stegreif gedichtet habe …)

Postbriefkarte an die Mama (22. Juli 1967, 12:17 Uhr)
Liebe Mama, Papa und ich sitzen im Glutzentrum der antiken, griechischen Welt: auf der Agora, unterhalb der Akropolis! Hier, auf dem flachen Gelände mit den Märkten und vielen Tavernen, streunten die Philosophen umher und befragten die Athener nach ihrem Wissen oder Nichtwissen. Auf dem Panathenäenweg hinauf zur Akropolis aber sangen die Dichter und Hymniker festliche Gesänge zum Lob der Götter. Papa und ich sind richtig angesteckt von diesen Szenen, Papa zeichnet, ich schreibe – und am Abend treffen wir uns mit den Einheimischen und trinken griechischen Wein …

2 Im Athener Nationalmuseum

Am 22. Juli 1967 betrachten mein Vater und ich die Akropolis nur von der tiefer liegenden Agora aus, den Aufstieg heben wir uns für einen der folgenden Tage auf. Bis es so weit ist, besuchen wir noch das Athener Nationalmuseum, wo ich zum ersten Mal in meinem Leben antike, griechische Skulpturen zu sehen bekomme.

Anders als auf der Agora entstehen hier keine Fantasien von antiker Kultur, sondern das Sehen scheint geradlinig darauf aus zu sein, den Figuren so nahe wie möglich zu kommen. Man könnte sagen: Sie werden »zum Leben erweckt«, indem die vergangenen Welten mit denen der Gegenwart konfrontiert werden.

Diese Konfrontation endet beinahe folgerichtig mit einem Vergleich von antiker und christlicher Skulptur und umkreist am Ende die Figur einer Kore, die so gegenwärtig und lebendig erscheint wie keine der zuvor betrachteten männlichen Gestalten.

Im Nationalmuseum waren nicht viele Menschen unterwegs, manche Säle waren sogar leer. Papa hatte eine kleine Liste mit Skulpturen und Stelen und Vasen dabei, von denen er einige zeichnen wollte. Ich bekam einen Plan des Gebäudes und konnte allein hindurchziehen. Dann verabredeten wir ein Treffen am Mittag. Ich setzte mich auf einen Schemel und ging den Plan durch. Eilig durch alle Säle zu laufen, war kompletter Unsinn, ich hätte hinterher alles wieder vergessen. Besser war es, hier und da länger stehen zu bleiben, sich eine einzelne Skulptur anzuschauen und etwas dazu zu schreiben oder auch zu erfinden. Bevor ich damit begann, schrieb ich eine Karte an Mama.

Postbriefkarte an die Mama (24. Juli 1967, 10:18 Uhr)
Liebe Mama, Papa und ich durchwandern heute das große Nationalmuseum mitten in Athen. Es ist so etwas wie der Figurentempel der antiken Welt. Ich bin gespannt, was ich zu sehen bekomme. Papa zeichnet, und ich schreibe – unsere Tätigkeiten sind wieder gut verteilt …

Viele antike Figuren im Athener Nationalmuseum stehen erhöht, auf einem Podest. Oft sind sie allein, strecken sich in die Höhe oder schauen betreten nach unten. Die meisten sind nicht mehr vollständig erhalten, so dass man raten muss, was ihnen abhandengekommen ist. Ein Dreizack (Poseidon)? Ein Speer? Ein Diskus? Die männlichen Figuren sind meistens nackt und haben Körper wie aus dem Bilderbuch (höchstens das männliche Glied bleibt weit unter Normalniveau). Sie müssen täglich mehrere Stunden trainiert haben und sehen deshalb so aus, als könnten sie jede Olympiade gewinnen. (Haben die Griechen eigentlich auch noch den Sport erfunden? Ich meine die Wettkämpfe mit Medaillen und Lorbeerkränzen, die waren doch der Anfang des heutigen Sports … Ich kann mir nicht vorstellen, dass zum Beispiel die Alten Ägypter den Diskus geworfen haben. Die haben statt Sport Pyramiden gebaut, das ist auch in Ordnung, aber etwas ganz anderes …)

Die großen Skulpturen sind fast immer allein und brüten was aus. Sie nehmen keinen Kontakt mit anderen auf und erst recht nicht mit den Besuchern. Als Besucher fühlt man sich richtig hilflos, weil man nicht genug über sie weiß und erst recht nicht, was sie gerade bewegt. Sie leben in ihrer Götterwelt und denken sich bestimmt ihren Teil über die dämlichen und hilflos gaffenden Betrachter. »Hey!«, rufen sie spöttisch. »Fremder aus Köln! Wir sind hier nicht im Zoo!

Wenn du weiter so dreist schaust und die Größe unserer Genitalien bemängelst, verhüllen wir uns. Dann kannst du sehen, wie du zurechtkommst.«

Auf den antiken Vasen (die mir sehr gefallen) werden kleine Geschichten erzählt. Ich komme auch hier nicht immer hinter den Sinn, aber doch so ungefähr. Meist stehen drei oder vier Menschen zusammen, reden miteinander, tauschen sich aus oder tun zeremoniell (dann redet einer, oder jemand singt). Am eindeutig schönsten sind Vasenbilder, auf denen nur zwei Menschen zu sehen sind. Sie stehen dicht beisammen (oder, auch sehr häufig, einer steht, der andere sitzt). Sie trösten sich (jemand ist gestorben), opfern ein Tier oder warten auf die Ankunft eines Gottes. Solche Zweiergestalten wirken beinahe wie von heute, obwohl sie doch an andere Götter glauben, Tiere opfern und sich ein anderes Jenseits ausmalen als wir. Sie sehen aber in etwa so aus, wie auch wir aussehen, wenn wir zum Beispiel Sorgen haben, Trost spenden oder in die Kirche gehen. Das fiel mir stark auf: Wie nah diese nicht besonders festlich oder pompös oder elegant gekleideten Menschen uns sind! Nicht ein einziger Angeber ist zu erkennen, und auch niemand, der andere kleinreden oder kleinkriegen möchte. So etwas gibt es einfach nicht. Und das ist doch erstaunlich.

Ich habe mir die Skulpturen der Jünglinge im Athener Nationalmuseum besonders genau angeschaut. Sie werden zwischen fünfzehn und achtzehn Jahre alt sein, schätze ich mal. Jeder von ihnen wirkt aber reifer, sehr männlich, aber noch zurückhaltend, vorsichtig. Anders als Delia im Blick auf heutige griechische Jünglinge andeutete, sehen sie überhaupt nicht so aus, als dächten sie bereits an ein Haus, ein Auto und an eine Familie. Woran denken sie aber? Zum Glück an fast nichts. Sie lassen ihren Körper wachsen, das scheint sie am meisten zu interessieren: dass und wie er wächst! Damit das rundherum klappt, treiben sie sehr viel Sport und gehen in philosophische Schulen. Lernen tun sie dabei nicht unbedingt viel (was ist das schon: »Ler–nen?!«). Sie laufen und werfen den Diskus und philosophieren unter Anleitung älterer Männer und wachsen langsam hinein ins Leben. Denkt einer von ihnen daran, was er (wie man bei uns zu Hause laufend gefragt wird …) »einmal werden will«? Meine Vermutung: Diese jungen Männer »wollen nichts werden«, sie werden etwas von ganz allein, durch »Fügung« (treffendes Wort!).

Ich muss schon sagen, dass in diesem großen Museumstempel der antiken Figuren eine andere Luft weht als in Museen mit christlichen Figuren. Die antiken wirken selbstbewusster, freier und unbekümmerter (selbst dann, wenn sie Sorgen haben). Der größte Unterschied ist natürlich der, dass die meisten nackt sind und sich mit ihren nackten Körpern darstellen und austoben können. Jetzt erst bemerke ich so richtig, wie stark doch christliche Figuren vermummt sind! Als könnten sie an ihrer Kleidung ersticken! (Die Kleidung spielt überhaupt eine vielleicht übertriebene Rolle: dicke Gewänder, viel Zeremonielles, ja sogar dominant Zeremonielles!) Und noch etwas: Die christlichen Figuren leben im Rahmen einer großen Hierarchie, in der jeder seinen Platz hat. Laufend stellen sie sich in Kreisen oder in Ober- und Unterordnungen auf und gruppieren sich! Die Zentrale ist dabei immer gleich besetzt: Gottvater, Gottsohn, der Heilige Geist und (vielleicht noch) die Jungfrau Maria! So eine Zentrale gibt es für die antiken Skulpturen nicht. Zwar sind alle Zeus und Athene untergeordnet, aber sie denken nicht laufend daran. Jede Gestalt spielt ihre eigene Rolle und hält sich selbständig …

Papa und ich waren drei Stunden im Nationalmuseum

unterwegs, danach war ich müde und musste unbedingt etwas trinken. Ich suchte nach Papa, fand ihn aber zunächst nicht. Erst nach über einer Viertelstunde entdeckte ich ihn in einem kleinen Raum. Er saß im Schneidersitz auf dem Boden und zeichnete.

Papa bemerkte mich nicht, und ich machte mich auch nicht bemerkbar. Mann, es war ein starkes Bild, Papa auf dem Boden in diesem antiken Tempel der Figuren sitzen zu sehen! Einen Moment dachte ich: Papa gehört dazu! Er ist selbst einer von denen!

Dann setzte ich mich auch auf den Boden, direkt neben ihn. Papa räusperte sich und sagte: »Die Koren sind das Schönste in all diesen Sälen, findest du nicht?!« Dabei blickte er auf eine Figur, die wahrscheinlich »Kore« genannt wurde (ich nahm es jedenfalls an). Ich sagte: »Eindeutig, die Koren sind das Schönste!«

Ich wartete, bis er zu Ende gezeichnet hatte (und schaute natürlich nicht auf die Zeichnung). Dann hörte ich, wie Papa flüsterte: »In zehn Minuten am Eingang, okay?« – Ich sagte »Okay!« und blieb sitzen und schaute hinauf zu einer Kore – und das war das vorläufige Ende unserer Rundgänge.

Eine große, schlanke Frauengestalt. Jung, mit weit geöffneten Augen. Ein schwaches, sehr freundliches, entgegenkommendes Lächeln (wie es keine einzige Männerskulptur in diesen Sälen hinbekommt). Die gelockten und gedrehten Haare hängen zu beiden Seiten bis weit über die Schultern: ein Schmuck, der jeden anderen Schmuck überflüssig macht. Ein langes, eng sitzendes, glattes Gewand, die rechte Hand liegt an, die linke hat wohl ein Weihegefäß gehalten. Ich saß (wie gebannt, ganz im Ernst) und stand auf und näherte mich und las auf einer Tafel: die Figur sei stark bemalt gewesen, in vielen verschiedenen Farben, vor allem die Haare und das Gesicht. Und ich erschrak (für einen Moment), als ich las: »Die geschminkten Lippen leuchteten früher dunkelrot …«

3 Die Akropolis

Am 25. Juli 1967 ist es dann endlich so weit, und ich besteige mit meinem Vater die Akropolis. Diesmal halte ich das Gesehene sofort in meinem Reisetagebuch fest, anstatt mir wie sonst nur kurze Notizen zu machen, die ich später zu einer Reiseerzählung umarbeitete. Anscheinend ist die wachsende Erregung so stark, dass es dieser direkten Aufzeichnungen bedarf.

Die Eintragungen unternehmen in einer deutlich zu erkennenden allmählichen Steigerung den Versuch, die Aneignung des Gesehenen so weit wie möglich zu treiben – bis hin zur skurril wirkenden Idee, Zeichnungen des Panathenäenfrieses in das westerwäldische Zuhause zu überführen.

Bis man ganz oben auf dem Berg ist, erlebt man einen richtig anstrengenden Aufstieg, und Papa sorgte mal wieder dafür, dass wir alle Meter stehen blieben, uns umschauten und die sich verändernden Perspektiven besprachen.

Während dieses Gehens tauchten nämlich laufend neue Einzelheiten und Terrains neben oder unter uns auf (das Halbrund eines Theaters, eine Säulenvorhalle, eine Aussichtsplattform mit Blick auf den Areopag), so dass dieser Weg wie ein langer Film wirkte, der uns die Besonderheiten Athens Stück für Stück vorführte. Wie die alten Athener absolvierten wir jenen Gang, der Panathenäenzug genannt worden war – und als wir oben auf dem Plateau ankamen, hatten wir zunächst gar keine Augen für den mächtigen, alles dominierenden Parthenontempel, sondern vor allem für die weite Umgebung ringsum!

Reisetagebuch (25. Juli 1967, 10:21 Uhr)
Man steht auf einem großen, strahlendweißen Höhenplateau und kneift in der sengenden Sonne die Augen zusammen. Zwei, drei Fremdenführer streifen umher und bieten ihre Dienste in mehreren Sprachen an. (Es ist aber so heiß, dass kein Fremder langen Erklärungen zuhören möchte.) Überall liegen bereits behauene oder zerborstene oder hilflos aufeinandergetürmte Steinbrocken herum – das Plateau sieht aus wie ein Schlachtfeld, das unzählige Kriege erlebt hat und das niemand mehr aufräumen mag (sind die Griechen etwa der ewigen Antike müde geworden?). Dieses Durcheinander, sagt Papa, habe aber durchaus seinen Reiz. Jedenfalls wirke es stärker als eine glatte, aufgeräumte Fläche, auf der die Tempel wie öde Rekonstruktionen aussehen würden.

Reisetagebuch (25. Juli 1967, 10:46 Uhr)
Es stimmt! Der große Parthenontempel wirkt nicht wie eine Rekonstruktion, nein, auf keinen Fall! Jede seiner Säulen leuchtet bei genauerem Hinschauen in einer anderen Tönung. Da sie so ordentlich nebeneinanderstehen (die Grundfarbe ist ein Altweiß, mit vielen Schlieren und Dunkelstellen und Ausbesserungen), wirken sie wie der geniale Einfall eines klugen, zurückhaltenden Architekten, der mal ein Experiment wagen wollte. Ich meine, sie wirken nicht einschüchternd oder bedrohlich, nein, überhaupt nicht. Eher wie das gelungene Ergebnis eines Architekturwettbewerbs! Genau diese Wirkung trägt dazu bei, dass man noch heute Freude an ihnen hat. »Diese Säulen, die haben doch was!«, sagte gerade Papa, und er meinte (wohl) damit, dass er sich keine

Gedanken darüber macht, was sie »bedeuten« sollen. Er begann dann auch nur, sie zu zählen, die Unregelmäßigkeiten zu notieren und sich nach den statischen Erfordernissen des Baus zu befragen. (Ich ließ ihn zeichnen und überlegen ... und entfernte mich etwas von ihm.)

Reisetagebuch (25. Juli 1967, 11:08 Uhr)
Der antike Panathenäenzug war auf einem langen Fries des Parthenontempels, ganz ringsum verlaufend, abgebildet. Auf ihm war die Bevölkerung Athens in unterschiedlichen Gruppen (junge Frauen, junge Männer, Rossereiter, tanzende Mädchen, Erzieher ...) zu sehen, wie sie sich den auf der Akropolis sitzenden (und keineswegs thronenden!) Göttern näherten. Die Göttinnen und Götter saßen auf kleinen Schemeln, nicht frontal, sondern meist einander seitlich zugewandt, in lockerem Gespräch oder in lässigen Posen. Im Zentrum natürlich Zeus und seine Frau Hera, daneben aber waren Athene (als Stadt- und Schutzgöttin) sowie Hephaistos (jener Gott also, der den Menschen die Kenntnis der höheren Kulturstufen nähergebracht hatte – über ihn habe ich schon einmal geschrieben) zu erkennen. An der Spitze des Panathenäenzugs überbrachten junge Athenerinnen der Göttin Athene ein von ihnen gesticktes Gewand. Dieses Festkleid besiegelte die Verbindung von Göttern und Menschen, wie ja überhaupt der Festzug nicht in zwei unterschiedlichen Regionen (höheren und niederen) spielte, sondern die Sphäre der Götter und die Lebenswelten der Menschen aufs Engste miteinander verband. Die Platten des Frieses sind heute nicht mehr an der alten Stelle, sie wurden geraubt und nach England gebracht (Schweinerei!). Und so bekam ich auf dem Akropolishügel nur kleine Teilstücke des Originals, Kopien und Zeichnungen zu sehen. (Ich kaufte mir ein

schmales Buch mit Fotografien des gesamten Frieses und mit einem Kommentar eines Archäologen, auf Deutsch.)

Reisetagebuch (25. Juli 1967, 11:32 Uhr)
Ich sitze hinter dem Parthenontempel im Schatten, auf einem Säulenstumpf. Es sind viel weniger Menschen unterwegs, als Papa und ich gedacht hatten (die Hitze ist anscheinend zu groß). Große Freude habe ich an dem kleinen Büchlein mit den Darstellungen des Panathenäenfrieses. Über jedes Detail würde ich gern etwas schreiben, über die schnaubenden Rosse, die schwere Krüge tragenden Frauen – und über den Jungen, der sich seine Sandalen schnürt (tut er das?!). Papa hat das Büchlein auch bereits durchgeblättert – er überlegt, ob er den gesamten Fries nachzeichnen soll, natürlich nicht hier oben, sondern während unserer weiteren Fahrt auf dem Meer. Ich habe ihn sehr ermuntert, das zu tun. Wir könnten die Blätter zu Hause rahmen lassen und aufhängen ... (Mein Gott, was für eine gute Idee!! Wir sollten alle von Papa auf der Reise gezeichneten Blätter rahmen und aufhängen – das ganze Westerwaldhaus wäre dann ein einziges großes Griechenlandhaus!!)

Reisetagebuch (25. Juli 1967, 11:53 Uhr)
Der Panathenäenzug ist die Urprozession der alten Griechen. Die Prozessionen der orthodoxen Kirche greifen (behaupte ich jetzt einfach mal) auf diese antike Urprozession zurück. (Und die älteren Griechen bewegen sich noch heute auf den Straßen so, als wären sie Teil einer Prozession, die sich heutzutage allerdings hin zu den Kaffeehäusern bewegt.) Doch ich wollte keine dummen Witze machen, sondern aufschreiben, dass die Panathenäenprozession etwas ganz anderes ist als eine unserer christlichen Prozessionen (wie etwa die an

Fronleichnam in Köln). Die christlichen Prozessionen kreisen (so kommt es mir vor) um ein dunkles Geheimnis (die Monstranz, den Altar, den Tabernakel) – und sie führen in strenger hierarchischer Anordnung (der Herr Kardinal zieht voraus) in die Tiefe einer Kirche, hin vor Gottvater. Der Panathenäenzug aber führt, begleitet von lauten Gesängen und Hymnen, zu den antiken Göttern, die sich auf ihren Schemeln ungeduldig räkeln, bis die Opfer und Gesänge vorbei sind und sie sich endlich unter die essende und feiernde Festgesellschaft der Menschen mischen können. (Schöne Vorstellung: Man sitzt als junger Grieche plötzlich neben Hephaistos, der gierig nach einem Lammkotelett greift ...) Interessante Frage: Hätte ich nicht lieber in der Antike gelebt, zusammen mit Göttern, die keine Zehn Gebote kennen und viel übrighaben für Festmähler, Lebensfreude, Musik, Tanz und so weiter? Gegenfrage: Oder ist das Zusammensein mit einem unsichtbaren Gottvater in dunklen Kirchen nicht doch viel geheimnisvoller?!

Postbriefkarte an die Mama (25. Juli, 12:32 Uhr)

Liebe Mama, diese Postbriefkarte schreibe ich von der Akropolis, hoch oben, bei einer Temperatur von 35 Grad. Ringsum liegt die alte Stadt Athen mit ihren modernen Häusern und lauten Straßen. Einige schmale Wäldchen rahmen ihre niedrigen Hügel, und in der Ferne reihen sich die höheren aneinander und verbeugen sich vor dem weit (wie eine riesige Pfütze) auslaufenden großen Meer. Der Poseidontempel brütet vor sich hin, und Papa und ich trinken laufend Wasser aus unauffälligen Wasserstellen, kurz vor dem Verdursten. Die Szenen des Panathenäenfrieses (ich erkläre es dir zu Hause) gehen mir sehr nahe – warum habe ich bloß vor ein paar Jahren mit dem Reiten auf dem Hof von Onkel C.

aufgehört? Die jungen Athener in meinem Alter waren alle auf Rossen unterwegs. (Und: Wo gibt es in Köln Schnürsandalen zu kaufen?)

Sehen lernen durch Filme

1 Im Kino

Anfang der siebziger Jahre bin ich zu einem leidenschaftlichen Kinogeher geworden und habe nicht selten viele Filme in der Woche in ganz bestimmten Kinos in Mainz und im Westerwald gesehen.

Wie ich durch Filme sehen lernte, darüber habe ich in einigen essayistischen Texten länger nachgedacht. Der Kinoraum war dafür wichtig, denn die Dunkelheit ermöglichte eine besondere Art intensiver Konzentration.

Ich war etwas älter als zwanzig Jahre, als ich aus Rom zurückkehrte. Ich hatte versucht, als Pianist das Konzertexamen am dortigen *Conservatorio* zu bestehen, und war an mehrfach auftretenden Sehnenscheidenentzündungen gescheitert. Mein großer Lebenstraum hatte keinen Bestand mehr, ich würde kein Pianist werden, nicht einmal Klavier spielen würde ich so schnell wieder.

Damals entdeckte ich das Kino. Natürlich war ich auch schon früher ins Kino entgangen, aber nur gelegentlich und eher zufällig. Nach meiner Rückkehr aus Rom jedoch setzte ich mich an einem besonders warmen Tag ins Kino, um meine Ruhe zu haben. Im Kino war es angenehm kühl und leer, niemand fragte mich etwas, ich konnte mich in irgendeiner Sitzreihe tief in meinem Sessel verstecken, und ich konnte in Ruhe zuschauen, was auf der breiten Leinwand geschah.

Instinktiv begriff ich, dass ein Kino fortan für mich ein idealer Aufenthaltsort war. Im Grunde schämte ich mich, draußen auf den Straßen gesehen zu werden und auf die Frage nach meiner Tätigkeit antworten zu müssen, dass ich nichts tue, sondern mir eine Auszeit genommen habe. Wie dämlich hörte sich so etwas an – Auszeit! Und wie mitleidig trafen mich die Blicke der anderen, die von A nach B unterwegs waren und etwas vorhatten oder sogar »absolvierten« (einen Kurs, ein Studium).

Das Kino (und möglichst ein kleines, übersichtliches, ein einziger schmaler Saal oder Raum) war für mich das ideale Versteck. Ich setzte mich in die ersten Vorstellungen, wechselte danach den Saal und schaute manchmal zwei oder drei Filme hintereinander. Am frühen Abend, wenn es dunkelte, traute ich mich wieder unter Menschen. Wurde ich dann gefragt, konnte ich sagen, ich komme von der Arbeit, und fragte man nach, von welcher Arbeit, sagte ich, ich arbeite für eine Zeitung und wolle später Kulturredakteur werden.

Dass die Aufenthalte im Kino mir so sehr gefielen, hatte jedoch noch mit etwas anderem zu tun. Ich liebte solche Aufenthalte, weil man mich allein und in Ruhe ließ, aber auch, weil ich sie als sehr konzentrierte und intensive Stunden empfand. Ich war nicht nur allein, sondern auch mit Bildern auf einer Leinwand beschäftigt, die studiert werden wollte.

Dabei konnte der Blick sich nicht ablenken. Schaute ich nach oben, an die Decke oder nach den Seiten, so war dort rein gar nichts zu sehen. Mein Blick war also gesteuert und auch geleitet: Ich saß nicht nur still und allein herum, sondern war ausgerichtet und auf ein Ereignis fokussiert.

Das Ritual jeder Vorstellung intensivierte diese Konzentration des Blicks. Betrat ich den Kinosaal, so war er meist noch erleuchtet. Ich setzte mich und wartete, bis mehrmals ein Gong ertönte. Das Licht wurde schwächer, der Vorhang öffnete sich mit einem Rauschen und wurde dann nach beiden Seiten fortgezogen. Das Vorprogramm begann, die Einstimmung, ein Trick- oder Kurzfilm, für ein paar Minuten, und danach noch die Werbung.

All diese Stationen vor der eigentlichen Vorführung zielten darauf, einen die Welt draußen Stück für Stück vergessen zu lassen. Sie bearbeiteten das Gehirn unauffällig, indem sie es darauf einstellten, den schnellen Bildern zu folgen. Dann war es so weit: Der Vorspann eines Films lief, die Namen der Schauspieler und die der Crew wurden genannt, der Titel leuchtete auf, und die erste Einstellung überfiel einen mit einem völlig unbekannten, strahlend erhellten oder in melancholisches Grau getauchten Raum.

Das Weitere war »Kameraarbeit«. Natürlich verstand ich davon noch nichts und achtete erst recht nicht auf den Schnitt. Noch war ich ein naiver Zuschauer, der in das Filmgeschehen eintauchte und sich mitziehen ließ. »Mitziehen«, ja das ist kein schlechtes Wort für das, was ich erlebte. Denn oft war ich anfänglich noch skeptisch und lehnte mich leicht widerständig gegen das auf, was ich sah. Alles, was auf der Leinwand ablief, war »eine Zumutung«, denn man wurde ohne jede Überleitung in völlig fremde Welten katapultiert. Ich spürte, wie es dauerte, bis ich in diesen Welten mitzuleben begann, und oft war es durchaus so, dass ich während eines ganzen Films »draußen« blieb und mich eben nicht »mitziehen« ließ.

Weil ich genau das von Film zu Film bemerkte, begann ich, über meine häufigen Widerstände nachzudenken. Warum war ich oft so störrisch und wollte nicht folgen? Häufig hatte es damit zu tun, dass wichtige Figuren des Films zu unsympathisch waren oder sich mit Sachen oder Themen beschäftigten, für die ich nie irgendein Interesse hätte aufbieten können. Oder aber ich fühlte mich unwohl, weil der Raum, in dem der Film spielte, einen bedrückenden, beengten oder extrem hässlichen Eindruck machte.

Um in einen Film hineinzufinden, benötigte ich anscheinend »Begleitfiguren«, die etwas Interessantes oder Anziehendes hatten. Solche Begleitfiguren waren Männer, die etwas (ein Handwerk, eine Kunst, ein Metier) sehr gut beherrschten. Oder es waren Frauen, die so auftraten und lebten, wie ich noch nie Frauen hatte auftreten und leben sehen.

Mit beidem hatte ich sehr wenig Erfahrung. Ich hatte zwei Jahrzehnte lang wie ein Mensch in der Höhle seiner Berufung oder Passion gelebt, nichts anderes hatte mich beschäftigt. Dass eine Frau alles daransetzte, mit einem Geheimagenten (der ständig von Mordattacken bedroht war) ins Bett zu gehen, und gleichzeitig einen Tiger darauf abrichtete, diesen Geheimagenten nach vollzogenem Liebesakt zu töten, war für mich etwas absolut Neues. Ich verstand einfach nicht, wie solche Frauen dachten und was in ihnen vorging, geschweige denn, dass ich ihren Wünschen oder Fantasien nur ein Stück nähergekommen wäre.

Ins Kino zu gehen, war für mich also ein einziges großes Studium. Ich studierte die Welten, Räume und Menschen, von denen ich bisher nichts geahnt und nie etwas gehört oder gesehen hatte. Allmählich wurde ich sogar eine Art Psychologe, der sich Gedanken darüber machte, wie fremde Menschen mit herausragenden Talenten so tickten. Diese Menschen kamen in Gestalt der Filmschauspielerinnen und Filmschauspieler ganz nahe an mich heran. Ich schaute ihnen direkt in die Augen, ich sah das Glänzen oder Zaudern in ihrem Gesicht, ich erkannte den Schweiß, der an ihren Schläfen entlanglief. Auf diese Weise waren sie mir viel näher als die Menschen draußen, im Freien. Für zwei Stunden lebte ich mit ihnen in einem geschlossenen Raum, damit wir einander studierten und voneinander lernten.

Lernten die Schauspieler auf der Leinwand also auch etwas von mir? Aber ja, ich war fest davon überzeugt. Sie mussten doch spüren, wenn sie die Zuschauer langweilten. Während ihrer vielen Drehs mussten sie mitbekommen haben, dass der Film verflachte und schließlich enttäuschte. Solche Erfahrungen waren manchmal in ihre Gesichter gezeichnet, wenn es aufs Ende zuging und sie nichts mehr zu bieten hatten.

Das jedoch waren nicht die großen Momente. Die nämlich hatten mit etwas zu tun, das zum Schönsten im Kino überhaupt gehörte. Denn die Nähe zu bestimmten Schauspielerinnen und Schauspielern führte in manchen Fällen auch dazu, dass ich mich auf sie zubewegte. Ich ließ mich anziehen und wurde von Einstellung zu Einstellung mehr angezogen, und so setzte sich ein Prozess in Gang, den ich (um nicht albern davon zu sprechen, dass ich mich »verliebte«) die »Verliebung« nannte. »Sich verlieben« – das taten »Jungs und Mädels«, die viel jünger waren als ich. Die »Verliebung« aber war etwas für junge Männer in meinem Alter, die etwas über die eigentliche (hoffentlich bevorstehende) »große Liebe« erfahren wollten.

So gesehen trainierte ich »große Liebe«, stimmte mich auf sie ein, lernte, wie Frauen sie inszenierten, wie man auf solche Frauen einging und was man mit ihnen dann im Weiteren erlebte. Im Kino erhielt ich dafür den besten Anschauungsunterricht, den ich bekommen konnte. Denn Filme waren etwas viel Rotzigeres, Deutlicheres und Aktuelleres als zum Beispiel das Theater und seine Bühnen, auf denen es oft nur um alte, abgestandene Konflikte ging. Theater und Bühne waren Bildungswurmfortsätze und konnten sich von ihren steilen Ansprüchen nicht trennen. Immerzu wollten sie »etwas erkennbar« machen, als »moralische« (oder schlimmer noch politische) Anstalt fungieren, sich gesellschaftlich bedeutend aufblähen oder einigen Schreihälsen dazu verhelfen, sich völlig abwegig und penetrant auszuagieren.

Von solchen Aktionen hatte ich nichts, ich konnte sie links liegen lassen. Für mich gab es ausschließlich den Film, nichts sonst und jahrzehntelang nie etwas anderes. Auch Bücher (Romane, Erzählungen) reichten in Sachen anschaulicher Lebenspraxis an den Film nicht heran (sie hatten ganz andere Wirkungen und Verdienste). Der Film aber präsentierte die Lebensszenen direkt, unmittelbar und sehr komplett. Ich war ihnen ausgesetzt und musste sie nicht lange im Hirn zurechtfantasieren.

Film war: massive Konfrontation, Raubbau am Eigenen, Verbindung mit dem Fremden, Libido-Attacken, die aufs Ganze zielten. Dieses Ganze war der Verlust des behüteten Daseins. Ich verließ das Kino und wusste, ich wollte Isabelle Huppert unbedingt wiedersehen, und zwar sofort. Ich setzte mich in ein Café und konnte ihr Sprechen und ihre Blicke nicht loswerden. Ich schämte mich nicht, ihr verfallen zu sein. Alles, was ich in diesem Moment empfand, war auf diesen Menschen bezogen und wartete auf eine Fortsetzung.

Ich brauchte bloß eine neue Kinokarte zu lösen und weit vorn (und fast immer setzte ich mich: weit nach vorn) Platz zu nehmen. Nach wenigen Sekunden hatte sie mich wieder gefangen, und zwar so, dass es schmerzte. Verdammt nochmal, wieso erlag ich plumpen Illusionen? Ich hörte bald auf, mich das zu fragen. Isabelle Huppert zu sehen und ihr zu folgen – das vertrug keine Klugscheißerei und vor allem keinerlei Medientheorie.

Wonach verlangte ich denn stattdessen? Nach noch direkterem Kontakt, nach der Möglichkeit, mit Isabelle Huppert auf der Stelle für einige Zeit in einer von uns beiden ausgewählten und dafür bestimmten Gegend unterwegs zu sein. Um was zu tun? Um gemeinsam direkt im Leben einen noch besseren Film zu inszenieren als den, den sie vor kurzem gedreht und in dem ich sie gerade gesehen hatte.

2 – Der Filmblick

Die Ausrichtung des Blicks auf die Leinwand hat zur Folge, dass man als Zuschauer ausschließlich mit den Bildern in Kontakt bleibt und mit nichts sonst. Hört man Musik in einem Konzertsaal, kann man in Gedanken abschweifen und ihre Wirkung nach eigenem Gutdünken minimieren. Sitzt man im Theater, kann man leicht auf Distanz zum Bühnengeschehen gehen, indem man sich auf andere Details (das Publikum, den Theaterraum etc.) konzentriert. Im Kino aber sitzt man in einem dunklen Raum, der einem keine andere Wahl lässt als die, auf die Leinwand zu starren.

Die Bilder, die dort vor dem Auge flackern, wollen sich dem Betrachter nicht nur einprägen, sondern mehr noch: Sie wollen ihn fesseln. Eingespannt und domestiziert von der raschen Folge der Einstellungen, zieht es ihn hinein in das Geschehen. Allmählich spürt er, wie er durch die Bilder berührt wird. Ganz direkt (und beinahe schamlos) intensivieren sich diese Kontakte.

Plötzlich glaubt man, das Lächeln einer sympathischen Figur gelte einem selbst, und man lächelt zurück. Im nächsten Moment erlebt man, wie die Hauptdarstellerin sich einem Unbekannten nähert und ihn schließlich sogar küsst. (Küsse im Film sind gute Gradmesser für die Sympathien, die man für bestimmte Darsteller und ihr Zusammensein entwickelt. Küsse können nämlich auch furchtbar sein und dazu führen, dass man sich (ein für alle Mal!) abwendet.) Schließlich erlebt man, wie eine Figur einen furchtbaren Verlust erleidet – während man sich gegen die Tränen wehrt, die einem schließlich doch über die Backen rollen.

Dass selbst einfach gestrickte und keineswegs besonders anspruchsvolle Filme es schaffen, einen zu Tränen zu rühren, sagt viel über die enormen Wirkungen des Films aus. Während er scheinbar harmlos auf der Leinwand läuft, stiftet er etwas an, sucht Komplizen, verstrickt einen in eine direkte Mitwisser- und Mittäterschaft. Man spürt, wie man zum Teil seines Geschehens wird, man atmet anders, gerät ins Schwitzen, empfindet eine kaum erträgliche Spannung – und schließt vor lauter Hilflosigkeit manchmal die Augen, um wieder »zu sich« zu kommen.

Solch starke Wirkungen haben bei mir oft Filme ausgelöst, die beinahe vollständig in Vergessenheit geraten sind und keineswegs zu den großen Meisterwerken gehörten. Ihre anhaltende Macht und Faszination sind gut daran erkennbar, dass mir einzelne Sequenzen bis heute in Erinnerung blieben. Ich habe sie nicht mehrmals oder immer wieder gesehen (wie das bei bestimmten Meisterwerken der Fall ist), nein, ein einziger Filmbesuch hat ausgereicht, einige Szenen für immer im Gedächtnis zu bewahren.

So erinnere ich mich an Luchino Viscontis Verfilmung von Albert Camus' Roman *Der Fremde* (der Film ist nirgends mehr zu sehen, es gibt nicht einmal eine DVD, er ist verschwunden). Die Hauptrolle spielte Marcello Mastroianni, der in einer Sequenz längere Zeit auf dem kleinen Balkon seiner Wohnung saß. Marcello rauchte und schaute hinunter auf die Straße, ein paar Menschen eilten vorbei, darunter eine Bekannte. Marcello machte sich jedoch nicht bemerkbar, er blieb weiter still sitzen und rauchte.

Nicht mehr? Nein, nicht mehr. Ein rauchender, auf die Straße schauender Mann! Und was war daran so stark, dass ich es nie wieder vergaß? Stark war die Melancholie, die von diesem Sitzen ausging. Dieser rauchende Mann stellte keine Erwartungen mehr an das Leben. Was er gesehen hatte, genügte ihm. Er glaubte nicht daran, dass er noch einmal etwas Neues, anderes, Stimulierendes wahrnehmen oder erkennen würde. Was die anderen (unten auf der Straße) taten, interessierte ihn nicht mehr. Ihre Geschäftigkeit war ihm gleichgültig, ihr hektisches Getue ekelte ihn an. Aber er tat nichts dagegen, wie er überhaupt nicht mehr daran dachte, »etwas zu tun«. Er wollte rauchen, nichts sonst, er hatte genug von der Welt.

Ich erinnere mich genau, dass ich damals nach Verlassen des Kinos das Marcello-Empfinden kaum noch loswurde. Ich ging ein paar Schritte hinunter zum Rhein und setzte mich auf die Stufen, die zum Fluss führten. Eine vollkommene Leere hatte sich in mir breitgemacht, eine abstoßende Unempfindlichkeit. Nichts Verlockendes um mich herum, alles trostlos! Nicht einmal bewegen wollte ich mich, so sehr hatte mich die Empfindungsdecke des Films erreicht und sich auf alle Gefühle gelegt.

Ich saß ziemlich lange. Dann kam durch Zufall ein Schulfreund vorbei und setzte sich neben mich. Ich hatte keine Lust, mit ihm zu reden, ich schaute weiter aufs Wasser. »Is was?«, fragte er. »Nein«, antwortete ich, »nix is.« – »Du machst so einen traurigen Eindruck.« – »Ich bin nicht traurig.« – »Ist wirklich nichts Schlimmes passiert?« – »Nein, alles in Ordnung.«

Mehr an Dialog brachten wir nicht zusammen. Der Freund blieb noch wenige Minuten sitzen, aber er spürte, dass mit mir nichts anzufangen war. »Also dann!«, sagte er und verschwand. »Bis bald!«, sagte ich und blieb weiter sitzen. Natürlich konnte mein Freund nicht ahnen, dass ich zu Marcellos Doppelgänger geworden war. Ich war nicht der, für den er mich hielt, sondern ich war der Schatten einer Filmfigur, der nach einer passenden Handlung suchte, um den Film am Laufen zu halten. Diese Handlung aber gab es natürlich nicht. Und so musste ich sitzen und sitzen, bis Marcello sich langsam wieder von mir löste und ich beschloss, einfach nach Hause zu gehen. Um dort was zu tun? Um mich ins Bett zu legen und lange zu schlafen.

Noch stärker war die Wirkung des Films *Der Pfandleiher*, den ich Ende der sechziger Jahre ebenfalls noch als Schüler sah. Unter der Regie von Sidney Lumet spielte Rod Steiger einen jüdischen Pfandleiher, der aus Deutschland emigriert war und dort durch die Nazis seine Familie verloren hatte. Seine Erinnerungen an die Zeit im KZ ließen ihn nicht mehr los und stiegen immer wieder vor seinem inneren Auge auf, wenn er in der New Yorker Umgebung seines Ladens Momente von Gewalt erlebte.

Anfänglich schien es in diesem Film um einen Pfandleiher zu gehen, der nicht besonders auffiel und alles abwehrte, was ihm zu nahekommen wollte. Mit der Zeit aber wurden die Hintergründe dieser Abwehr deutlich, und die Sequenzen der Erinnerung an die Verbrechen in Deutschland wurden häufiger und mächtiger. Als fast unerträglich empfand ich es, dass der alte, gebrochene Mann von seiner Umgebung gezwungen wurde, eine Rolle zu spielen. Die anderen ahnten nichts von seiner Geschichte, wollten aber seine scheinbare Gleichgültigkeit unbedingt brechen. Sie forderten ihn heraus, spielten ihre eigenen Rollen, inszenierten das Leben, so wie sie es gewohnt waren. Er aber hatte längst abgeschlossen mit allem und wartete im Grunde nur noch darauf, vom Leben erlöst zu werden.

Rod Steiger war noch mehr und stärker als Marcello. Sein Empfinden hatte mit Melancholie oder Depression nichts mehr zu tun. Er war darüber hinaus, denn er lebte bereits in einem dunklen Jenseits und hatte mit dem Leben abgeschlossen. Was die anderen ihm noch antaten, nahm er schweigend und passiv hin. Er erklärte sich nicht, sondern lebte außerhalb aller menschlichen Ordnungen. Sein eigenes Leben war so stark verletzt, dass er keinen Weg zurück aus der Vergangenheit mehr finden konnte.

Luchinos *Der Fremde* hatte mich eingehüllt in seine Melancholien und benommen zurückgelassen. Lumets *Der Pfandleiher* machte mich so hilflos und ohnmächtig, dass ich kaum noch weiterwusste. Ich ging durch die Stadt und blieb immer wieder vor einem Schaufenster mit dem Rücken zu den Passanten stehen. Niemand sollte meine Tränen sehen, denn wem hätte ich erklären können, warum mir diese Tränen kamen und kaum noch zu stoppen waren? Hätte ich sagen können, ich sei in einem Film gewesen? Meine Schulfreunde hätten mich ausgelacht oder verspottet, denn »wegen eines Films« stand man nicht weinend vor Schaufenstern.

So aber ist es mir (gerade in den spätpubertären Jahren) oft gegangen. Ein Film entließ mich nicht, sondern hatte mich so berührt, dass ich zu einer seiner Figuren geworden war und ihn weiterspielte. Besonders stark gelang das Filmen, die mit Melancholie, Trauer und Tod zu tun hatten. Manche Freunde, die sich ebenfalls solche Filme angeschaut hatten, behaupteten, sie seien »Kitsch«. »Kitsch« war ein Wort, das oft in die Runde gestreut wurde, um nicht von den eigenen Gefühlen zu sprechen und sie rasch wieder in normale Bahnen zu lenken. Deshalb horchte ich auf, wenn ich dieses Wort hörte, und ging häufig gerade deshalb in einen Film, weil er als besonders kitschig (und daher gefühlslastig) galt. Ich brachte den Film als Gattung immer mehr genau damit in Verbindung: mit seinem Bestreben, starke Gefühle auszulösen und sie den Betrachtern einzuimpfen.

Eine Zeitlang bin ich deshalb jede Woche unzählige Male ins Kino gegangen, um lauter fremde, intensive Gefühlskulturen kennenzulernen. Ich ging immer allein, weil ich wusste, dass ich nach einer Vorstellung weiter unbedingt allein sein und mich nicht über den Film unterhalten wollte. Nach einem Film aus dem Kino zu kommen und sofort anzufangen, über den Film zu reden oder gar zu debattieren, ging völlig an meinem Verständnis von Film und Kino vorbei.

Manchmal beging ich aber den Fehler, einen Freund mitzunehmen, der sich mir unbedingt anschließen und einen Film mit mir zusammen sehen wollte. (Freundinnen mit ins Kino zu nehmen, war eine ganz andere, lange Geschichte mit vielen Kapiteln. Ich kann hier nicht davon erzählen, es handelt sich fast um einen Roman.) Und ich erinnere mich gut, dass es einen Freund gab, der sich auf seine Interpretationskünste viel einbildete.

»Mann«, sagte er einmal, als wir uns zusammen *Spiel mir das Lied vom Tod* angeschaut hatten, »die Musik hat in diesem Film ja eine unglaublich dominante Stringenz!« Ich antwortete nicht, ich verabschiedete mich unter einem Vorwand. Wäre ich geblieben, hätte ich ihn wohl früher oder später filmreif umgebracht.

3 Aus den Filmnotaten der siebziger Jahre

Oft habe ich mir noch während eines laufenden Films Notizen gemacht. Ohne darauf hinzuarbeiten, verhielt ich mich wie der Filmkritiker einer Tageszeitung, der noch am gleichen Tag eine Kritik in der Redaktion abzuliefern hatte. Später habe ich genau das getan. Ich bin jede Woche für die »Mainzer Allgemeine Zeitung« ins Kino gegangen und habe danach eine Filmkritik geschrieben.

Die Angewohnheit, über einen gerade gesehenen Film zu schreiben, habe ich beibehalten, auch wenn die Notizen nur für mich selbst bestimmt waren. Würden all diese Texte erscheinen, käme ein stattliches Buch heraus. Einige der frühen, privaten Kommentare zu Filmen veröffentliche ich im Folgenden, als kurioses Spektrum von Reaktionen auf die unterschiedlichsten Filmgenres und bestimmte Schauspielerinnen und Schauspieler, die ich in den siebziger Jahren sah.

»Lenz« von George Moorse – 1971

»Den 20. Jänner ging Lenz durchs Gebirg. Die Gipfel und hohen Bergflächen im Schnee, die Täler hinunter graues Gestein, grüne Flächen, Felsen und Tannen.« Der Beginn von Georg Büchners Erzählung liest sich wie eine Drehbuchszene des Films. Doch trotz der Genauigkeit, mit der Regisseur George Moorse den Text in Bilder transponiert, hängt der Film nicht am Vorbild, sondern nimmt sich des Vorbilds an.

Das wirkt nirgends verbraucht oder altmodisch, sondern beschäftigt durch den frisch wirkenden Blick auf Menschen und Räume: Da betritt Lenz die Pfarrstube der Oberlins, die – außen in dunklen Farben – im Innern in samtenes Gold übergeht. Da leuchtet die dunkelrote Schürze eines Schmieds neben den weicheren Rottönen eines Feuers. Das nimmt den stillen Szenen die Unruhe und verleiht ihnen einen Schwerpunkt der Betrachtung.

Anders dagegen die Szenen des Wahnsinns, in denen der Schwerpunkt außerhalb der Gestalten liegt. Lenz flieht aus mangelndem Gleichgewicht, die Landschaft stellt sich quer vor ihn hin, und sein Laufen erscheint wie ein Rasen auf sich drehenden und kreisenden Flächen: »Es war, als ginge ihm was nach und als müsse ihn was Entsetzliches erreichen …«

Zu den Feinheiten des Films gehört, wie er beide Tempi miteinander verbindet, etwa wenn er den fiebrigen Lenz zur Ruhe kommen lässt. Hastig laufend trifft er in einem Dorf ein, doch schon die dunkelblauen Bilder der Umgebung suggerieren Ruhe, die Schritte werden langsamer, aus hektischen Bildern werden statische. Wie Gemälde aus alter Zeit erziehen sie zum genauen Blick: »Um uns als menschliche Wesen wiederzufinden, müssen wir die Zeit verlangsamen« – das ist das Credo dieses Regisseurs.

Mit der Figur des Lenz bricht etwas gestört Gegenwärtiges ins Vergangene ein und macht die Heilkraft der alten Stille wahrhaftig und spürbar.

»Warum läuft Herr R. Amok?« von Rainer Werner Fassbinder – 1970

Ein Film wie eine Studie über Gesprächsrunden. Das Familientreffen mit Oma und Opa, die sich über *Othello* auslassen; das Gespräch mit einer Lehrerin, die sich (»Ja, ja, mm, mm«) noch der kleinsten Redepause schämt – das Reden will nicht mehr gelingen.

Herr R., technischer Zeichner, ruhig, still, mit den ersten

Spuren des Alterns, erscheint nicht als sonderlich sensibler Mensch. Fassbinder billigt seinen Figuren solche Eigenschaften nicht mehr zu. Ihr Unglück entwickelt er aus stehen gebliebenem Leben. Von der Vergangenheit bleiben nur noch blasse Erinnerungen, wie etwa das Singen eines bekannten Chorals, von der Mundharmonika begleitet.

Überall Verlorenheit, nicht als ein Fehlen des Lebenssinns, sondern als dessen Unmöglichkeit. Daher wirkt das gehemmte Sprechen derart quälend hilflos und versiegt endlich ganz.

»Anna Karenina« von Clarence Brown (mit Greta Garbo) – 1935
Aus den Glanzzeiten von Hollywood und Metro-Goldwyn-Mayer. Jede Szene spielt sich auf als »groß« und »umwerfend«. Greta Garbo dagegen spielt so, als beanspruchte sie keinen Platz in der vordersten Reihe, sondern einen ganz hinten, da, wo gerade noch etwas Raum ist. Wenn sie die Treppen der Paläste hinaufgeht, dann immer sehr schnell, als müsste sie das Große, Bombastische rasch hinter sich lassen, um endlich mit dem eigentlichen Spiel beginnen zu können.

»Eine Dame verschwindet« von Alfred Hitchcock – 1938
Hitchcocks Film *Eine Dame verschwindet* entwickelt das Grauen aus dem Alltag. Die für Hitchcock so typische lange, geschwätzige Einleitung, in der die Figuren des Films kurz vorgestellt werden, bildet jene ruhige Oberfläche der Handlung, in die eine ganz unerwartete Szene einschlägt wie ein Stein ins Wasser. Der schlägt nicht Wellen, sondern zieht seine Kreise.

Eine junge Frau wird auf einer Zugreise begleitet von einer älteren Dame, die plötzlich verschwindet. Sie macht sich auf die Suche, aber niemand will die Ältere gesehen haben. »Sie lügen alle, aber warum?«, fragt sich die Junge, und genau diese Frage stellt sich auch der Betrachter.

Darüber verlieren die Dinge ihr alltägliches Aussehen und erscheinen plötzlich wie Zeichen eines möglichen Verbrechens. Eine tief sitzende Unsicherheit greift um sich, bis der Zug am frühen Morgen in den sicheren Bahnhof einfährt, wo sich die Zeitungsjungen mit ihren schrillen Ausrufen um den Betrachter scharen – wie Boten eines wieder festen Landes.

»Big Jake« von George Sherman (mit John Wayne) – 1971

John Wayne ist alt geworden. Dieser Film wandert mit ihm noch einmal weit zurück, bis ins Jahr 1909. Bohrtürme und Eisenbahnen verändern die Landschaft, was John Wayne gar nicht recht ist. Er hält sich lieber ans Nächste, versammelt alte Freunde um sich und verfolgt mit ihrer Hilfe ein Verbrechen: Sein Enkel ist geraubt worden, und Opa macht sich auf die schwerfällig gewordenen Beine.

Selten sind in einem Film Männer zu beobachten, die derart mit Waffen gespickt sind, dass sie kaum noch ein paar Schritte laufen können. Längst gehören die einfachen Revolver der Steinzeit an. Stattdessen werden Scharfschützen vorgestellt und eingeführt als »Leute, die mit den neusten Mitteln arbeiten«. Dazu gehört das Zielfernrohr, das man dem unerfahrenen John Wayne vor die Nase hält. Der geht in sich und begreift, dass seine großen Revolvertage vorbei sind. Noch einmal gönnt der amerikanische Film ihm einen längst fälligen, endgültigen Abschied.

»Der Kapitän« von Kurt Hoffmann (mit Heinz Rühmann) – 1971

Wie schon so oft tritt Heinz Rühmann als unerfahrener und bescheidener Mensch von nebenan auf, um komfortable Innenräume und die bunte Welt blass aussehen zu lassen. Diesmal ist er Kapitän eines einfachen Frachtschiffs, der auf ein großes Passagierschiff versetzt wird, um es durch die griechischen Inseln zu manövrieren.

Anfangs schleicht er auf Zehenspitzen durch die Säle und Räume und sperrt vor jedem unbekannten Gegenstand staunend den Mund auf. Die gesellschaftlichen Aufgaben, die man von ihm als Kapitän erwartet, erledigt er durch hochtourige Hilflosigkeit: Eine Serviette rutscht ins Nirwana, und er kann sie nicht mehr finden, und die Zigaretten, die er höflich anbieten will, regnen auf den Boden.

Dabei bleibt er seinen früheren Filmen treu: Schulbubenhaft stolziert er durch die Szenerien und kultiviert seinen unerschütterlichen Frohsinn, bis er einem Kumpan (Günter Pfitzmann) in der Kajüte begegnet. Die Blutsbrüderschaft unter Männern führt zu neuer Selbstbehauptung, und der Film feiert sein gutes Ende ganz im Geist der fünfziger Jahre.

»Das kann doch unseren Willi nicht erschüttern« von Rolf Ohlsen (mit Heinz Erhardt) – 1970

Wenn Heinz Erhardt andere Leute zum Lachen bringen will, weiß er weder aus noch ein. Er reißt alle Türen auf, lässt den Wind hindurchfegen, krönt saure Gurken mit Schlagsahne und vergisst nicht, den Hund mit Mehl zu bestäuben.

Seine Ideen borgt er aus dem Stummfilm. Dann lässt er wacklige Autos durch alte Schuppen brausen, bohrt ein Loch in die Wasserleitung und organisiert einen Wasserskilauf mit jemandem, der noch nie Wasserski gefahren ist: mit Heinz Erhardt natürlich.

In seiner Nähe ist Ruhe unmöglich. Die lieben Bekannten dürfen sich auf einen Schokoladenpudding setzen, und die artigen Kinder dürfen die Welt mit Erdbeermarmelade verklären. Während einer Italienreise dienen Spaghettiorgien dem gewollten Humor, und so manch einer stolpert immer wieder über den Nachbarn, der eigentlich nur am Strand liegen will. Tief im Süden lassen die Kinder die Luft aus den Autoreifen und Luftmatratzen, während die reifere Jugend in der Sonne zu den ersten ernst gemeinten Sätzen des Films findet: »Ich will dich ganz glücklich machen!«

Erhardt wird einige Zeit brauchen, um das alles zu verdauen. Sein nächster Film soll ein wohliger Rülpser werden.

Filme von Charlie Chaplin

Wie für Brecht ist für Chaplin das Handwerkszeug fürs Leben die List. Brechts Attitüde, schlau sein zu wollen gegenüber denen, die sich stark und herrisch gebärden, findet in Chaplins Auftritten eine Vorläuferschaft. Listig duckt Chaplin sich unter der Macht der Großen und handelt Verträge mit ihnen aus, die dann nur scheinbar zu einem Ausgleich führen.

Das Kleine, das gegenüber dem blind agierenden Großen agiert, wirkt komisch. Das spielen die Verfolgungsjagden aus, die Chaplin als Tänze gestaltet. Leicht schwebt er über der Erde, dass den Großen, die mit den Augen rollen, die Luft ausgeht.

»Der Chef« von Jean-Pierre Melville (mit Alain Delon) – 1972

Ein Kriminalfilm, in dem Paris mit seinen Lichtatmosphären die Hauptrolle spielt. Er beginnt in der Abenddämmerung, als wollte er Zeilen eines der berühmtesten Paris-Gedichte von Baudelaire einfangen: »Voici le soir charmant, ami du criminel …« Walter Benjamin hat das übersetzt und den »süßen Abend« erfunden, »der's mit den Schächern hält«.

Mit Bildern des frühen Morgens wird der Film enden: leere, graublaue Straßen, das Rot einer Ampel, Taubenschlag – und versteckt warten die Polizisten auf die Ganoven, die sich aus ihren Unterkünften räkeln und die Straße betreten.

Dazwischen erlebt man den Kampf zweier Gruppen und ihren Versuch, das labyrinthische Chaos der Stadt zu beherrschen. Verbrecher und Polizisten agieren beide auf höchstem Niveau. Perfekte Umsicht auf beiden Seiten, die zu ausgetüftelten Überlegungen darüber führt, was die Gegenseite vorhaben könnte. So entsteht ein Schlagabtausch zweier im Grunde wesensgleicher Elemente, die mit unterschiedlichen Vorzeichen agieren.

Dass sie zusammengedacht werden müssen, zeigt der Film in der Figur einer jungen Frau, die von den Anführern beider Gruppen geliebt und umschwärmt wird. Am Ende bleibt sie allein zurück, einsam geworden als stumme Zeugin der Schlacht.

»Getaway« von Sam Peckinpah (mit Steve McQueen und Ali MacGraw) – 1972

In diesem Film dominiert die totale Gereiztheit. Schon eine kleine falsche Geste genügt, dass ein Gegenüber drauflosfeuert. Der amerikanische Kriminalfilm alter Bauart wird mit solchen Schüssen aus heiterem Himmel erledigt. Stattdessen überträgt sich die Gereiztheit mit ihrer starken Anspannung auf die Zuschauer. Sie erwarten nichts Harmloses mehr und halten das Schlimmste für möglich. *Bonnie and Clyde* wird zitiert, aber *Getaway* zitiert den älteren Film, indem er lässig und lakonisch den Staub von seinen überholten Handlungsschrauben bläst. Die ruhigen Zeiten sind endgültig vorbei, *Getaway* macht Ernst mit dem allgegenwärtigen Schrecken.

»Gelegenheitsarbeit einer Sklavin« von Alexander Kluge (mit Alexandra Kluge) – 1973

Alexandra Kluge als Roswitha Bronski: Allegorie der Naivität! In Stiefeln, immerzu hastig laufend, die Handtasche ein Kramladen, in dem sie wie ein hilfloses Mädchen herumstöbert, als Erpresserin wie eine Pubertäre, die Schwächen der Älteren kühl und verspielt ausnutzt.

Als ernste Naive tritt diese Roswitha Bronski die Nachfolge der Leni Peikert aus den *Artisten in der Zirkuskuppel* an. Das Spielerische ist inzwischen prosaischer geworden, keine intellektuelle Schnitzeljagd mehr, vielmehr wird ein Familienleben durch ein halbes Jahr dekliniert. Sie verdient das Geld, schuftet und unterhält eine Abtreibungsklinik, er studiert (im Anzug am Tisch, die Finger der rechten Hand an den Schläfen), dazwischen die Kinder, betont froh und ratlos.

Die Abtreibungsklinik gerät in polizeiliche Recherchen, der Ehemann arbeitet als Chemiker in einem Betrieb. So werden die Rollen getauscht, und Roswitha Bronski hat plötzlich Zeit für sich selbst und Zeit für die Veränderungen, die sie schnellstmöglich durchsetzen will. Eine Revolutionärin, die ihre Revolution im Kleinen so perfekt zubereiten will wie einen guten Kuchen. Dabei immerzu mit Augen, denen man ansieht, dass sie sich nach Beheimatung sehnen.

Der Mann wird entlassen. Am Ende sitzen die beiden auf der Straße und tänzeln zwischen den Fußgängerschlangen so munter herum, als wäre rein gar nichts passiert. Was aber ist denn passiert? Die anfänglich so sympathische Naivität will sich die Welt einrichten. Was dabei entsteht, ist jedoch nichts anderes als gehobener »Murks«, weil den naiven Aktionen die große Welt mit ihren Ansprüchen immer wieder entgleitet.

Wie kann man »Veränderung« lernen? Kluges Film ironisiert das revolutionäre Pathos, lässt seine Roswitha dabei aber nie fallen. Die Ironie meint es gut mit Kluges Figur, die am Ende Würstchen in Flugblätter wickelt und beides rasant verteilt.

Frühe Filme von Werner Herzog – »Fata Morgana« – 1971 – und »Aguirre, der Zorn Gottes« – 1972

Wie kaum ein anderer Filmregisseur dieser Jahre vertieft sich Werner Herzog in die Faszination, die das Mythische ausübt. In *Fata Morgana* durch die träumerisch-konzentrierte Betrachtung einer exotischen Landschaft. In *Aguirre, der Zorn Gottes* durch die Bilder von Dörfern, in denen Skelette der spanischen Eroberer gefunden werden, während die Eingeborenen ihre Orte längst verlassen haben.

Herzog bestreitet symbolische Intentionen seiner Arbeiten und setzt auf darstellerischen Purismus: Nur das, was ist und betrachtet werden kann, soll zählen, nichts darüber hinaus. So sträubt er sich gegen den gegenwärtig immer wieder angeforderten und erwarteten Überbau.

Untergründig nimmt man symbolische Momente aber durchaus wahr: in den Bildern der missionierenden Spanier, die in hermetische Bezirke Perus vordringen und vom Bannstrahl der Natur ereilt werden, als träfe sie ein mythischer Tiefenfluch.

Der neue Western – »Rio Bravo« von Howard Hawks – 1959 – und »Zwölf Uhr mittags« von Fred Zinnemann – 1952

Die Errungenschaften des »neuen Westerns« wurden längst wieder verspielt. Gelungene Beispiele wie *Rio Bravo* oder *Zwölf Uhr mittags* zeigten Menschen in kaum erträglichen Spannungszuständen. Nicht der Colt und das Duell unter Männern standen im Vordergrund, sondern zitternde Hände und unruhig scharrende Stiefelspitzen. In *Zwölf Uhr mittags* schrieben Nahaufnahmen von Gurkengläsern Filmgeschichte. Luftblasen stiegen in ihrem Innern auf und machten die verrinnende Zeit bis zum nächsten Showdown sichtbar.

Die Helden des »neuen Western« kannten Angst und gingen mit ihr um wie Trainingsobjekte von Regisseuren, die sie diese Angst studieren und durchleben ließen. So wurden die Oberflächenreize des alten Western schal. Spannung spielte sich nicht mehr außen, sondern im Innenleben der Protagonisten ab. Die subtile Wende des Genres hat keine Fortsetzungen gefunden, ich mag keine amerikanischen Western mehr sehen.

»Mortadella« von Mario Monicelli (mit Sophia Loren) – 1971

Eine Italienerin (Sophia Loren) kommt nach New York und macht die für sie fremden Welten schon auf dem Flughafen mobil. Dafür benötigt sie nur eine Mortadella, der die Einreise verweigert wird. Schon sind Fernsehen und Presse da – und der Film nimmt Fahrt auf zu einer trostlos-simplen Geschichte.

Bis … – bis die Geschichte ihren Knacks erhält. Vorher blitzblanke Flughafenbilder, danach enge, hässliche Wohnungen, ohne Licht, Haufen von Abfall auf den Straßen, Schutthalden, wo der Liebhaber auf einem schrottreifen Wagen sitzt, Rasierschaum im Gesicht, von der letzten Schlägerei gezeichnet.

Sophia Loren darf und muss ihren schweren Koffer schließlich selbst tragen, am Ende sieht man sie damit die hässliche, enge Wohnung verlassen, bereit dafür, ihren Koffer in eine hoffentlich andere, bessere Filmwelt zu schleppen.

Kunstkontinente 2 – Rom und Venedig

Anfang der siebziger Jahre reiste ich zum ersten Mal nach Rom und Venedig. Seither habe ich beide Städte unzählige Male besucht. Wollte ich all meine Aufenthalte in Wochen und Monaten zählen, käme ich auf mehrere Jahre.

Den Kunstmomenten in beiden Städten verdanke ich die stärksten Prägungen von Ideen darüber, was Kunst »in meinen Augen« ist und wie ich auf sie reagiere. Das begann mit kurzen Notaten und Aufzeichnungen zu einzelnen Bildern und Skulpturen und weitete sich mit der Zeit zu Studien der Stadtanlagen als Ganzes.

1 Aus frühen römischen Notaten der siebziger Jahre

In meinen Notatbüchern aus Rom beginnen die Aufzeichnungen über Kunst mit jenen Eindrücken, die für mich neu und überraschend waren. Ich beschrieb nicht nur die Kunstwerke, sondern notierte auch, was mich jeweils an ihnen verblüffte.

Sarkophagkunst hatte ich bis dahin ebenso wenig gesehen wie illusionistische, barocke Deckenfresken. Hinzu kam, dass ich mir die meisten Werke erst selbst erläutern musste, da das notwendige Hintergrundwissen damals noch nicht leicht abrufbar war.

Die römischen Kirchenaltäre nötigten mich zur Lektüre von Biografien der Heiligen, und die Skulpturen römischer Herrscher verstand ich erst besser, als ich die Namen der Herrscher mit ihren historischen Taten in Verbindung brachte.

Das alles machte den Rom-Aufenthalt zu einem breit angelegten Studium, das, von den Kunstwerken ausgehend, zu Geschichte, Theologie, Literatur und Musik ausholte.

Die dafür wegweisende Lektüre war die von Jacob Burckhardts

»Die Kultur der Renaissance in Italien«. Diese große Studie las ich während der ersten Rom-Monate genau zum richtigen Zeitpunkt. Kaum ein Buch hat eine ähnlich starke Wirkung auf meine Wahrnehmung und mein Sehen gehabt, indem es die Perspektiven ungemein weitete.

Es ging nicht mehr um das einzelne Kunstwerk, sondern darum, Kunstwerke als Konstellationen von kulturellen Impulsen aller Art zu verstehen. Dazu musste man ausholen – zu einem Studium von Gesellschaft, die sich mit Hilfe ihrer Literatur, ihrer naturwissenschaftlichen Entdeckungen, ihrer Sitten und Gebräuche, ihrer Religion und der spezifischen Rituale ihres Umgangs mit der Welt laufend neu über ihre Ideen und Ziele verständigte.

Jacob Burckhardt zeigte das im Blick auf das Zeitalter der Renaissance. Und da ich eine solche Renaissance aus Deutschland nicht kannte und ihr noch nirgends begegnet war, wirkte sein Buch auf mich wie eine Einführung in die Neuzeit und in die Moderne Italiens. Die mir wie ein Entwurf jenes neuen Lebens erschien, das ich selbst in Italien suchte.

In der Jesuitenkirche *San Ignazio*. Studium des Hochaltars mit einem Relief und dem Grab des jung gestorbenen Luigi di Gonzaga. Er setzte sich über seine adlige Herkunft hinweg, indem er das Erbe nicht antrat und um Aufnahme in den Jesuitenorden bat.

Gedrehte Säulen wie die aus kostbarem blauen Lapislazuli habe ich noch nie gesehen. Auf dem Marmorrelief trägt der Heilige ein elegantes, bis zum Boden reichendes Gewand (oder ist es eine Soutane?). Die Arme verschränkt er vor der Brust, die beiden Hände kreuzen sich vor dem Herz.

Eine Schar von Engeln stützt die Wolken, auf denen er schwebt. Über ihm hält eine zweite Schar einen Kranz, schmuckbereit.

Die Engel schauen ihn an, aber er selbst blickt mit fast geschlossenen Augen in sich hinein. Er lebt nicht mehr, im Blick und im Strahlen der Engel hat er ein zweites Leben begonnen.

Darunter sein Grab, die Reliquien hinter einer Scheibe mit goldenem Barockschmuck, zwei Engel, rechts und links.

⋆

San Ignazio 2. Studium des Deckengemäldes von Andrea Pozzo. Zum Glück habe ich das kleine Fernglas dabei. Suche nach ruhigen Sitzplätzen und widme mich dem großen Fresko aus den verschiedensten Perspektiven.

Auf allen vier Seiten erscheinen Menschengruppen, im Aufstieg zum himmlischen Licht. Sie postieren sich auf den Wolken oder den Scheinarchitekturen und sind dabei, den ihnen gemäßen Platz zu finden.

In der Mitte das Lichtzentrum, dem der heilige Ignatius am nächsten kommt. Die Arme ausgebreitet, es ist seine Stunde, zu seiner Verehrung haben sich alle eingefunden.

Viele der männlichen Gestalten sehen aus wie Begleiter oder Freunde, von denen ein jeder (deutlich zu erahnen) seine eigene lange Geschichte hat.

Wo sind die Frauen? Ich kann auf den ersten und zweiten Blick keine erkennen. Feminin erscheinen höchstens manche Gesichter von Engeln.

Ein gewaltiges, so bisher noch nie gesehenes Panorama, ohne Statik, pure Bewegung. Leuchtende, aber blass gehaltene Farben, die ihr Leuchten aus der zentralen Lichtquelle beziehen.

Wie viele Körperstudien mögen dem vorausgegangen sein? Wie viele Gewandstudien? Wie viele Farbexperimente?

Eine himmlische Gesellschaft, in der einer einzelnen Figur für einen kurzen Moment der extremen Emphase der erste Platz und der Vorrang vor den anderen zuteilwird. Im nächsten wird das Licht ihn verschlucken, und die himm-

lische Gesellschaft wird sich auf ein kurzes Signal hin umgruppieren.

Dieses Zeichen wird sich anbahnen, es wird lauter und lauter werden, und es wird ein musikalisches sein. In den Jahren, als dieses Fresko entstand, wird Georg Friedrich Händel geboren. Seine Musik ist dieser Apotheose eingeschrieben, ich sollte sie hören, wenn ich wiederkomme, um das Fresko ein zweites und drittes Mal zu studieren.

★

Kapitolinische Museen. Römischer Sarkophag, 2. Jhdt. n. Chr. – was ist da los? Als ich nachschaue, lese ich: »Kampf der Amazonen mit den Griechen«. Das hilft mir nicht weiter. Was genau sehe ich? Wer ist hier wem überlegen?

Mal von vorn. Penthesilea war eine Amazone. Achill hat sie getötet … – aber in Kleists Drama … – ist es da nicht umgekehrt? Da tötet Penthesilea Achill! Ich erinnere mich nicht genau, dieser Sarkophag bringt mich durcheinander.

Besiegen hier die Amazonen die Griechen – oder umgekehrt?

Ich erkenne drei kämpfende Gruppen. Die mittlere mit dem sich aufbäumenden Pferd, zu beiden Seiten eine Amazone und ein Grieche, beide heben die Waffen. Rechts daneben eine zweite Gruppe: Eine Amazone schlägt mit einer Doppelaxt auf einen Griechen ein, der bereits vom Pferd gerutscht ist und hilflos auf dem Boden liegt. Links daneben eine größere Gruppe – ein Grieche kämpft mit zwei Amazonen, von denen die eine an den Haaren vom Pferd gezogen wird, während die andere versucht, den Griechen daran zu hindern. Auf dem Boden drei tote Gestalten, jeweils zu Füßen der drei kämpfenden Gruppen, darunter Griechen wie Amazonen.

Der Kampf erscheint ausgeglichen oder noch nicht beendet. Beide Parteien gehen mit aller Gewalt aufeinander los, während ein schmaler Fries oberhalb der Kampfszenen trauernde Gestalten zeigt, die auf dem Boden sitzen, die Köpfe gesenkt.

Ich vermute, dass dieser Fries Szenen der Erschöpfung nach dem Kampf zeigt – und zwar so, dass die beiden Gruppen der vorher noch Kämpfenden allmählich zur Ruhe kommen. Das Entsetzen bricht sich Bahn, die Erschöpften, Trauernden sitzen einander in Zweiergruppen gegenüber, dazwischen die nicht mehr benötigten, abgelegten Waffen.

Reflektiert dieser römische Sarkophag die Vergeblichkeit und den Wahnsinn des Krieges? Zeigt er den erbitterten Kampf als Spektakel, das in hoffnungsloser Trauer endet? In den Kämpfen zwischen Amazonen und Griechen scheint es keine Sieger und keine Besiegten zu geben. Achill tötet Penthesilea, Penthesilea tötet Achill. Ist das Töten vorbei, stehen die scheinbaren Sieger als die Besiegten da, trauernd um den Verlust des Gegenüber.

Vielleicht erzählt dieser römische Sarkophag genau davon – von der Welt nach dem Krieg, als den zuvor kämpfenden Gruppen allmählich dämmert, dass sie nicht aufeinander losgehen sollten, sondern zueinander gehören.

★

Panzerstatue des Augustus von Primaporta. Solche Statuen habe ich in Griechenland nicht gesehen, es gab sie einfach nicht. Die antiken, griechischen Skulpturen zeigten keine Herrscher oder Gestalten in staatlichen Funktionen. Die römischen Skulpturen tun das fast ausschließlich, oder sie kopieren nur die griechischen.

Augustus also als Herrscher, der die rechte Hand (während einer Ansprache?) hebt. Er trägt einen Panzer mit kurzen Laschen auf den Achseln. Um den Unterleib ist ein loses Kleidungsstück geschlungen, während auf dem oberen Teil des Panzers eine bärtige Männergestalt ein Tuch wie einen kleinen schützenden Himmel ausbreitet. Ganz unten die Gegengestalt: eine liegende Gestalt, mit einem Füllhorn im Schoß. (Wahrscheinlich sind Himmel und Erde gemeint.)

In der Mitte, zwischen Himmel und Erde, eine militärische Aktion: ein bärtiger Krieger übergibt einem römischen Krieger die Feldzeichen. (Signalisiert das die Unterwerfung eines kriegerischen Stammes, der gegen die Römer gekämpft hat? Ich vermute, dass Augustus auf diesen Sieg hinweist und ihn als seinen persönlichen Triumph verbucht.)

Rechts von dieser zentralen Szene zwei weibliche Gestalten, deren Bedeutung ich nicht kenne. Dagegen erkenne ich etwas unterhalb der Militäraktion rechts und links Gestalten, von denen ich vermute, dass sie beide in religiöse Sphären gehören. Sind das Apoll und Artemis?

Strahlende Repräsentanz also: Der Herrscher, gelassen mit dem Gewicht auf Stand- und Spielbein verteilt, verbindet Himmel und Erde und vereinnahmt feindliche Stämme. Die Schutzgötter kauern sich an den Rand und machen mit. Das also ist römische Kunst – und sie ist wahrhaftig sehr anders als die antike, griechische!

*

Haus der Livia mit Wandmalereien. Auch das ist römische Kunst – und die gefällt mir sehr. Eine solche Malerei habe ich nun wiederum in Griechenland nie gesehen.

Unten verläuft, die ganze Breite des Bildes entlang, ein vergoldetes Gitter, dahinter eine marmorne Schranke, dazwischen wohl ein schmaler Gehweg. Ganz oben ein Felsensaum, als blickte man in eine Grotte.

Hinter der Marmorschranke das Grün des Gartens, das allmählich in ein gedämpftes Blau übergeht. Granatapfelbäume mit Früchten (?), Blüten und viele Vögel – die Traumwelt einer Wandillusion.

Diese Intimität einer Villa kenne ich aus Köln. Hier in Rom ist sie aber noch präsenter und erinnert mich laufend an ein Horaz-Gedicht, das wir im Lateinunterricht lasen: Vides, ut alta stet nive candidum/ Soracte nec iam sustineant onus/ silvae laborantes geluque/ flumina constiterint acuto.

Das war ein Wintergedicht, und es flüsterte genau von dieser in der Wandmalerei eingefangenen Stille und Ruhe. Als säße man zusammen, in kleiner Runde oder auch nur zu zweit. Und als witterte man bereits das Frühjahr und das erste Grün und steigerte diese verlockende Ahnung durch einige Gläser Wein.

Ich höre und rieche und sehe das alles, wenn ich diese herrliche Malerei sehe. Sie entwirft in meinen Augen die lyrische Szenerie einer römischen Innenwelt und damit die Gegenwelt gegenüber den staatstragenden großen Figuren der Außenwelt mit ihren repräsentativen Gesten!

⋆

Flohmarkt, Porta Portese. Eine Ausstellung. Eine Darbietung. Die jugendlichen Mopedfahrer gleiten im Schrittgang durch die streunenden Massen und pflügen sie durch. Die Verkäufer mit starken Gradi des Selbstbewusstseins, weniger auf den Handel als die Präsentation aus.

Es gibt die Verkäufer von Tonband- und Fernsehgeräten, von Radioapparaten, Bügeleisen und Kaffeemaschinen, die kaum einen Blick haben für die möglichen Käufer, sondern an einem Gerät herumtüfteln, es neu postieren und ein Gespräch mit dem Nachbarn über technische Details beginnen.

Und es gibt die Kleiderverkäufer, die neben den Secondhandkleidungen stehen wie festgewachsen und sich kaum bewegen, sondern höchstens einmal ein paar Kleiderbügel mit Ware nach hinten schieben.

Und es gibt die Verkäufer von Autozubehör, von Scheibenwischern, Kühlerhauben, Hupen und Rücklichtern, die im Hintergrund ein paar alte Modelle platziert haben und häufig nach ihnen schielen, als könnten sie in einem unbeobachteten Moment in den nahen Tiber rollen.

Und es gibt die Briefmarken-, Münz- und vor allem die Buchhändler, die Bücher für 100 Lire anbieten, die man in Stapeln auf einen Handkarren lädt und nach Hause zieht. Französische Wörterbücher, deutsche Fabeln, Familienlexika.

Meine Lieblinge aber sind die Schallplattenverkäufer, angetreten in zwei feindlichen Lagern. Die einen verkaufen lautstarke Canzoni, die anderen ausschließlich Klassik. Sie beschimpfen sich und geben der jeweils aufgelegten Musik die Sporen.

Was hörte ich Ungläubiger auf einem römischen Flohmarkt so laut wie nie? Die Sonate für Violine solo von Béla Bartók! Wie sich dieser widerspenstige Anfang über das Stimmenrauschen des Marktes schob und die Herumirrenden stehen blieben! Wie sie mit offenem Mund dastanden und sich fragten, was um Himmels willen das für eine Musik sei! Wie sie abtauchten und Beethovens Neunte erstanden, von Toscanini dirigiert, als könnte das die widerspenstige Musik zum Schweigen bringen!

Protest! Alles an diesen Ständen der Plattenverkäufer ist Widerpart, Explosion, Dramaturgie – sie sind die besten!

Gäbe es doch jemanden, der das alles ins Bild setzte! Ein langer Streifen aus tausend Farben entlang des sich gelassen hinschwingenden grünen Tibers, als käme das alles aus seinen Tiefen und Muren hinaufgespült. In der Mitte ein Reiterstandbild. Und dazwischen die Motorradfahrer, die alles zerstreuen, wie kleine Tupfer oder Irrlichter! Warum kann ich so etwas nicht malen? Warum nicht??? Es wäre ein Expressionismus hoch zehn …

2 Römische Bilder

In Rom und Venedig gab es Bilder, die ich immer wieder angeschaut und studiert habe. Solche Lieblingsbilder lösten nicht selten eine Emphase aus, die nur durch längere Texte einigermaßen eingeholt werden konnte. Sie enthielten Funde starker Inspirationen und waren zunächst nur beschreibend. Mit der Zeit genügte das aber nicht. Die Bildinhalte und ihre Dramaturgien wurden stärker und wanderten in erzählende Szenen oder entwarfen sogar die Konturen eines Romans.

So etwa im Fall der Aquarellskizze des Malers Johann Heinrich Wilhelm Tischbein, der seinen Mitbewohner Johann Wolfgang Goethe an einem Fenster der gemeinsamen römischen Wohnung am Corso porträtierte. Die Skizze findet man heute im Museum der »Casa Goethe«, in der man noch weitere Tischbein-Skizzen zu sehen bekommt.

Das Aquarell »Goethe am Fenster« war das inspiratorische Ur-

moment für den Roman »Faustinas Küsse«, in dem ich später von Goethes Rom-Aufenthalt erzählte. Hier ein Ausschnitt aus meinen ersten Notaten:

Goethe am Fenster seiner römischen Wohnung. Tischbein hat ihn diskret von hinten porträtiert und der Szene dadurch etwas Intimes verliehen, ich sehe einen unscheinbaren Mann in einfachen Hausschuhen und bequemer Kleidung, der gelassen aus dem Fenster schaut und die Atmosphären der Stadt in sich aufnimmt.

Auf diesem Aquarell gibt es keinen einzigen Gegenstand, der von der Intimität der Szene ablenken würde. Ich erkenne den rötlichen Fliesenfußboden und den einfachen Linienwandschmuck an den Wänden, sonst aber lebt die Szene ganz von dem Gegensatz zwischen der schattigen Dunkelheit des Zimmers und dem von außen hereinflutenden Licht. Ein Fensterflügel ist, um das Licht fernzuhalten, mit einem Holzladen geschlossen, der andere aber ist geöffnet, und genau in diese Öffnung schmiegt sich Goethes Oberkörper.

Das Licht, das ihn trifft, trifft ihn wie eine kleine Welle, still hält der Körper aus und neigt sich in einer leichten, kaum merklichen Vorwärtsbewegung diesem Licht zu, als wollte die Gestalt von dem draußen pulsierenden Leben kosten.

Kaum ein Dokument verdeutlicht die von Goethe geheim gehaltenen Nuancen seines römischen Glücks, von dem er im Alter behauptet hat, es sei das höchste seines Lebens gewesen, besser als dieses Aquarell. Es zeigt einen bescheidenen, unauffälligen Menschen, der sich allen Pflichten von Ämtern und Würden entzogen hat und sich stattdessen wie ein Gefäß dem Leuchten der Stadt aussetzt, auf dessen Erscheinung er mit emphatischer Anspannung reagiert. Zwischen dem gleißenden Draußen und dem schattigen Drinnen ereignet sich jener ekstatische Moment, von dem viele Fremde, die sich längere Zeit in Rom aufgehalten haben, berichten.

Dessen tiefstes Geheimnis ist die Verjüngung, die Verwandlung eines bald vierzigjährigen Mannes in ein jünglingshaftes Wesen, das etwas von der hinreißend naiven und starken Sinnlichkeit der frühsten Jahre in fortgeschrittenem Alter noch einmal erlebt.

Licht, Farben, Steine und Mauern werden wieder voller Lust betrachtet. So wird das Rom-Erlebnis zu einer Überwältigung, die das gesamte sinnliche Erleben tangiert und dazu reizt, in Schrift, Bild oder Klang festgehalten, untersucht, entwickelt und immer wieder aufs Neue gespiegelt zu werden.

Die daraus entstehende enge Verbindung von Sehen und Begreifen, von Beobachten und Beschreiben, von Bewegung und Verweilen hat viele Tagesabläufe passionierter Rom-Reisender geprägt. Was Goethe betrifft, so wissen wir, dass er frühmorgens bei Sonnenaufgang aufstand und häufig sofort die Wohnung verließ, um sich zu Fuß auf den Weg zur *Acqua acetosa*, einem viel besuchten Sauerbrunnen, zu machen.

Nach der Rückkehr (oder noch vor dem frühmorgendlichen Gang zum Brunnen) arbeitete er an seinen Dichtungen und Schriften, zwischen neun und zehn Uhr verließ er – oft in Begleitung – nach einem einfachen Frühstück das Haus und durchstreifte die Stadt. Das frugale Mittagessen nahm er dann wieder zusammen mit seinen Mitbewohnern in der gemeinsamen Wohnung ein, es wurde von den Wirtsleuten Collina zubereitet und serviert.

★

Während meiner Rom-Aufenthalte habe ich die römischen Päpste meist nur aus weiter Entfernung zu sehen bekommen. Es gab jedoch ein verstecktes Kabinett, in dem ich einen dieser Päpste auf einem Porträt zu sehen bekam, das mich eine Weile geradezu verfolgte: Innozenz X., gemalt von Diego Velázquez.

In dem wenig besuchten, kleinen und dunklen Raum kam mir diese Gestalt sehr nahe. Sie residierte in einem Palazzo, der seiner Familie (Doria Pamphili) gehörte. Hier die Notate der ersten Begegnung:

Am Ende des Flügels, der mit all seinen Spiegeln und Lüstern anscheinend der Prunksaal dieses Palazzo ist, treffe ich auf ein kleines Kabinett, das ich mit einem leichten Zögern betrete. Dann stehe ich vor einem einzigen Bild, *ecco!*, was für ein Bild! Es übertrifft alle Bilder, die ich bisher in diesem Palazzo gesehen habe, und hat eine ungemein starke Strahlkraft. Diego Velázquez hat es gemalt, es zeigt Papst Innozenz X., und es hängt in diesem Palazzo, weil Innozenz X. ein Mitglied der Familie Pamphili war.

Ich gehe zwei Schritte zurück, weil ich das Gefühl habe, mich zu weit vorgewagt zu haben. Der Blick dieses Mannes hält einen auf Distanz, allzu große Nähe duldet er nicht. Es ist ein Blick, der von einem Punkt zwischen den Augenbrauen ausgeht und das Gegenüber durchzieht wie der Schnitt einer feinen Klinge. Jetzt stehe ich still, wie ein gehorsamer Diener, der vorsichtig zu seinem Gegenüber aufschaut.

Innozenz X. aus dem Hause Pamphili trägt um 1650 eine päpstliche Mütze aus Samt, die seine Haare versteckt und das leicht gerötete, ja beinahe entflammte Gesicht noch schärfer hervortreten lässt. Den Oberkörper umschließt ein karmesinrotes Mäntelchen, unter dem das blendend weiße Chorhemd hervorschießt. Er sitzt auf einem schweren Sessel, beide Arme auf den Lehnen, die eine Hand leicht geöffnet, als folge sie der Sturzbewegung des Hemdes, während die andere gerade noch einen Brief hält, der in ein sehr fernes Draußen verweist.

Der Hintergrund wird durch einen Vorhang geschlossen, der sich nach hinten immer mehr in ein undurchschaubares Dunkel verliert. Es ist, als habe die markante Gestalt des Papstes, der den ganzen Sessel einnimmt wie einen angestammten Platz, den er nie wieder aufgeben wird, das magere, kalte Licht der Außenwelt angezogen, um es in ein höllisches Rot zu verwandeln. Misstrauisch und abweisend sitzt er da, der Siegelring an seiner Rechten schirmt ihn ab, der Brief in seiner Linken erscheint wie eine Schranke, die Grenzen markiert. Die Arme und Hände rahmen den dominanten Kontrast: die gleißenden Töne des Karmesin – das rauschende Weiß.

»Störe meine Kreise nicht!«, scheint diese Gestalt zu murmeln, jedenfalls verstehe ich ihre Haltung und ihren dämonischen Glanz genau so, ich drehe mich um und verlasse das

Kabinett. Den Flügel, den ich danach betrete, durchlaufe ich rasch und erreiche einen Raum mit Postkarten, Plakaten und Büchern. Schnell, schnell!, es kann nicht schnell genug gehen, ich kaufe eine kleine Ansichtskarte mit dem Velázquez-Porträt und stecke sie in die Innentasche meiner Jacke, dann erkundige ich mich nach dem Ausgang und folge den Anweisungen einer Aufsichtsperson.

Die aber will mich nicht so schnell gehen lassen, warum eile ich denn so?, ich habe die kostbar möblierten Wohnräume des adligen Hauses noch gar nicht gesehen, nicht die alte Kapelle für die familiären Hausgottesdienste, nicht den roten, gelben, grünen oder blauen Salon und erst recht nicht den Thronsaal mit dem päpstlichen Baldachin und einem Thronsessel, einen Saal, der schon beim flüchtigen Hineinschauen eine derartige Präsenz entwickelt, dass ich glaube, Innozenz X. könne jederzeit erscheinen und sich unter diesem Baldachin und auf diesem Sessel postieren.

Ich lasse die privaten *Appartamenti* des Hauses hinter mir und gehe eine Treppe hinab, dann ist der Innenhof erreicht, und ich stehe wieder auf der Via del Corso. Nein, ich werde auf keinen Fall diese überlaufene Straße entlanggehen, deshalb zweige ich gleich nach links ab und erreiche die Piazza Collegio Romano. Es ist, als spürte ich die Ansichtskarte nun in Herznähe und als ginge von ihr eine Art Glimmen aus. Ich tue aber so, als bemerkte ich nichts, ich will mich nicht unterwerfen lassen, als freier Mann möchte ich meine Flanerie fortsetzen.

3 Rom begreifen

Nach mehreren römischen Aufenthalten setzten sich für mich allmählich die visuellen Fragmente der Stadt zu einer architektonisch-künstlerischen Gesamtanlage zusammen, die ich immer genauer zu lesen und zu verstehen versuchte. Aus vielen Einzelbeobachtungen entstand die Idee, genauer zu skizzieren, wie diese Stadt ihre Bewohner und die aus aller Welt herbeiströmenden Gäste zu einem Stadterlebnis besonderer Art einlud und mit den unterschiedlichsten Kunstmomenten beschäftigte. »Rom begreifen« ist die erste Fassung des Versuchs, die Zumutungen der gewaltigen Stadt zu verstehen.

Der Essay endet nicht zufällig mit dem Blick auf die Villa Massimo, die Deutsche Akademie, in der ich Anfang der neunziger Jahre selbst als Stipendiat einige Zeit lebte. Aus den Eindrücken dort entstand später der Roman »Rom, Villa Massimo«.

Roma caput mundi regit orbis frena rotundi – Rom, die Hauptstadt der Welt, am Zügel führt sie den Erdkreis[1]

In ihrem römischen Erinnerungsbuch *Engelsbrücke* – einem bereits Mitte der fünfziger Jahre erschienenen Klassiker der deutschen Rom-Literatur – berichtet die Dichterin Marie Luise Kaschnitz von einer weit gereisten Pilgerin, die nach einem Besuch der Vatikanischen Museen in Tränen ausgebrochen sei: »Nach einer Gruppenführung, die keinen einzigen Raum ausließ, aber auch in keinem verweilte, geschah es, dass eine weit gereiste Pilgerin in Tränen ausbrach, weil man ihr die Sistina vorenthalten hatte – als man ihr klarmachte, dass sie dort gewesen sei, weinte sie erst recht.«[2]

Ich verkneife mir den Spott und nehme den Fall ernst, indem ich vermute, dass unsere weit gereiste Pilgerin die Cappella Sistina auf ihrer Rom-Liste stehen hatte. Die meisten

Rom-Reisenden legen vor oder während ihres Rom-Aufenthaltes solche Listen an, auf denen notiert ist, was man sich in Rom unbedingt anschauen sollte. Die Listen enthalten so etwas wie ein Programm und erwecken den Eindruck, man habe es in Rom mit einer großen Schule zu tun, deren Kurse man, sich unablässig von Bauwerk zu Bauwerk bewegend, zu durchlaufen habe.

»Kursus …« – das auch im Deutschen gebräuchliche Wort bezeichnet den Verlauf und das Durchlaufen eines Programms, an dessen Ende man äußerlich und innerlich einige entscheidende Schritte weiter sein sollte. Wie keine andere europäische Metropole ist Rom eine Stadt solcher Programme, viele Reisende nehmen vom Alltag der Stadt sogar kaum Notiz, weil sie sich beinahe ausschließlich im Rahmen dieser Programme bewegen. Zu den häufigsten touristischen Standardfragen gehören daher die Fragen danach, ob man schon hier oder dort gewesen sei: »Waren Sie schon im Kolosseum? Haben Sie schon das Kapitol gesehen?«

Der ausgewiesene Rom-Kenner ist an den geradezu alexandrinischen Verfeinerungen seines Programms zu erkennen, aber auch er bewegt sich innerhalb des gewaltigen Stadtraums keineswegs natürlich oder so, wie er sich in anderen Städten bewegen würde. Er trinkt seinen Caffè nicht einfach an der nächsten ruhigen Ecke, weil sie ihm gefällt, sondern weil sie Teil eines Primärkursus ist, in dessen Verlauf sie einen idealen Ausblick auf die Kuppel der Kirche San Carlo al Corso garantiert. Oder er trinkt seinen Caffè genau dort, weil sie als Teil eines Sekundärkursus jene ruhige Ecke ist, an der August Strindberg einmal einen Caffè getrunken hat, um die Kuppel der Kirche San Carlo al Corso als Teil eines Primärkursus zu studieren.

Der weit gereiste Rom-Reisende bewegt sich in diesem

Sinn auf den Spuren immer differenzierterer Programme: Jedes Detail der Stadt steht für sich, gehört aber auch in einen schwer durchschaubaren kulturhistorischen Kontext, darüber hinaus ist dieses Detail aus soundso vielen Blickrichtungen auf unterschiedlich intensive Weise wahrzunehmen. Schließlich ist es aber auch von Hunderten weit gereister und oft berühmter Rom-Reisender in wiederum verschiedenen kulturhistorischen Kontexten wahrgenommen und aus soundso vielen Blickrichtungen betrachtet worden.

Die gut gemeinten Rom-Programme geraten bei derartigen Erwägungen ins Bodenlose, und die sich daraus ergebenden Probleme verschärfen sich noch dadurch, dass sie oft nur einen historisch vorläufigen, keineswegs aber alle Zusammenhänge des jeweiligen Kunstraums berühren. Wer etwa die Kirche San Clemente nahe dem Kolosseum betritt und nicht die kleine, unscheinbare Holztür wahrnimmt, durch die man in die erste und die zweite Unterkirche gelangt, wird gar nicht verstehen, wo genau er sich gerade befindet. Das Bodenlose Roms ist also nicht zuletzt auch Teil einer spezifischen Wucherung: Schicht für Schicht überlagern sich die Zeiten und historischen Konstruktionen und nehmen stillschweigend aufeinander Bezug.

Wer es in anspruchsvollem Sinn mit Rom aufnehmen möchte, müsste das also gleichsam auch in archäologischem Sinne tun, grabend, sich in seine Keller und dunklen Eingeweide vertiefend. Rom ist nicht zuletzt die Geburtsstadt der europäischen Stadtarchäologie, hier wird wie nirgends sonst nach den geheimen Wurzeln des alten Europa gesucht und gegraben (Arbeiten, an denen sich auch der Rom-Reisende Sigmund Freud beteiligte, als er das archäologische Graben in einen Zusammenhang mit den Tiefenbohrungen und Verfahrensformen der Psychoanalyse brachte).

Nehmen wir uns aber nun der allein gelassenen, weit gereisten Pilgerin an, von der Marie Luise Kaschnitz erzählt hat, führen wir sie noch einmal in die Vatikanischen Museen und begleiten wir sie bei ihrem Rundgang, damit sie die großen Offenbarungen, die Rom bietet, diesmal nicht übersieht.

Um die Vatikanischen Museen zu erreichen, muss sie sich vom historischen Zentrum Roms aus zunächst über den Tiber in das früher abgelegene Gelände rund um den Mons Vaticanus, den Vatikanischen Hügel, begeben, auf dessen Erhebung die heutige Peterskirche steht. Die Vatikanischen Museen machen im Anschluss an die Peterskirche den größten Teil des Vatikanischen Hügels aus, ihre Gründung beginnt mit einer einzigen Statue, der Statue eines Apoll, den Papst Julius II. 1503 im Innenhof (»Belvedere«) der damaligen päpstlichen Sommervilla aufstellen ließ und die dadurch den Namen »Apoll von Belvedere« erhielt.

1506 gesellte sich zu dieser Apoll-Gestalt der Fund der Laokoon-Gruppe hinzu, wodurch der Belvedere-Hof zu einem kultischen Raum der Antikenverehrung[3] wurde, um den herum die großen Architekten und Künstler sich nun gruppierten: Raffael, Bramante, Leonardo da Vinci, Michelangelo und viele andere bezogen zu Beginn des sechzehnten Jahrhunderts Zimmer und Wohnungen in der Nähe der sich bald vermehrenden antiken Sammlungen.

Durch die Aneignung der Impulse, die von diesen Sammlungen ausgingen, entstand das Großprojekt einer die päpstlichen Gemächer und Räume öffnenden und transformierenden, das moderne Museumswesen vorwegnehmenden Gesamtanlage, die zunächst von dem Gelände des Mons Vaticanus ausging und sich nach dem Bau der päpstlichen Galerien, Sammlungen und Bibliotheken sowie dem Neubau der

Peterskirche schließlich auf den gesamten römischen Stadtkörper ausdehnte und erstreckte.

In den Gestalten der genannten Künstler haben wir es dabei mit dem künstlerischen Gründungskollektiv der ersten neuzeitlichen Stadtkomposition Europas zu tun. Raffael und Bramante, Leonardo da Vinci und Michelangelo sind dabei nur die heute prominentesten Teilnehmer an einer kollektiven Großprojektarbeit, die in gemeinsamer Planung von Architekten, Bildhauern, Malern und Zeichnern im Auftrag der Päpste durchgeführt wurde.

Bauwerk für Bauwerk entwickelte sich das in den alten Zeiten noch isolierte Gelände auf und rund um den »Mons Vaticanus« dabei zunächst zu einer Modellstadt im Kleinen, die als Gesamtprojekt die weiteren Stadtplanungen vorweg-nahm: Die antiken Sammlungen der Päpste wurden zu Galerien und schließlich zu öffentlich zugänglichen Museen, die Bibliotheken erweiterten sich zu Zentren der humanistischen und klassizistischen Gelehrsamkeit, und die Cappella Sistina wurde durch Michelangelos Bildprogramm zum kultischen Kleinod und Pendant zur Peterskirche, indem sie als Privatkapelle der Päpste jenen Raum bildete, in der die Päpste in ausgewähltem, intimem Kreis, unter Ausschluss einer großen Öffentlichkeit, vor den Augen des thronenden Christus des Jüngsten Gerichts die Messe zelebrierten.

Die langen Wege, die unsere weit gereiste Pilgerin heutzutage durch die Vatikanischen Museen zurücklegt, sind also Wege durch die eigentlichen Gründungsstätten des modernen Europa, es sind Wege durch seine ersten großen öffentlich zugänglichen Bibliotheken und Museen und durch jenen Innenhof mit den Statuen des Apoll und der Laokoon-Gruppe, die eine der bedeutsamsten kultischen Keimzellen von Humanismus und Renaissance bilden.

Kurz vor dem Geheimniszentrum all dieser Wege, der Cappella Sistina, hat unsere weit gereiste Pilgerin einen Raum durchquert, der das Kollektivprogramm der römischen Künstler wie kein anderes Zeugnis aus dieser Zeit darstellt und reflektiert. Es handelt sich dabei um die *Stanza della Segnatura*, die Raffael zwischen 1508 und 1511 ausmalte und die an zwei, einander gegenüberliegenden Wänden mit jeweils einem Großfresko geschmückt ist, dessen Betrachtung die Hintergründe und vor allem die Herkunft der damaligen Euphorie rund um die Idee der kollektiven Rom-Planungen verdeutlicht.

Das erste Fresko hat das Thema der *Disputà del Sacramento*, der gelehrten Disputation über das Altarsakrament. Das Allerheiligste steht in Gestalt einer Monstranz auf einem Altar, Gottvater, Gottsohn und der Heilige Geist sind in der Vertikalen darüber leicht zu erkennen. Im oberen, dem Himmel zugeordneten Bereich haben sich neben Christus zahlreiche Gestalten versammelt, es sind Apostel und Propheten, während sich im unteren, irdischen Bereich die vier Kirchenväter sowie einige Päpste und Bischöfe in lebhaftem Gespräch miteinander um den Altar scharen.

Um 1500, in einer Sternstunde der Hochrenaissance, deutet Raffael die christliche Lehre als Lehre der kollektiven Vermittlung schlechthin. Im Zentrum dieser Lehre steht die inspirierende starke Idee, die Idee der Heiligen Dreifaltigkeit, die im Körper des Gottessohnes (in Gestalt der Hostie) greifbar und sichtbar wird. Die von dieser Idee inspirierten und sie verinnerlichenden Kollektive reflektieren die Lehre und machen deutlich, dass die große Wirksamkeit und die einzigartige Ausbreitung des christlichen Glaubens auf einem Konzept kollektiver Vermittlung par excellence beruht.

Der zentrale theologische Hintergrund dieser Vermittlungsidee ist der Zusammenklang der beiden Hochfeste von Ostern und Pfingsten, der Auferstehung Jesu und der Anweisung des Auferstandenen an seine Jünger: »Geht darum hin und machet alle Völker zu Jüngern, indem ihr sie tauft auf den Namen des Vaters, des Sohnes und des Heiligen Geistes und sie lehrt, alles zu halten, was ich euch aufgetragen habe. Seht, ich bin mit euch alle Tage bis zum Ende der Welt.« (Matthäus 28, 19–20)

Das Kollektiv der Jünger, zum Kollektiv zusammengeführt durch den Auftrag und die Lehre Jesu, begibt sich von hier aus auf den Weg in alle Welt und predigt allen Völkern in den diesen Völkern eigenen Sprachen. Die Planung dieser Projektarbeit ist von großem Raffinement, erlaubt sie doch jedem der Jünger, sich als Schüler Jesu und Statthalter der Lehre auszuweisen und im Zug der Vermittlung der christlichen Lehre wiederum neue Schüler und Statthalter anzuwerben.

So schälen sich aus den Kreisen der Bekehrten Märtyrer und Heilige, Bischöfe und Priester heraus, die dem Glauben eine jeweils eigene, auf den jeweiligen geografischen Raum zugeschnittene Färbung verleihen. Diese Färbung wiederum schlägt sich nieder in einer bald einsetzenden Flut von Bildern, Bilderzählungen, Geschichten, Bauten und Klängen, mit deren Hilfe das Christentum sich der mächtigsten Potentiale einer sinnlichen Ausbreitung der Lehre bedient: Die Künste – Malerei, Architektur, Literatur und Musik – treten in den Dienst der christlichen Missionierung der Welt. Das Christentum wird als eine umfassende Bild-Bau-Text-Klang-Erzählung zu einer ungeheuer wirksamen Lehre, die immer neue Geschichten, Legenden, Bilder und Klänge hervorbringt in einem unaufhörlichen, sich dem veränderten Charakter der Zeiten jeweils neu anpassenden Gestus, einem gewaltigen Strom kultureller Hervorbringungen, geplant für »alle Tage bis zum Ende der Welt«.

Dieses auch aus heutiger Sicht noch geniale Konzept einer Glaubensvermehrung oder Glaubensausbreitung entfaltet seine spezifische, das Christentum von allen anderen Religionen unterscheidende Wirksamkeit durch den Leitgedanken der sich erweiternden, wuchernden, potenzierenden Glaubenskollektive. Von den zwölf Jüngern ausgehend, setzt es sich über die vier Kirchenväter in immer neuen Konstellationen über den ganzen Erdkreis fort, lässt lokale Heilige und andere Gestalten der Glaubensverehrung entstehen und macht es dadurch jeder Region des Erdkreises möglich, eine eigene Kirche im Kleinen zu gründen.

All diese Kirchen im Kleinen aber bleiben vereint durch den Blick auf den zentralen Statthalter Jesu in Rom, den Papst, der als Bischof von Rom der Ewigen Stadt wie dem Erdkreis – »urbi et orbi« – vorsteht und die eine, heilige, katholische und apostolische Kirche, die »una sancta, catholica et apostolica ecclesia«, repräsentiert.

Es ist von historisch besonderer Brisanz, dass genau zu dem Zeitpunkt, in dem Raffaels Fresko in den Stanzen entsteht, Martin Luther in Rom eintrifft. Was der Protestantismus bedeutet, wird einem sofort klar, wenn man sich verdeutlicht, dass er sich gegen die zentralen, organisatorischen Konzeptionsformen des Katholizismus, gegen Papsttum, Heiligen- und Märtyrerverehrung, ja gegen das gesamte Programm der kulturellen Begleitmedien der Glaubensvermittlung richtet und dieses Programm radikal zu beschneiden versucht.

Der Protestantismus des sechzehnten Jahrhunderts trifft jedoch in Rom auf eine Kirche, die gerade selbst dabei ist, sich radikal zu erneuern, und für dieses Erneuerungskonzept die bereits genannten Künstlerkollektive aus ganz Italien angeworben hat. Die Hintergründe des Programms dieser radikalen Erneuerung hat Raffael auf dem zweiten Fresko der Stanzen einzufangen versucht: *Die Schule von Athen* bildet das Pendant zur christlichen Disputation rund um das Altarsakrament.

Hier porträtiert Raffael nicht die christliche, sondern die antike Ideenlehre und deutet damit an, dass die Zeugnisse der Antike in allen Bereichen der Wissenschaften und Künste gleichsam die große Vorgabe für seine eigene Zeit abgeben.[4] Auf der *Schule von Athen* sind daher die Leitfiguren der Antike als Lehrmeister dargestellt, die sowohl einzeln (in der Form von Porträts) dargestellt wie auch in kleine, sich über das ganze Bild verteilende Gruppen eingebunden werden. Raffael denkt sich auch die Antike als gelehrte Disputation, als Meinungsaustausch und Projektarbeit, markiert zugleich aber auch die entscheidenden Differenzen zur christlichen Disputation.

All die bunten Kollektivgruppen der antiken Gelehrten verteilen sich zwar in einem einzigen Raum, sind aber nicht um ein Zentrum gruppiert. Jede von ihnen bildet vielmehr eine Einheit, die mit der benachbarten in höchstens losem Kontakt steht. In der Bildmitte stehen zwei Protagonisten des antiken Wissens einander gegenüber: Plato und Aristoteles deuten mit ihren unterschiedlichen Handhaltungen zwei ganz unterschiedliche philosophische Konzepte, das des Idealismus und das des Realismus, an. Der Disput und die Gespräche der antiken Disputanten sind also nicht entschieden, sondern bleiben unabgeschlossen, entsprechend versammelt der große Raum eines Akademiengebäudes sie auch nicht sitzend und in einer bestimmten Hierarchie, der Raum bleibt sogar nach hinten offen und öffnet sich hin zur unbestimmten blau-weißen Weite des Himmels.

Die beiden Stanzenfresken Raffaels bilden also einerseits einen Zusammenhang, indem sie auf die Erneuerung von Papsttum und Kirche durch die Künste und deren Rückbesinnung auf das antike Wissen hinweisen, markieren andererseits aber auch den entscheidenden Unterschied zwischen Antike und Christentum: Im antiken Raum fehlt der Tisch, der Altar, und es fehlt vor allem die diesen Altar krönende Präsenz des Leibs Christi. Damit fehlt aber etwas Entscheidendes, nämlich das Bekenntnis zur einigenden Idee, die sich im Leib Christi nicht sinnbildlich oder durch einen Verweis, sondern konkret, greifbar und sichtbar, im Diesseits manifestiert.

Um 1500 wird die christliche Konzeption der kollektiven Aneignung der Welt im Blick auf die Antike von den Künstlerkollektiven der Renaissance gleichsam triumphal gedeutet, ausgestellt und zum Ausgangspunkt einer Verwandlung des gesamten römischen Stadtkörpers gemacht. Angedeutet aber hat diese Konzeption sich bereits seit den ersten Jahrhunderten nach Christus im Rahmen einer ersten fundamentalen Transformation der Antike, in der die Stadt des Apostels Petrus und damit die Gründungsstadt der katholischen Kirche eine völlig neue Anlage erhält.

Kurz vor 200 n. Chr. mustert Tertullian, einer der ersten großen christlichen Gelehrten und Apologeten, das antike Rom gleichsam von oben. Dabei erkennt er die charakteristischen Anlagen und typischen Details des damaligen Stadtkorpus, die breiten, geraden Straßen, die von Rom aus bis zu den Küstenlandschaften Italiens und damit bis ans Meer führen, die großen Tempel und Foren, die majestätischen Triumphbögen, durch die die siegreichen Feldherren mit ihren Soldaten nach Rom einmarschieren, und nicht zuletzt die bereits klassischen Rundbauten, die Stadien, Theater und Amphitheater, die er in seiner Schrift *De spectaculis* als zentrale Stätten heidnischer Raserei brandmarkt.[5]

Während der Spiele und Vergnügungen, die in derartigen Bauten stattfinden, gerät nämlich, wie Tertullian nicht müde wird zu betonen, das Volk außer sich, es gibt sich den einfachsten Instinkten hin, es gerät außer sich und beschwört die Dämonen, ja es liefert geradezu in allen Belangen das Gegenbild zu jenen Verhaltensformen, die den Christen angemessen sind: »Gott hat uns befohlen, mit dem Heiligen Geist, der ja seiner grundsätzlich guten Natur entsprechend zart und sanft ist, in Stille und Milde, in Ruhe und Frieden umzugehen, ihn nicht durch Raserei, nicht durch Zorn, nicht durch Wut und nicht durch Schmerz zu beunruhigen.«[6]

Tertullians flammende Schrift gegen die typisch römischen Vergnügungszentren entsteht zu einem Zeitpunkt, als die Christen in Rom noch nicht erkennbar sind, sie versammeln sich um 200 n. Chr. noch in den Katakomben unter der Erde, sie bauen ihre kleinen Tische und Altäre im Dunkel, erst mit der Regierungszeit des sich zum Christentum bekennenden Kaisers Konstantin tritt dieses Leben dann aus den Grüften und Nekropolen hervor, erst dann entstehen auch über der Erde die ersten Kirchen, und jene für das Abendland so folgenreiche Verwandlung der antiken Bautypen und Anlagen in christliche Versammlungsorte beginnt, die den europäischen Städten in den folgenden Jahrhunderten eine völlig neue Struktur verleiht.

Aus den römischen Tempeln werden die Langhäuser der großen Basiliken. Aus den Triumphbögen werden die Fassadenwände der großen Kirchen, deren Triumphbogencharakter sich im Innern, vor Chor und Apsis, noch einmal wiederholt. Aus den Foren aber werden die den Kathedralen vorgelagerten Plätze, auf denen sich das Volk Gottes versammelt, um in feierlicher Prozession in den Kirchenraum einzuziehen.

Diese einschneidenden Veränderungen machen vor dem frühen Hintergrund von Tertullians Schrift gegen die Rundbauten klar, welchem Programm die christliche Raumplanung folgt und wogegen sich diese Raumplanung sträubt. Zentral sind die Schreckbilder der unkontrollierten Masse, gegen die Bilder der geordneten und gegliederten Massenbewegungen gesetzt werden. Unkontrollierbar und gefährlich erscheinen die Massen während ihrer Teilnahme an den Spektakeln, dann sind sie starken, schwankenden Stimmungen unterworfen. Große Menschenansammlungen – so die christliche Perspektive – bedürfen zum einen der spirituellen Durchdringung, zum anderen aber der ästhetischen Formung.

Im christlichen Raumprogramm ordnet sich die Masse deshalb auf dem Platz vor der Kirche, sie zieht durch die großen Kirchenportale ein und verteilt sich im Kirchenraum so um den Altar, dass sie den kirchlichen Raumkorpus in friedlichem Sinne einnimmt. Die Masse wird darüber selbst zu einem geordneten, geformten Raumkörper, sie füllt die Kreuzform der Kirche und stellt sich in Kreuzform dar, sie wird Körper der Kirche, wie die Kirche zum Körper des Gekreuzigten wird.

Vor allem aber ist die Masse nicht laut, sondern hat einen (spirituellen) Sinn für die Stille, sie murmelt ihre Gebete und Litaneien, sie zieht beinahe geräuschlos ein in den großen Kirchenraum, in dem sie die Kollektive der großen Lehrer und Verkünder in Form von Bildern, Mosaiken, Skulpturen, Texten und nicht zuletzt in der Klanggestalt musikalischer Harmonien und Melodien erwarten. Jeder einzelne Kirchenraum setzt diese Kollektive neu zusammen, und jede heutige

Beschreibung ist nichts anderes als ein Nachvollziehen dieser unendlichen Bezüge und Verweise, die dem staunenden, sinnenden und betrachtenden Volk der Gläubigen geboten werden. In diesem Sinn wird jede Kirche mit der Zeit zu einem Haus und einem Zuhause. Indem die dort aufgestellten, bewahrten und zitierten Gestalten aufeinander verweisen, entwickelt sich in den Kirchenräumen ein nicht enden wollendes, spirituelles Gespräch, das sich rund um den Altar gruppiert und von dort aufsteigt in die großen Kuppeln über dem Altar.

Die frühsten Rom-Reisenden, die noch ausschließlich Pilger waren, verstehen diesen Anspielungsreichtum noch nicht. Ihre Handbücher, die sogenannten *Mirabilia Romae*, führen sie durch die Hauptkirchen Roms und begründen damit den ersten »Cursus« der Rom-Aneignung. Dabei ziehen die Pilger von Kirche zu Kirche und begegnen an jedem Ort den Zeugnissen des Glaubens, den Reliquien, Gräbern und Insignien der kirchlichen Zeremonien, die bis zu ihrem frühsten Gebrauch zurückverfolgt werden.

Indem die Pilger sich ihnen nähern, erhalten sie einen jeweils genau bemessenen Ablass ihrer Sünden und werden damit für ihre Mühen belohnt. Der »Cursus« ist also ein Rundgang durch Rom und damit die erweiterte Form jener Kanalisierung durch die Form der Prozession, die den Gläubigen schon beim Betreten jeder einzelnen Kirche vorgeschrieben war. So bewegen sich die frühsten Pilger singend, betend, den altrömischen Raum abschreitend, von einer kirchlichen Andachtsstätte zur anderen und damit durch den gesamten altrömischen Stadtkörper.

In noch naiver, legendenhafter Form bestätigen ihnen die kurzen Texte der *Mirabilia* und die Bilder und Mosaike an den Wänden der Kirchen ihr Heilsstreben: »Auf dem Hochaltar ist ein eisernes Gitter, da stehen die zwei Häupter der Apostel Petrus und Paulus. Wenn man sie zeigt, gibt es soviel Ablaß, wie wenn man in St. Peter die Veronika zeigt. Unter dem Hochaltar ist das Grab des Apostels und Evangelisten Johannes. Der ging selbst in das Grab, als er sterben sollte, und eine lichte Wolke umgab das Grab. Als sich die lichte Wolke verzog, fand man himmlisches Brot im Grab an Stelle seines Leichnams. Vor diesem Altar geschieht die Vergebung eines Dritteils der Sünde.«[7]

Ausschließlich der Heilscharakter der Dinge und Räume ist für die frühen Rom-Pilger wesentlich, als pilgernde Chöre und Körper ziehen sie durch die mittelalterlichen Straßen Roms, die erst von den neuzeitlichen Raumkonzeptionen der Künstlerkollektive der Renaissance geöffnet und zu weiten Blickachsen umgeformt werden. Von antiken Vorgaben inspiriert, übernehmen diese Kollektive seit der Mitte des fünfzehnten Jahrhunderts alle nur denkbaren Aspekte der Deutung des Heilsgeschehens, und so werden mit den Jahrhunderten aus den Prozessionen der Heilsuchenden die Prozessionen der Kunstgläubigen, die nun wiederum nicht mehr am Heilscharakter der Dinge und Räume, sondern immer mehr an ihrem Kunstcharakter interessiert sind.

Die Kunstgläubigen nämlich kümmert der Heilscharakter der Räume nicht, sie knien nicht vor den Reliquien und Grabstätten nieder und beten nicht darum, dass ihnen die Sünden portionsweise vergeben werden. Stattdessen wenden sie sich den Kunstprojekten zu, mit deren Hilfe die Künstlerkollektive die heiligen Stätten neu strukturiert und transformiert haben. Diese Umbildungsprozesse geraten nun immer mehr in den Blick, der Kursus der Kunstgläubigen verläuft zwar noch immer in den Formen der Prozession, hat aber ein ganz neues Programm: Die Gesamtdeutung der Ewigen

Stadt, das Verständnis Roms in umfassendem Sinn, das vor allem für die Rom-Reisenden seit der Mitte des achtzehnten Jahrhunderts dann zur großen Bildungsaufgabe wird.

Der Versuch einer Rom-Deutung als Zusammenspiel von theoretischer Neugierde und kunstpraktischer Aneignung ist *die* große Bildungsanstrengung des Reisenden, der am 29. Oktober 1786, von Norden her kommend, die Piazza del popolo betritt.[8] Das Bild, das sich ihm dort bietet, ist nun bereits durch die neuzeitlichen Transformationen des Stadtkörpers seit der Renaissance[9] bestimmt, wir haben es gleichsam mit einer Frühform eines städtischen Leit- und Kommunikationssystems zu tun.

Drei große Straßenachsen führen von der Piazza ins Stadtinnere und öffnen den Fremden damit die Wege zu den unterschiedlichsten Rom-Terrains. Direkt an der mittleren Achse wird sich Goethe ansiedeln, zusammen mit dem Maler Tischbein und zwei weiteren Malerfreunden wird er so etwas wie eine Wohngemeinschaft gründen, die sich aber nicht nur als lose Verknüpfung von Wohnenden, sondern vor allem als Bildungskollektiv versteht. Darüber, wie es in dieser Wohngemeinschaft ausgesehen hat, sind wir durch eine Skizzenfolge Tischbeins recht genau unterrichtet, ihre Anfertigung ist noch heute erstaunlich, erscheint sie doch wie eine Bilderzählung oder ein Comic oder sogar wie eine Vorwegnahme des bis heute gerade in Italien so beliebten Fotoromans.

Goethes römischer Aufenthalt von 1786 bis 1788 entwickelt sich in den Räumen am Corso zu einer strategischen Meisterleistung an Kollektivbildungen. Immer aufs Neue werden Gruppen von Malern, Zeichnern, Literaten und Musikern zusammengeführt, die sich in den unterschiedlichsten Konstellationen dem Studium Roms widmen. Goethe selbst löscht während dieses Aufenthaltes seine Weimarer Existenz weitgehend aus, er lebt in Rom nicht als Weimarer Minister, sondern als »Filippo Miller, pittore«, dieses Inkognito ermöglicht es ihm, auf Repräsentation keine Rücksicht zu nehmen (er hat daher auch keinen Diener, er bedarf keiner besonderen Kleidung, er wird in allen Belangen zu einer Künstlerexistenz in gleichsam spielerischem Sinn, der Weimarer Hof bezahlt derweil weiter sein ministerielles Einkommen, was in Weimar für erhebliche Unruhe sorgt).

Die Kollektive, die er in der Wohnung am Corso um sich versammelt, haben ein einziges großes Thema: die Kenntnis Roms in möglichst breitem Sinn, auf allen nur erdenklichen ästhetischen Ebenen und in allen Künsten, zu vertiefen und sich dadurch in autodidaktischer Manier jenes Wissen anzueignen, das die Rom-Literatur der Zeit noch nicht bieten kann. Zugleich aber dienen die Kollektive auch der jeweiligen künstlerischen Produktion, jedes ihrer Mitglieder entwirft entsprechend seiner Kunstrichtung ein eigenes Rom-Bild, wobei die Tag für Tag neu entstehenden Rom-Bilder sofort nach ihrer Herstellung besprochen und selbst wieder zum Gegenstand des Rom-Interesses werden.

Goethes Rom-Aufenthalt ist daher gleichsam prototypisch für die seit der Mitte des achtzehnten Jahrhunderts einsetzende neue Rom-Begeisterung, die zum einen den Klassizismus Winckelmanns,[10] zum anderen aber auch die beginnende Romantik, die Begeisterung für den Landschaftsraum Roms, zum Hintergrund hat.[11] Der Aufenthalt strukturiert sich in einem geselligen Kreis von Künstlerkollektiven, die sich täglich an bestimmten, dafür ausgewählten Orten (wie etwa dem Café Greco) treffen. Diese Kollektive setzen sich immer wieder neu zusammen, sie bilden keine festen Gemeinschaften oder Orden, die für ihre Strukturierung eines zentralen

Hauses bedürfen, sondern finden anfänglich vor allem in den zahlreichen römischen Wirtschaften statt.

Engere Gemeinschaftskonstruktionen entwickeln sich erst im Verlauf des neunzehnten Jahrhunderts, und viele von ihnen folgen dem Vorbild der Malerschule der Nazarener, die sich in Rom in dem leer stehenden Franziskanerkloster San Isidoro niederlassen und dieses Kloster damit zu einer Art Akademie im Kleinen machen.[12] Diese Akademie ist Außenstehenden nicht zugänglich, die Nazarener, denen es um eine Rückbesinnung auf die Bildideale der altdeutschen Malerei geht, leben zurückgezogen, in klösterlicher Abgeschiedenheit, und benutzen die Stadt Rom gleichsam als großes künstlerisches Stimulansangebot, das in ihren Bildprogrammen dann spirituelle Spuren hinterlässt.[13]

Immer mehr Künstler zieht es seit Beginn des neunzehnten Jahrhunderts nach Rom, und so wird im Laufe der Zeit die Idee einer deutschen Künstlerakademie immer häufiger zu einem Thema. Auch der preußische Staat und das spätere Kaiserreich sind an derartigen Projekten und Ideen interessiert, geht es doch gerade in den Zeiten erstarkender nationaler Interessen darum, sich im Verein der europäischen Völker in Rom zu behaupten. Eine französische Künstlerakademie gibt es in der Gestalt der Villa Medici längst, als auch im deutschen Reichstag darüber diskutiert wird, wie man eine der französischen Anlage entsprechende Konstruktion für deutsche Künstler einrichten könnte.

Die Entwürfe, die einige Berliner Architekten zum damaligen Zeitpunkt in Staatsauftrag vorlegen, kranken jedoch vor allem daran, dass der Staat noch über kein geeignetes Gelände verfügt und andererseits keine ausreichenden Gelder zur Verfügung stellen kann, um ein solches Gelände zu erwerben. In diese Lücke springt zu Beginn des zwanzigsten

Jahrhunderts der jüdische Sammler Eduard Arnhold, der auf eigene Kosten im Norden Roms von den Fürsten Massimo ein großes, damals noch abgelegenes Gelände erwirbt und sofort einen Architekten beauftragt, Pläne für den Bau einer deutschen Künstlerakademie anzufertigen. Die heutige Villa Massimo entsteht in wenigen Jahren zwischen 1910 und 1913 als mäzenatische Schenkung Arnholds an das Kaiserreich, und sie besteht bis heute in der damaligen, repräsentativen Gestalt.[14]

Die ersten Stipendiaten, die auf Staatskosten in die Ateliers der Villa Massimo einzogen, waren Mitte der zwanziger Jahre bildende Künstler, im Laufe der Jahrzehnte erweiterte sich dann aber das Spektrum der Eingeladenen, inzwischen können Architekten, bildende Künstler, Fotografen, Musiker und Schriftsteller für jeweils ein Jahr in Rom Quartier beziehen.

Bereits zu Beginn dieses subventionierten Kollektivlebens in den zwanziger Jahren krankte die Institution jedoch nicht nur an ihrer Konstruktion (Rom-Kunst auf Abruf, Kunst nach Maßgabe staatlicher Einflussnahme und Förderung), sondern noch in viel stärkerem Maße daran, dass die zentralen Inspirationsquellen Roms in erheblichem Maße an Elan verloren hatten: Die antike wie die christliche Rom-Konzeption verblassten im zwanzigsten Jahrhundert und wurden immer mehr zu einem nicht mehr gelebten, sondern höchstens mühsam und beflissen rekonstruierten Bildungsgut.

So war es kein Wunder, dass das Gelände der Villa Massimo immer wieder zum Terrain erbitterter Auseinandersetzungen wurde. Zum einen wurden sie hervorgerufen durch das Aufeinanderprallen staatlicher und künstlerischer Interessen, zum anderen aber dadurch, dass die auf dem Gelände lebenden Stipendiaten mit dem Gelände und der Stadt Rom kaum noch etwas anzufangen wussten.

Den Höhepunkt der Rom-Verdrossenheit bildet das Buch des Rom-Stipendiaten Rolf-Dieter Brinkmann, das während Brinkmanns Rom-Aufenthalt im Jahr 1972 entstand.[15] Auch Brinkmanns lange Wege durch die Ewige Stadt kann man noch als eine Spät- und Extremform eines »Kursus« lesen. Oft ist er tagelang zu Fuß unterwegs, er notiert und fotografiert und nähert sich den uralten Stätten der Rom-Verehrung, um sie noch einmal auf ihre imaginativen Wirkungen hin zu überprüfen.

Brinkmanns Reaktionen sind die eines ernüchterten Touristen, der zu all diesen Stätten keine Beziehung mehr herstellen kann. Einerseits fehlt ihm die in früheren Jahrhunderten entwickelte Einbindung in ein Künstler- oder Bildungskollektiv, andererseits verfügt er nicht über das in diesen Jahrhunderten längst gespeicherte und gehortete Wissen, um sich den Stadtkörper Roms aus eigener Anstrengung zu erschließen. Das Ergebnis der Auseinandersetzung mit den Zeugnissen der Vergangenheit ist daher Ekel und Abwehr und mündet in einem beispiellos aggressiven Angehen gegen die zu Trugbildern gewordenen Bildungsgüter.

Heutzutage wirkt Brinkmanns monomanische Abrechnung überholt. Zum einen fällt sie in einen Zeitraum (Anfang der siebziger Jahre), als die Stadt einen Tiefpunkt an Verwahrlosung erlebte, zum anderen aber liest man sie in der Tradition jener gar nicht so seltenen Reiseberichte deutscher Rom-Reisender (seit Luther und Herder[16]), die der Ewigen Stadt nichts abgewinnen konnten und auf ihre hohen Ansprüche an den Reisenden mit starker Aggressivität reagierten.

Brinkmanns Rom-Attacken lassen sich in diesem Sinn als Teil einer spezifisch deutschen, seit Luther auch kulturell markierten Idiosynkrasie verstehen, als anarchisch-teutonischer »Sacco di Roma«, der auf seinem Zug durch die Ewige Stadt alle Götzenbilder vernichten und die spirituellen Rom-Programme von Jahrtausenden als vergebliche und längst lächerlich gewordene Anstrengungen verhöhnen will: »Erreichte schließlich den Platz vor dem Pantheon, wo ich mich draußen hinsetzte und ein Bier trank, das sauteuer war wegen des Draußensitzens, 500 Lire. – Gegenüber, am Brunnen, mit einem Obelisken, ein Pappkarton, auf dem Rasierwasser ausgestellt war zum Verkauf, ein Straßenhändler, dahinter das graue Muff-Gebäude des Pantheon, in der Luft auf dem ägyptischen Obelisken ein Kreuz und das macht beispielsweise latent wütend, überall diese rotzige Frechheit der katholischen Kirche zu sehen, der miesen Katholiken, die Protestanten hätten gewiß in ihrer Kargheit das ganze Ding verschwinden lassen! Geschieht wohl zu Recht, daß so langsam ein großes Abschlaffen und Zerfallen sich ausbreitet, langsam und gemächlich, ist schon längere Zeit im Gang und wird wohl längere Zeit anhalten …«[17]

4 Rom, Villa Massimo

Nach mehreren Aufenthalten in der Villa Massimo in den neunziger Jahren habe ich vom Leben dort aus der Perspektive des jungen Lyrikers Peter Ka (aus Wuppertal) erzählt. Der Roman »Rom, Villa Massimo« ist eine in manchen Passagen satirische Erzählung von den vielen Tagen, die ich auf dem Gelände der Villa verbracht habe. Eines der einleitenden Kapitel erzählt von der Ankunft des noch unerfahrenen, nichtsahnenden Stipendiaten, der die Anlage der Villa kennenlernt.

Am frühen Nachmittag verlässt Peter Ka die Metrostation an der Piazza Bologna und geht auf das Gelände der Villa Massimo zu. Die Piazza Bologna liegt kaum einige Hundert Meter entfernt, und natürlich ist auch sie schon von Rom-Stipendiaten bedichtet worden. Er kümmert sich jetzt aber nicht um dieses Thema, sondern will rasch das Gelände erreichen. Unterwegs kommt er an einem Spielzeugladen vorbei, und während eines flüchtigen Blicks in die Vitrinen fällt ihm die winzige Plastikfigur eines römischen Legionärs auf. Peter Ka bleibt einen Moment stehen und mustert die Figur mit leicht geöffnetem Mund. Warum begegnet ihm hier, in Rom, nach Verlassen der Metrostation, als Erstes ein römischer Legionär in Uniform? Mit Schwert und Speer? Beinahe wie eine Figur aus seiner Kindheit, wie ein alter Bekannter! Er lächelt ein wenig und reißt sich dann von dem merkwürdigen Bild los, er biegt nach links ab und bemerkt sie sofort: die lang gezogene, hohe Mauer, die das Gelände der Villa Massimo umschließt. Sie wirkt müde und unendlich gelassen, als ginge die Welt sie nichts mehr an. Der Putz ist an vielen Stellen längst abgebröckelt, aber auf ihrem Halbrundscheitel verläuft noch immer ein alter, rostiger Stacheldraht, wie eine morsch gewordene Drohung von gestern. Um eine hohe Pinie kurvt sie beinahe elegant herum und lässt sie in Frieden, sonst verläuft sie stur und gerade, hier und da von ein paar verblassten Graffiti geschmückt.

Peter Ka geht langsam an ihr entlang und überlegt, welche Wirkung von so einer Mauer ausgehen könnte. Sie hält die römische Welt dieses Stadtviertels zunächst einmal draußen: kein Durch-, kein Reinkommen möglich, so das Signal! Der Stacheldraht droht reichlich hilflos den Dieben, die auf dem Gelände nach antiken Statuen und anderen Schätzen gesucht haben sollen. Ein paar junge, wendige und geschickte Figuren könnten sie aber mühelos überwinden, das ist klar. Nein, diese Mauer ist weniger eine Drohung als ein deutliches Signal, dass die Menschen hinter ihr nicht gestört werden wollen. Ist das so in Ordnung? Oder wäre es nicht besser, zumindest dann und wann etwas Frischluft hineinzulassen und diese Umgrenzung zu öffnen?

Solche Fragen kann Peter Ka noch nicht beantworten, dafür ist es noch viel zu früh. Er biegt nach rechts in den *Largo di Villa Massimo* ein – und dann sind es nur noch wenige Meter, und er steht vor dem Eingang der Villa. Er schaut auf seine Uhr und merkt sich Stunde, Minute, Sekunde. Er ist jetzt genau dort angekommen, wo er seit etwa zehn Jahren hinwollte.

Er bleibt stehen und schaut lange. Es ist ein starkes Bild, das sich hier auftut, so dass er eine Weile regungslos steht, um die Details mitzubekommen. Er setzt den Koffer ab und stellt seinen Rucksack daneben. Aus dem Rucksack nimmt er eine Flasche Wasser und trinkt. Es soll junge Schriftstellerinnen und Schriftsteller gegeben haben, die eigens nach

Rom gefahren sind, um sich dieses Entrée anzuschauen. Sie haben vor dem Eingangstor der Villa gestanden, hindurchgeschaut und sich vorgenommen: »Ich will da hinein!« So stark wie bei denen zeigte der brennende Rom-Wunsch sich im Falle von Peter Ka nicht, aber er hat doch in seinem bisherigen Leben oft an diese Möglichkeit gedacht: Allem Bekannten für ein ganzes Jahr in einer der schönsten Städte der Welt zu entkommen! Lateinisch und Italienisch zu denken und vielleicht auch zu sprechen! Sich mit Römerinnen jedes Alters nächtelang zu unterhalten! Und das alles, um am Ende mit vielleicht (wenn's hoch kommt) drei guten Gedichten die Rückreise anzutreten!

Das kleine Haus rechts vom großen Eingangstor – das wird das Pförtnerhaus sein. Durch diese Tür wird er also Tag für Tag hinaus- und hineinschlüpfen. Durch das große Tor aber werden die Autos auf das Gelände rollen, und es wird sich bestimmt geräuschlos hinter ihnen schließen. Von der Seite betrachtet wirkt dieser Eingang, als wären die vielen Zypressen die Stammeltern des ganzen Terrains. Eltern, die das Gelände beäugen, aber längst nichts mehr dazu sagen.

Schon jetzt erkennt Peter Ka, welche starke Versuchung für die Lyrik von solchen Zypressen ausgeht. Es sind feminin Verschlossene, mit einem uralten Geschichtssinn. Dunkle Wesen, egomane Grünpelzmäntel, die sich nie öffnen und offenbaren. Solchen Wesen wollen Lyriker sich unbedingt nähern. Das Feminine und Dunkle lockt zusammen mit dem historischen Fundus, dem sie entstammen und den sie bergen. Vorsicht also, er hat sich geschworen, sich nicht von ihnen einnehmen zu lassen. Aber er wird nachschauen, wie die alten römischen Lyriker (Horaz etwa oder Catull) mit der Zypressenfalle umgegangen sind.

Er nimmt sein Gepäck wieder zur Hand und geht auf das

große Tor zu. *Deutsche Akademie* steht links davon und darunter: *Villa Massimo.* Rechts aber ist zu lesen: *Accademia Tedesca.* Die Torpfosten sind hellgrau und werden von auffälligen urnenartigen Tongebilden bekrönt. Er klingelt am Pförtnerhaus, in der Eingangstür befindet sich ein kleines Glasfenster, durch das man die Klingelnden taxieren könnte. Es taxiert ihn aber niemand, vielmehr meldet sich über die Sprechanlage eine Stimme und fragt nach seinem Namen. Er gibt sich zu erkennen, die Tür öffnet sich automatisch, und er geht langsam hinein ins dunkle Pförtnerhaus, das er nach wenigen Schritten durch einen dunklen Flur gleich wieder verlässt. Ein paar Schritte nach links, und er steht vor einer schnurgerade verlaufenden, beeindruckenden Zypressenallee. Wie malerisch!, denkt er sofort, wie von Böcklin entworfen!

Eine Zypressenallee dieses Alters verlangsamt gleich mal den Rhythmus des Gehens. Sie stimmt auf die Umgebung ein, macht nachdenklich und regt zur Konzentration an. Fremder, gib acht, folge meiner Bahn und sammle dich! – so in etwa würde eine Zypressenallee vielleicht ihr ästhetisches Programm formulieren. Und wahrhaftig folgt man ihr geduldig, schaut kaum noch zur Seite, sondern fügt sich ein in den Raumspalt, den sie einem eröffnet. Stefan George hätte das hier genossen, da ist Peter Ka sicher. Zypressenalleen dieses Alters und dieser Stille sind typisches Stefan-George-Terrain.

Während ihm George-Gemurmel durch den Kopf schwirrt, ist er auf dem großen Vorplatz vor dem Haupthaus angekommen. Der Platz scheint eine einzige Sonnenoase oder ein weites Sonnenauge zu sein, der Boden von feinem, weißem Kies erhellt. Die an seinen Rändern verstreut platzierten Zypressen und Pinien werfen schwere Schattengebilde in diese

Weite. Seltsam, dass der ganze Platz eher wie ein Empfangsgelände, aber nicht wie ein Verweilraum wirkt. Man wird durch die Zypressenallee auf seine Bühne geführt und bestaunt das gewaltige Haupthaus mit seinem hellen Eingangsportal und den beiden Flügeln rechts und links. An diese Flügel schließen sich noch einmal zwei niedrige Verandenflügel an, so dass das gesamte Haupthaus sich von seiner schweren Mitte nach den Seiten über zwei jeweils kleiner werdende Flügel entlastet. Es wirkt durchaus majestätisch, aber nicht erdrückend oder auftrumpfend.

Wenn man die Zypressenallee hinter sich hat, begegnet man dem Haupthaus nicht frontal, sondern seitlich. Es pirscht sich in seiner lastenden Majestät allmählich heran und begegnet einem dann wie ein alter Hausherr mit starken Manieren, der in die Weite schaut oder von sehr alten Zeiten träumt. So hat es etwas Abwesendes, Stilles, Ruhiges, wie aus einer anderen Zeit, deren Lebensformen und Atmosphären unwiederholbar vorbei sind. Was aber nicht bedeutet, dass man vor reiner Vergangenheit stünde. Nein, dieses Haupthaus lebt durchaus noch, es hat noch einen Atem, wenn es sich auch dem heutigen Besucher entzieht. Sein Atmen wirkt so, wie sich Peter Ka das uralte Rom vorgestellt hat: brütend, von der Gegenwart nicht tangiert, nur noch mit letztem, immer mehr verblassendem Willen auf sie bezogen.

Vorplatz und Haupthaus bilden ein großes, starkes Ensemble. Und um das alles herum stehen die dunklen Zypressen und Pinien wie eine Ehrenformation oder als wären diese Bäume kurzfristig ausquartierte oder zum Freigang abgestellte Bewohner. Sie verweilen für eine Woche oder noch länger an ihrem jeweiligen Platz, dann bewegen sie sich minimal und verändern unmerklich die Position. Am schönsten aber ist das Spiel von Hell und Dunkel, die Art, wie die Sonne über den Kies fiebert und wie die Schatten dazwischenspringen. Hell und Dunkel beleben die Szene und bringen sehr deutlich eine leichte Unruhe hinein.

Peter Ka steht jetzt mitten auf dem Vorplatz des Haupthauses und hat sein Gepäck wieder neben sich abgestellt. Er ist ein sehr langsamer und genauer Betrachter und Hingucker. Das alles hier imponiert und gefällt ihm, er fragt sich nur, wo die Menschen sind. Nirgends ist jemand zu sehen oder zu hören. Aber dann wird doch oben im Haupthaus ein Fenster geöffnet, jemand winkt ihm zu und bittet ihn hinaufzukommen, nach oben in den ersten Stock, zu den Büros, wo der Direktor der Villa und die Angestellten ihn erwarten. Und so löst er sich von den großen Bildern, greift nach Koffer und Rucksack und betritt durch eine Glastür das Haupthaus.

5 Aus frühen venezianischen Notaten der siebziger Jahre

Neben Rom wurde Venedig in den siebziger Jahren zu der italienischen Stadt, die ich am häufigsten besuchte. In meinen Notaten versuchte ich immer wieder, die faszinierende Verbindung des allgegenwärtigen Wassers mit den fragilen Architekturen zu beschreiben.

Das leichte Flimmern der Sonnenstrahlen auf dem Wasser, das lauter farbliche Veränderungen in Bruchteilen von Sekunden erzeugt, tanzende Sonnenflecken, die in den auf der Stelle wippenden Wellentälern sofort wieder gebrochen werden, breite Sonnenrinnen und Sonnenbahnen, das Auge kann keinen einzigen Punkt in Ruhe fixieren.

Die Ruinenmelancholie der Lagunenlandschaften, Bricole, schlanke, mit den Wellenbewegungen hin- und herschlen-

kernde Stäbe und Pfosten. Die ferne Silhouette der Stadt zersetzt sich im Dunst und wird zu einer gezackten Horizontlinie, aus der die Kirchtürme herausragen.

Blaue Boote, beim Fischfang, kleine Inseln mit zerfallenen Backsteinhäusern und Artischockenfeldern.

Vom Glockenturm in Torcello aus das filigranste Landschaftsbild der Lagune: struppige Wiesen mit pelzigen, gewölbten Rändern und Dämmen, verschlammte, in soßigem Ocker erstarrte, schmale Kanäle, über die hier und da ein Holzsteg führt, Wasserrinnen, violett-braune Salzwiesen, Landgüter, eingefasst durch dicht stehende Hecken, mit langen Zypressenalleen. Das Dunkelbraun der umgegrabenen Äcker mit den streng erscheinenden Längsfurchen. Kleine Boote, in denen die Männer stumm und regungslos stehen, als hätten die Wasserfluren sie längst verhext.

6 *Die venezianische Malerei*

Die exzessive Farblichkeit des venezianischen Wassers brachte ich mit der venezianischen Malerei und ihrer spezifischen Bildsprache in Verbindung. So entdeckte ich das zentrale Thema meiner Beschäftigung mit der Stadt und ihrer Lagune, von dem ich später in dem Roman »Im Licht der Lagune« erzählte.

Seine Protagonisten sind die venezianischen Maler des späten achtzehnten und frühen neunzehnten Jahrhunderts und damit jener Jahre, in denen das Wasser auf ihren Bildern in all seinen farblichen Nuancen erscheint. In dem Essay »Acqua luminosa« summierte ich meine Beobachtungen und deutete den Weg an, den diese neuen Perspektiven bis hin zur abstrakten Malerei William Turners nahmen.

Auf den Venedig-Bildern Vittore Carpaccios und Gentile Bellinis aus dem späten fünfzehnten Jahrhundert erkennt man das Vergnügen an der sinnlichen Präsenz dieser Stadt, es ist ein Vergnügen an ihren Bauten, an der verschwenderischen Ästhetik ihrer Architektur, die dem Wasser abgetrotzt ist. Das Triumphierende der Anlagen aus Stein erscheint dabei so ausgeprägt, dass die Wasserzonen ihnen gegenüber beinahe verschwinden.

Vittore Carpaccio zum Beispiel malt sie als dunkle, schwarzbraune Flächen, in denen die Ruder der Gondolieri stecken zu bleiben scheinen. Sonst aber sind sie keiner eigentlichen Beachtung wert, nicht einmal kleine Wellen sind zu erkennen, geschweige denn Spiegelungen der Gondeln und Menschen, die auf der steinernen und hölzernen Bühne der Stadt ihren gesellschaftlichen Ritualen nachgehen.

Selbst für Venedigs bedeutendste Maler ist in der Spätzeit der Renaissance das venezianische Wasser also noch kein Ereignis, sie zeigen es als monochrome Fläche und behandeln es wie festen Grund, als unterscheide es sich nicht wesentlich von den steinernen Plätzen oder Gassen der Stadt.

Erst im achtzehnten Jahrhundert widmen die venezianischen Vedutisten, die Venedig in all seinen Details porträtieren und seine verborgenen Winkel und Terrains entdecken, sich auch dem Wasser. Seine Entdeckung beginnt mit der Entdeckung der ihm eigenen Farbe, es ist das dichte, vom Sonnenlicht überzogene Flaschengrün des Lagunenwassers, in dem kaum noch weitere farbliche Nuancen erscheinen.

Man beginnt, dieses Flaschengrün als eigenes Element zu begreifen, so studiert Canaletto die schweren Schatten, die von den Palazzi auf den breiten Strom des Canal Grande geworfen werden, so deutet er die Spiegelungen der schwarzen Gondeln zumindest an und zeigt selbst die leichte Wellenbewegung, die vom Eintauchen des Ruders herrührt.

Das Wasser erhält dadurch einen eigenen Charakter, es wird nicht mehr von den Bauten erstickt, sondern erscheint plötzlich als ihr gewaltiger Spiegel und ihr Urelement, aus dem sie wie lehmige Leiber auftauchen, während die Stadt wiederum inmitten der sie einrahmenden Großflächen von Himmel und Wasser zu einer sich immer mehr verkleinernden Zone schrumpft.

Dieser veränderte Blick auf die Dreieinigkeit der Elemente wird begleitet von der Ausweitung der malerischen Sujets auf den größeren geografischen Raum der Lagune. Francesco Guardi lässt die Bauten Venedigs nur noch als Horizontlinie auf jenen Lagunenbildern erscheinen, auf denen ein paar einsame Gondeln oder schlichte Fischerboote sich in der Weite der Lagunenlandschaft verlieren. Dadurch nähern sich Himmel und Wasser einander immer mehr an, auch von ihren Farben her gehen sie allmählich ineinander über, und es entsteht eine blaugrüne, von einem nebligen

Dunst durchzogene Totale, aus der die Bauten nur noch andeutungsweise auftauchen.

Guardis großräumige Perspektive und der Impressionismus, der sich aus ihr ergibt, sind die eigentliche Grundlage für all die Scharen der im neunzehnten Jahrhundert aus dem Ausland eintreffenden Maler, denen die Brechungen von Himmel, Wasser und Licht zur ästhetischen Aufgabe werden. Ihr Ahnherr ist William Turner, der diese Brechungen als Stimmungen einfängt und sie auf manchen Bildern bereits ausschnitthaft und detailliert so genau betrachtet, als machte er sie zum Gegenstand einer ins Mikroskopische gehenden Untersuchung.

Das diffuse Licht, das an besonders sonnenreichen Tagen vor den Bauten Venedigs aufzieht und sie zu durchfluten scheint, die übereinandergestaffelten Wolkenbänke, die sich wie Himmelswellen in den Wasserflächen fortsetzen, die Spiegelungen, die von den Bögen und Säulen der Bauten bis in die Tiefen des Wassers und seinen Grund zu reichen scheinen – in all diesen Konstellationen prägt Turner den modernen, sich hier und da bereits ins Abstrakte verlierenden Blick.

Bis hin zu Monet setzen die Maler des neunzehnten Jahrhunderts dieses Programm fort, sie zeigen Venedig in allen nur erdenklichen Lichtseiten, von den verhaltenen Farbtönungen der Tagesfrühe bis hin zum schweren Abendgold, das jede andere Farblichkeit auslöscht. Daneben aber begeben sie sich auch ins Innere der Stadt, wobei gerade die entrückten, stilleren und oft dunkleren Zonen zum Gegenstand des Interesses werden.

Ein Gebetswinkel in einer Kirche oder ein schmaler Rio mit seinen Ufern entfalten nun etwas Pittoreskes, die großen farblichen und thematischen Entdeckungen sind gemacht, viele Maler werden beschaulich, verlieren sich in zum Genrebild aufbereiteten Szenen und bereiten so den touristisch sentimentalen Blick vor, der heute den Großteil der Venedig-Fotografien beherrscht.

Noch immer aber hat Venedigs Wasser für jeden Touristen, der die Stadt zum ersten Mal besucht, eine große Anziehungskraft. Man steht auf einer der vielen Brücken und blickt lange Zeit hinunter auf einen schmalen Kanal, man beugt sich über den Rand einer Gondel und starrt in das Grün. Als das eigentliche Wegnetz Venedigs sind die Kanäle und Rinnsale der Untergrund seiner baulichen Konstruktionen, an dem, was das Wasser ihnen zugestand, mussten sie sich ausrichten, Bestand aber hatten sie nur, indem sich die Stadt ihrer besonderen Lage bewusst war und nicht aufhörte, den davon ausgehenden Gefahren zu begegnen.

In *Venedig und das Wasser* hat der Historiker Piero Bevilacqua die Geschichte dieser Kultivierung geschrieben, die einerseits mit dem offenen Meer und andererseits mit all den Flüssen und Wassermengen zu rechnen hatte, die sich vom Land her in die Lagune ergießen.

Gegen das Meer hin ist die Stadt durch die Landstreifen der *Lidi* geschützt, zwischen denen hindurch sich die größeren Schiffe auf die Stadt zubewegen, als Schutzwälle mit schmalen Zugängen, den sogenannten *Porti*, müssen sie den starken, vom Meer her einbrechenden Stürmen und Winden gewachsen sein. In früheren Jahrhunderten waren sie noch durch aufwendige Palisaden aus Holz oder durch Sträucher, Buhnen und Molen gesichert, erst im achtzehnten Jahrhundert traten an ihre Stelle die Steinkonstruktionen der *Murazzi*, die man noch heute hinter ihren zum Meer hin gelagerten Strandsäumen vorfindet …

Schwerwiegender noch als die Bedrohung durch das Meer

aber empfanden die Venezianer lange Zeit die von den Bergen und durch Venetien in die Lagune strömenden Wasser. Sie führten so viel Geröll und Sand mit, dass die Lagune immer wieder ausgebaggert werden musste, um sich für eine möglichst vielseitige, die knappen Ressourcen optimal ausschöpfende Nutzung zu eignen.

Als ein großräumiger Außenbezirk diente sie ihren Bewohnern zu ihrer Versorgung, so wurden auf großen Flächen Salinen zur Salzgewinnung angelegt, Gemüse und Obst wurden auf den fruchtbaren Böden angebaut, in eigens hergerichteten schmalen Kanälen und *Valli* wurde Fischzucht betrieben, und auf dem gesamten großen Terrain wurden im Herbst und Winter Enten und andere Wasservögel gejagt …

Das Meer und die Lagune sind also die sehr unterschiedlichen, jede in ihrer Eigenart Zähmung, Kanalisierung oder Kultivierung verlangenden Wasserzonen, mit denen die Venezianer seit Jahrhunderten zu tun haben. Erst indem sie lernten, diese beiden Naturphänomene aufeinander abzustimmen, und schließlich sogar noch entdeckten, wie man Regenwasser für die Süßwassergewinnung nutzt, hatten sie die Grundlagen für ein dauerhaftes Leben in ihrer Wasserstadt geschaffen …

Macht man sich diese Zusammenhänge klar, so erscheint die Ästhetik des Zusammenspiels von Licht, Wasser und Stein, wie sie von den Malern und Zeichnern untersucht wurde, erst als ein letztes Glied in der Kette des langen Umgangs mit den Elementen. Das leuchtende, funkelnde, den Himmel in all seinen Schattierungen widerspiegelnde venezianische Wasser, *acqua luminosa*, ist dann nicht länger nur eine pittoreske Zutat zu Venedigs Bauten, sondern das Ergebnis einer universellen Kultur und ihrer Erfindungen, deren Erfolg die Bilder und Zeichnungen am Ende ausdrucksvoll feiern.

7 *Venezianische Bilder*

Die Vorstudien zum Roman »Im Licht der Lagune« konzentrierten sich auch auf bestimmte einzelne Bilder, deren Sujets im Roman eine direkte oder versteckte Rolle spielen. Seine Hauptgestalt ist ein junger Maler, der bei den alten Meistern in die Schule geht, sie an handwerklichem Können aber bald übertrifft.

Antonio Canaletto: *Il Rio dei Mendicanti*, 1723 gemalt, heute in der *Ca' Rezzonico*. Ich erkenne die für Canaletto so typischen kleinen Konversationsgruppen, zwei oder drei Personen in einem intensiven Gespräch, manche der Männer tragen Schoßrock und Dreispitz, andere aber haben darüber noch den weiten, beinahe bis zum Boden gehenden *Tabarro* geworfen, einen bequemen, wärmenden Mantel aus Wolle.

Einige, vor allem ältere Männer sind auch allein, einer tastet sich an einer Hauswand entlang, ein anderer uriniert gegen den Mauervorsprung einer Kirchenfassade, während auf dem Rio gerade eine Gondel mit einem adligen Paar in der schwarzen Kabine ablegt, ihr gegenüber aber eine weitere Gondel von mehreren fleißigen Arbeitern einer Gondelwerft ins Wasser geschoben wird. Aus zwei schlanken Kaminen treiben Rauchwolken ins Blau des Himmels, Wäschestücke flattern auf den hohen Altanen, viele Fenster stehen offen, ein hilfloses Grün bricht zwischen einigen Häusern hervor.

Aus größerer Entfernung erkenne ich die schweren Akzente des Bildes: Den weiten, fast die ganze obere Bildhälfte einnehmenden Himmel, den Mittelstreifen der zur einen Seite im Sonnenlicht, zur anderen im Schatten liegenden Häuserflucht und schließlich die Basis, die flaschengrünen Gefilde des Wassers, durchwühlt von einigen Wellenbewegungen.

Mit diesen Akzenten hat Canaletto seinen Stadtansichten Venedigs eine dichte Atmosphäre verliehen, der weite Himmel öffnet die kleinen, geschäftigen Szenerien ins Große, die Häuser wirken wie plastische Bühnen und Spielräume des Lebens, und das Wasser gibt alldem einen schweren, melancholisch wirkenden Grund. So hat er die venezianische Malerei gleichsam vom Himmel in den Stadtraum Venedigs verlegt, anders als seine Vorläufer Veronese, Tintoretto oder Tiepolo malte er nicht mehr in großen Formaten biblische Szenen oder allegorische Darstellungen, sondern begann, die Selbstinszenierung seiner Heimatstadt bis ins Detail zu studieren.

Wie genau er dabei vorging, kann ich anhand seiner Skizzenbücher erkennen, von denen einige sogar in Faksimile-Ausgaben vorliegen. Man sieht, wie er sich auf einem *Campo* postiert und für jede Einzelskizze die Perspektive ein wenig verschiebt, Stück für Stück setzt sich das Panorama der Häuser allmählich zusammen, jedes Fenster, jeder Balkon, jeder Kamin ist exakt eingefangen, selbst eine winzige Leiter an einer Kirchenwand lässt Canaletto nicht aus. Es ist aber kein einziger Mensch zu entdecken, als hätten die Einwohner ihre Stadt verlassen, die sich dem weiten Himmel jetzt wie ausgestorben präsentiert.

*

Auf den Bildern seines Schülers Francesco Guardi (1712–1793) erscheinen die städtischen Räume erheblich dunkler als auf denen seines Lehrers, er filtert das Licht durch starke Brauntöne und gibt seinen Figurengruppen ein sehr kräftiges, oft dick aufgetragenes Weiß, so dass sie in den abgedunkelten Räumen aufleuchten wie glühende, herumirrende Punkte. Ihre Gesichter sind nicht mehr zu erkennen, sie haben sich abgewendet und präsentieren sich dem Betrachter von hinten oder von der Seite, als wollten sie ihre Geheimnisse für sich bewahren oder als gehe sie die übrige Welt nichts mehr an.

Taucht Guardi aber ein in die Innenräume der Palazzi, so betritt er erst recht verschwiegene Zonen, er beobachtet die Venezianer bei ihren nächtlichen Spielen und Amüsements, es ist, als spioniere er ihnen nach, so unauffällig und versteckt rückt er ihnen nahe, dass sie es nicht einmal bemerken. Mir gefällt die skizzenhafte Leichtigkeit seiner Malweise, das Verhuschte, Hingetupfte und Impressive, es ist, als löste sich die schwere Materie der Bauten und Böden auf in leicht modellierbaren Ton.

★

Pietro Longhi (1702–1785) war vernarrt in die Details des venezianischen Alltags und hielt Rituale und Sitten auf kleinen Genrebildern fest (Serien dieser Darstellungen befinden sich vor allem in der *Ca' Rezzonico* und der *Pinacoteca Querini-Stampalia*).

Anders als Guardi beobachtet Longhi seine Mitbürger nicht aus einem Versteck, er mischt sich vielmehr unter das Volk oder drängt hinein in die adligen Salons, er stellt den Venezianern nach und erkundet noch die unauffälligsten, intimsten Gesten. Und so treten sie denn vor ihm an und zeigen sich noch einmal in all ihrer Lebhaftigkeit, sie holen ihre Musikinstrumente heraus und gruppieren sich zu einem kleinen Konzert, sie nehmen Tanzstunden und gehen zur Schneiderin, sie lassen sich porträtieren und kaufen frisch gebackene Krapfen, sie bestaunen ein Rhinozeros oder einen Elefanten, sie erteilen ihren Kindern Unterricht in Geogra-

fie oder nehmen sie für ein Familienporträt kurz auf den Schoß, sie gehen zur Beichte oder zur Taufe und besuchen die Messfeier, sie rufen den Friseur und lassen ihn die Dame des Hauses frisieren, sie bestellen zwei Galane und setzen sie an ihr Bett, sie rufen nach einer Schokolade und unterhalten sich über den Ehemann, der ist zur Jagd in der Lagune aufgebrochen, kopfüber stürzen dort die Wildenten ins Wasser.

Ich gehe durch ein imaginäres Bildermuseum: Canaletto studiert Venedig in größtmöglicher Exaktheit als Bühnenraum, Guardi skizziert es nervös als dunkles Schattenreich, und Longhi lässt seine Bewohner noch einmal in prachtvollen Gewändern und Kostümen wie Schauspieler und Darsteller ihrer besten Jahre auftreten.

⋆

In einem Querschiff der Kirche San Trovaso begegne ich einem *Letzten Abendmahl* des venezianischen Malers Jacopo Tintoretto (1519–1594).

Anders als auf dem berühmteren Abendmahl Leonardo da Vincis sitzt Christus mit seinen Jüngern hier nicht in einer langen Reihe hinter dem Tisch. Vielmehr verteilen sich die Jünger um ihn herum, sie sitzen in dichter Runde und eng beieinander, nur Christus erscheint als eine einzelne, herausgehobene Gestalt in der hellen Bildmitte.

Dass der Tisch beinahe verschwindet, liegt auch daran, dass jeder der Jünger in Bewegung ist. Einer (dazu noch im Vordergrund) beugt sich quer über ihn, ein anderer hält sich mit der Hand an ihm fest, während er nach einer Weinkaraffe auf dem Boden greift. Anscheinend rührt die starke Bewegung aller daher, dass Christus gerade etwas Bedeutsames gesagt hat. Dieses gerade Gesagte scheint die Jünger zu überraschen, denn beinahe jeder von ihnen zeigt sich ergriffen oder sogar getroffen.

Eine Lektüre der Evangelien weist darauf hin, welche Abendmahlszene Jacopo Tintoretto gemalt hat. Jesus und die Jünger haben Platz genommen, da ergreift Jesus das Wort und erschreckt sie mit dem Satz, dass einer von ihnen ihn verraten werde. »Herr, bin ich's?«, fragen sie ihn, aufgewühlt und erregt. Und genau diese Erregung ist es, die Tintoretto in jeder Figur auf andere Weise hervortreten lässt. So erkennen wir eine Runde von zutiefst beunruhigten Menschen, die noch gar nicht an die bevorstehende Mahlzeit denken.

Von Speisen oder Getränken ist daher kaum etwas zu erkennen. Nutzten andere Maler die Gelegenheit, mit farblichen Details der Mahlzeit zu locken und mit edlen Gläsern, Krügen, Tellern oder mit kostbarem Besteck zu prunken, so findet man auf Tintorettos *Letztem Abendmahl* nur einige wenige, sehr einfache und dazu noch gar nicht angerührte Speisen. Das Abendmahl hat noch nicht richtig begonnen, vielmehr wurde (wie noch heute üblich) erst einmal etwas Brot für die erste Sättigung gebracht, während Wein und Wasser noch auf sich warten lassen.

Die Szene stellt daher nicht das eigentliche Ereignis (die Verwandlung von Brot und Wein), sondern seine Vorstufe und Einleitung dar: Christus spricht, die Jünger haben ihre Plätze nicht ordentlich eingenommen. Vielmehr herrscht das kleine Chaos nach dem Eintreffen in der schlichten Behausung, eine starke Unruhe beherrscht die Szene, das eigentliche Ritual steht noch bevor. Erst werden die Jünger sich untereinander zu verständigen suchen, und Jesus wird einem von ihnen auf den Kopf zusagen, dass er der Verräter sein wird. Nach diesem Disput werden das eigentliche Abendmahl und damit die Verwandlung von Brot und Wein beginnen.

Tintorettos Abendmahl erzählt also vom Platznehmen der Jünger, von den ersten Worten Jesu und von ihrem Nachhall. Genau das hat mich seit dem ersten Sehen so beeindruckt: Tintoretto erzählte nicht von der hochfeierlichen, stillen Szene der Verwandlung, sondern vom eher chaotischen, lauten Präludium einer Gesprächsrunde, der die spätere gemeinsame Mahlzeit noch bevorsteht.

8 In einer venezianischen Galerie

Die Wege zu meinem Roman »Im Licht der Lagune« führten einerseits in die Vergangenheit der venezianischen Malerei zurück, nahmen konkretere Gestalt aber auch dadurch an, dass meine Freundin Dorothea van der Koelen mit den Planungen für eine Galerie in Venedig begann und venezianischen Gegenwartskünstlern begegnete. So erlebte ich, wie mein Studium des Vergangenen Kontakt mit der Gegenwart aufnahm und ein aktuelles Moment erhielt. Als die Galerie existierte, erinnerte ich mich an diese Hintergrundgeschichte meines Romans.

Dorothea van der Koelen besuchte dasselbe Mainzer Gymnasium wie ich, ihre geheime Leidenschaft aber war die moderne Kunst. Wir Mitschüler wussten, wie zielstrebig sie war, doch als sie gleich nach dem Abitur im Alter von kaum neunzehn Jahren eine Galerie eröffnete, waren wir verblüfft.

Wir schlugen ihr vor, Mainz zu verlassen und anderswo zu studieren, sie aber begann in Mainz mit dem Studium der Kunstgeschichte und der Philosophie und widmete sich daneben ihrer Galerie. Von Anfang an hielt sie sich an ein fest umrissenes ästhetisches Programm. Konkret, konstruktiv und konzeptuell sollte die Kunst sein, die sie ausstellte. Nach einiger Zeit hörten wir von den ersten Erfolgen und davon, dass es ihr gelungen war, berühmte Künstler wie François Morellet, Eduardo Chillida oder Günther Uecker an sich zu binden.

Bald wurde sie zu den großen Kunstmessen eingeladen, sie stellte in Basel, Köln, in Frankfurt und in Chicago aus, dann gründete sie auch einen Verlag und veröffentlichte dort Kataloge und Bücher über die Werke ihrer Künstler.

Sie hatte längst promoviert und war eine in ganz Deutschland hoch angesehene Galeristin, die mit bedeutenden Sammlern und Museen verhandelte, als sie immer häufiger von ihrem Traum erzählte. Ihr Traum war Venedig, immer wieder bereiste sie die Stadt zu den Zeiten der Biennale und gönnte sich bald auch außerhalb solcher Termine dort ein paar Tage, sie liebte Venedig, nirgendwo, behauptete sie, sei sie glücklicher als gerade in dieser Stadt.

Inzwischen begriffen wir, was ihre Liebe bedeutete und wohin sie führte, sie war kein bloßes Lippenbekenntnis und erst recht keine Schwärmerei, heimlich, aber mit all ihrer Zielstrebigkeit begann Dorothea van der Koelen, auch ihren Traum konkret, konstruktiv und konzeptuell zu formen, denn sie brachte ihn nun auch mit einer Galerie in Verbindung, mitten im Herzen der Stadt sollte sie einmal zu finden sein, gut zugänglich, hell und von jener Schönheit, die auch ihre Freunde und Besucher begeistern würde.

Als sie den venezianischen Künstler Fabrizio Plessi kennenlernte und bald danach auch seine Vertretung übernahm, ahnten wir, dass die Verwirklichung ihres Traumes näherrückte. Sie suchte, sie hörte sich um, der entscheidende Anstoß kam aber schließlich von Plessi, der ganz in der Nähe seines eigenen Palazzo von einigen frei stehenden Räumen im Erdgeschoss wusste.

Luchino Visconti hatte früher eine Szene seines *Tod in Venedig* genau dort gedreht, es handelt sich um die Sequenz, in der Gustav Aschenbach dem schönen Tadzio, seinen Geschwistern und dem Aufsicht führenden Kindermädchen durch die Stadt nachschleicht, immerzu geht es ein paar Brücken hinauf und hinab, und dann bleibt Tadzio auf einer der Brücken stehen und schaut sich um, weil er seinen Verfolger bemerkt hat.

In der *Calle Calegheri*, da, wo Tadzio sich umschaut, nur wenige Minuten von San Marco und gleich neben dem *Teatro La Fenice*, verhandelte Dorothea van der Koelen mit den venezianischen Denkmalschutzbehörden, hier richtete sie sich eine kleine Wohnung ein und daneben drei schöne Räume für ihre Galerie. Am 8. Juni 2001 wurde sie eröffnet, und Freunde und Besucher aus aller Welt machten sich von nun an immer häufiger auf den Weg, um in einer venezianischen, aber von einer deutschen Galeristin eröffneten Galerie moderne Kunst zu sehen, die nicht nichts Vergangenes, Altes kopierte, sondern konkret, konstruktiv und konzeptuell war.

Es ist später Nachmittag, du klingelst an der schmiedeeisernen Pforte, Dorothea kommt zu dir hinaus und öffnet dir, dann steht ihr in dem schönen *Cortile* mit dem Oleanderbaum in der Mitte, wo sich bei den Vernissagen das Publikum im Freien versammelt. Zur Rechten geht es in die Wohnung, zur Linken aber in einen Vorraum mit schweren Holzdecken, dann noch einige Stufen, und ihr steht im großen Ausstellungsraum, an den sich ein Büro und ein kleiner Bibliotheksraum anschließen.

Wir nehmen in ihrem Büro Platz, wir trinken ein Glas, Dorothea erzählt von ihren nächsten Projekten, sie arbeitet an einem Katalog für eine Ausstellung Fabrizio Plessis im Berliner Gropius-Bau, Plessi wird dort seine *Flotta di Berlino* präsentieren. Zwölf venezianische Lastkähne werden sich, kieloben und von schweren Stahlgestellen in der Höhe über den Köpfen der Besucher gehalten, im Hauptraum der Ausstellung bewegen, während in ihrem Innern Feuer auflodern, als wären sie die Kähne eines Geisterfürsten, der mit ihnen die Nacht durchstreift. Feuer und Wasser sind die zentralen Elemente, mit denen Plessi arbeitet, aber er verlegt ihr Flackern und Fließen ins Video, das er wie eine moderne Handschrift in alte Materialien integriert.

Wir sprechen vom »venezianischen Blick« Plessis, nicht selten arbeitet er mit Motiven oder Stoffen, die Venedig ihm anbietet. Dorothea erinnert sich an seine Ausstellung anlässlich der Biennale 2001, als er die Fenster des *Museo Correr* am Markusplatz mit großen Videomonitoren füllte, Wasser- und Feuerprojektionen wechselten hier alle fünf Minuten und trafen zudem auf das sich während des Tages verändernde Licht, noch im Dunkel der Nacht leuchteten die Videobilder wie Zitate bedrohlicher Gewalten, die der Stadt Venedig seit Jahrhunderten zusetzen.

Draußen flanieren Touristen vorbei und schauen manchmal neugierig durch die Fenster hinein. Wenn man sie öffnet, bekommt man gelegentlich etwas vom Theaterleben nebenan mit, denn aus dem gewaltig erscheinenden, nach dem großen Brand von 1996 erst jetzt wieder renovierten Bau des *Teatro La Fenice* klingt gedämpft Probenmusik. Pietro Longhi ist nicht weit, ihm würden diese Atmosphären gefallen, und er würde das Publikum präsentieren, das am Abend herbeiströmen wird.

9 Venezianischer Nachklang mit Donna Leon – Brunetti winkte

Einmal war ich bei meinen Bekannten Harriet und Bruno zu einem Venedig-Abend eingeladen. Zunächst wurden Cicchetti serviert, wie es sie in der Lagunenstadt als Begleitung zu einem Glas Wein in Form von kleinen Appetithappen gibt. Danach die unerwartete Überraschung: Die beiden hatten für ihre Gäste lauter Ausschnitte aus Donna-Leon-Filmen zusammengeschnitten.

Dass sie alle Filme der Reihe kannten, hatte ich nicht erwartet. Dass sie alle mindestens dreimal gesehen hatten, noch weniger. Dass sie aber nach Venedig vor allem deshalb fahren, um sich an den Schauplätzen der Filme aufzuhalten, am wenigsten.

Während wir uns die Ausschnitte anschauten, kommentierten unsere Gastgeber laufend die Szenen: »Erkennt ihr es?! Das ist die kleine Brücke gegenüber von Santi Giovanni e Paolo! Und jetzt biegt Brunetti nach rechts ab, auf die Konditorei Rosa Salva zu! Wir haben genau dieselben Biscotti gegessen, die er immer isst. Vice Questore Patta hat dort einmal eine ganze Flasche Grappa bestellt, erinnert ihr euch?«

Nach einiger Zeit dämmerte mir, dass Harriet und Bruno die Filmhandlung komplett übersahen. Welche Ganoven da mit welchen Mitteln ihr böses Handwerk trieben, ignorierten sie zugunsten eines anderen Studiums: Welche Calli und Campi durchquerte Brunetti mit seinem Gehilfen? In welchem Restaurant aß er mit seiner Frau in einer Arbeitspause? Und welche Blumen hatte die Blumenliebhaberin Signorina Elettra diesmal auf ihrem Schreibtisch stehen?

Ich sprach meine Gastgeber auf ihr merkwürdiges Hobby an, und sie bestätigten, dass sie die Filmhandlung überhaupt nicht beschäftige. »Wir empfinden«, sagten sie, »eine tiefe Sympathie zum Commissario, seiner Frau, seinem Gehilfen Sergente Vianello, Signorina Elettra, ja selbst noch zu Vice Questore Patta, den Michael Degen so urkomisch spielt. Die schönsten Momente in diesen Filmen sind jedoch die, in denen Brunettis Familie auf einer Dachterrasse oberhalb des Canal Grande sitzt und zu Abend isst. Diese friedliche Ruhe! Und all diese gelassenen Menschen, mit Humor und Ironie gesegnet! Was für ein schönes Familienleben! Gegenüber liegt übrigens die Dachterrasse des Deutschen Studienzentrums. Hast du dort nicht auch einmal übernachtet? Wir schauen jedes Mal, ob du zufällig im Bild bist.«

Der Dialog ging mir nicht mehr aus dem Kopf. Ja, ich war einige Zeit Gast im Deutschen Studienzentrum gewesen und wusste genau, wo sich Brunettis Dachterrasse befand. Vor kurzem ist aus den Bildern, die ich im Kopf hatte, eine Erzählung entstanden: Brunetti winkte …

Brunetti winkte. Ich saß auf der großen Terrasse des *Deutschen Studienzentrums*, es war früh am Morgen, ich trank einen Cappuccino und las die neusten regionalen Nachrichten des *Gazzettino*. Ein Pensionär in Mestre, entführt, nachdem er einen größeren Geldbetrag abgehoben hatte. Machenschaften der chemischen Industrie an der Küste, die zu einem Muschelsterben geführt hatten. Baugenehmigungen für Capanne auf dem Lido, bei denen eine Immobilienfirma über dunkle Kanäle an besonders viele Aufträge gekommen war.

Es waren typische Donna-Leon-Geschichten, ich dachte daran, und als hätte Brunetti meine Gedanken erraten, rief er mir über den *Rio di San Polo* hinweg etwas zu und ruderte mit den Armen. »Wollen wir zusammen frühstücken?«, rief er. »Haben Sie Zeit?« – »In zehn Minuten bin ich bei Ihnen!«, rief ich zurück, trank meine Tasse leer und machte mich auf den Weg.

Auf Brunettis höher gelegener Terrasse angekommen, wurde mir ein zweiter Cappuccino serviert. Wir saßen am Esstisch seiner Familie und schauten kurz herab auf die Terrasse des *Deutschen Studienzentrums*.

»Schauen Sie«, sagte Brunetti, »ja, schauen Sie genau hin! Wie oft habe auch ich auf diese Terrasse geschaut! In unseren Filmen war sie immer präsent. Mit dem *linken* Auge haben wir unsere Terrasse beäugt, während wir die Terrasse des *Centro Storico* mit dem *anderen* Auge im Blick behielten. Ich mag diesen festlichen Raum am Canal Grande, der dem Palazzo Barbarigo seinen Namen gegeben hat. *Palazzo Barbarigo della Terrazza* ..., wie schön sich das anhört! Als Schriftsteller werden Sie das besonders zu schätzen wissen. Aber nicht mit dem Schriftsteller möchte ich frühstücken, sondern mit Ihnen als Drehbuchautor!«

»Ach«, antwortete ich, »Sie wissen von dieser gut getarnten Arbeit?«

»Aber ja«, sagte Brunetti, »ich habe mich informiert und sogar einige der Filme angeschaut, deren Drehbücher Sie geschrieben haben. Der Schumann-Film hat mir sehr gefallen, aber auch der über Ezra Pound, ja, der ganz besonders! Die Szene, in der Otto Sander den James Joyce spielt, ist meine Lieblingsszene! Ironisch, locker, entspannt – wie ich es mag! Leider gab es solche Szenen in den Donna-Leon-Filmen zu selten. Nun sind wir damit am Ende. Aber – noch nicht ganz! Wir werden einen allerletzten Film der Reihe drehen, das Publikum wünscht sich das angeblich sehr. Reduziert, mit einem kleineren Team, etwas Besonderes, ein *Dolce*, so würde ich es nennen! Und damit kommen nun Sie ins Spiel …«

»Ich verstehe nicht ganz«, antwortete ich, obwohl ich bereits etwas ahnte.

»Sie verstehen sehr gut«, lächelte Brunetti, »Sie ahnen bereits, was ich vorhabe. Ich wünsche mir, dass *Sie* das Drehbuch für die letzte Folge schreiben! Sie allein oder in Zusammenarbeit mit mir, wenn Ihnen das möglich erscheint. Einmal, beim letzten Mal, möchte ich auch etwas Einfluss auf die Geschichte nehmen, das würde mir großen Spaß machen, glauben Sie mir! Heute aber frage ich vorerst, ob Sie grundsätzlich dazu bereit wären? Sagen Sie *Ja!*, und der Vormittag ist gerettet!«

Ich schaute Brunetti an. Er wirkte noch immer wie ein versteckter Enthusiast, dem man die Fesseln eines Berufes angelegt hatte. *Commissario …* – wollte er nur das sein? Nein, es steckten noch ganz andere Potenzen in ihm, das wusste ich. Die Donna-Leon-Filme hatten ihn zu einem braven Amtsinhaber und treuen Familienvater gemacht und ihm keinen einzigen einsamen Spaziergang durch Venedig erlaubt, einen Weg in die düsteren Terrains der Stadt und in die Gefilde seiner privaten Geheimnisse.

»Schauen Sie nicht so prüfend und kritisch«, sagte er. »Ich weiß, dass ich nicht mehr der Jüngste bin. Aber ich weiß auch, dass von meinen eigenen Passionen noch kaum erzählt wurde. Daran könnten wir zusammen arbeiten, ich habe da so einige Ideen. Überlegen Sie nicht lange, stimmen Sie zu, dann lade ich Sie zum Mittagessen ein!«

»Wo würden wir denn essen?«

»Im Innenhof des *Corte Sconta*, den mögen Sie doch so.«

»Ach, das wissen Sie auch?«

»Ich sagte, ich bin im Bilde. Übrigens habe ich vorsorglich bereits einen Tisch für uns reserviert. Wir essen zu zweit, haben Sie keine Sorge, dass ich die halbe Familie mitbringe.«

Ich lehnte mich etwas zurück, die Idee wirkte ansteckend, mit Brunetti zusammenzuarbeiten – das könnte mir gefallen. Er schaute mich weiter sehr direkt an, dann stand er plötzlich auf und ging zur Brüstung seiner Terrasse. »Kommen Sie«, sagte er, »schauen wir zusammen auf das Festgelände des *Centro Storico*. Dieser Blick könnte zugleich die erste Szene unseres Filmprojekts sein. Ich stünde genau hier und würde herabschauen, und unten, auf der Terrasse des *Centro*, würden sich einige Menschen bewegen. Es ist früher Abend, sie unterhalten sich, trinken ein Glas, sie bemerken mich nicht, aber ich beobachte jede und jeden genau. Ich bin gut informiert, ich sagte es schon.«

»Ich mache mit«, antwortete ich. »Sprechen Sie weiter, ich habe Feuer gefangen.«

»Wie schön! Auch der Mittag ist gerettet«, flüsterte Brunetti, »wir werden *Moeche fritte* essen, die mögen Sie doch so.«

»Die *Spuma di zabaione* mag ich auch.«

»Genehmigt«, lachte Brunetti und strich sich durch die schütteren Haare.

»Wie habe ich die Menschen des *Centro* beneidet, wenn sie an den Abenden auf ihrer Terrasse auf und ab gingen«, machte er weiter. »Venedig zu studieren, über Venedig zu schreiben, das wäre auch etwas für mich gewesen. Ich habe oft im Netz nachgeschaut, an welchen Themen die Stipendiaten arbeiten! Karmelitische Predigten des Mittelalters! Wie haben die Karmeliter in Venedig gepredigt? Welche sprachlichen und artistischen Mittel haben sie erfunden? Und wie haben sie Tiepolos-Fresken in *S. Maria dei Carmini* gedeutet? Oder, ein anderes Thema: die Privatbibliothek Luigi Nonos! Ich nehme an, Sie wissen, dass sie sich auf der Giudecca befindet! Zehntausend Bücher, darunter viele, in die er eigenhändig seine Kommentare notiert hat. Das sind Quellen, die versteckte Wege der Inspiration erschließen! Oder, ein drittes: die Glasindustrie in Murano! Wissen Sie von den Geheimnissen der alten Glasarten, und ahnen Sie, wie geschickt man auf Murano vorgehen musste, um diese Geheimnisse der Herstellung zu schützen und gegen Kopien zu sichern? Als ich an solche Themen dachte, entstanden in meinem Kopf wie von selbst kriminelle Schattenseiten der Studien. Die Entdeckung der kostbaren Handschrift einer Karmeliterpredigt, die der junge Forscher zunächst für sich behält und schließlich in einem fernen Versteck unterbringt, nachdem er den Text auswendig gelernt hat. Das Studium von Nonos Privatbibliothek, das eine Forscherin in den Wahnsinn treibt, so dass sie auf der Giudecca ziellos herumstreunt. Die Muraneser Glaskunst, deren Geheimnisse eine mafiöse Gesellschaft aus Asien der Forscherin abkaufen möchte, um im fernen Osten Glasarbeiten herzustellen, die das Original des *Cristallo* an Klarheit und Schönheit noch übertreffen. Mein Blick auf die Terrasse des *Centro* wurde immer mehr zu einem kriminalistischen. Was verbergen all diese jungen Leute, fragte ich mich. In welchen Dunkelzonen bewegen sie sich? Wie sieht es in ihren Köpfen und Hirnen aus, wenn die wuchernden Textmassen sich in ihnen festsetzen, Blasen werfen und molekulare Stoffe freisetzen, mit denen niemand gerechnet hat?«

»Fabelhaft«, sagte ich, »Sie sind der geborene Drehbuchautor, nicht ich! Die vielen Donna-Leon-Filme, in denen Sie mitgespielt haben, waren eine ideale Übung. Jetzt planen Sie Ihr eigenes Drehbuch, das ultimative, das Meisterwerk, ich habe verstanden!«

»Heben Sie nicht gleich so ab«, antwortete Brunetti. »Ich bin ein Schüler Donna Leons, ich versuche, von ihr zu lernen, das stimmt, aber ich bin noch kein Meister. Der Meister sind Sie!«

»Wir übertreffen uns im Weihrauchschwenken!«, sagte ich. »Bleiben wir lieber noch etwas auf dem Boden. Die erste Szene: Sie stehen hier, an dieser Brüstung, und Sie schauen herab auf die Terrasse des *Centro*, wo sich viele Menschen versammelt haben. Stipendiatinnen und Stipendiaten, Venezianerinnen, Touristen aus Deutschland, Franzosen ...«

»Wieso Franzosen? Wie kommen Sie ausgerechnet auf die?«

»Ich denke an die Direktorin des *Centro*, sie hat eine große Studie über Casanovas Memoiren geschrieben, ihr zuliebe sind drei Franzosen gekommen!«

»Großartig«, sagte Brunetti, »um Casanova nahe zu sein, wohnen sie in seinem venezianischen Sestiere, nahe der Kirche *San Samuele*. Sie bleiben unter sich, sprechen kein Deutsch und erst recht kein Englisch, sondern den alten venezianischen Dialekt, den Casanova so liebte. Sie verachten Prosecco und trinken ausschließlich Champagner, später werden sie, um Casanova zu ehren, im *Corte Sconta* seine geliebten Austern schlürfen.«

»Arbeiten wir schon an der zweiten Szene?«, fragte ich.

Brunetti lächelte wieder und verschwand in die Küche. Ich hörte ihn hantieren, dann kam er mit zwei zierlichen gefüllten Gläsern zurück. »Champagner«, sagte er, »in Kelchen aus Murano, für die beiden Drehbuchautoren!«

Ich lächelte ebenfalls, und wir tranken. Es war ein schöner Moment, wir waren uns nähergekommen, und ich hatte das

Gefühl, genauer zu verstehen, worum es ihm ging. Er enttäuschte mich nicht, sondern sagte:

»Es wird Sie nicht wundern, wenn ich Ihnen gestehe, dass Casanovas Memoiren eine meiner Lieblingslektüren sind. Während meiner Aufenthalte in Venedig habe ich jedes Mal wieder darin gelesen, mit der Zeit bin ich beinahe zu einem Experten geworden.«

»Die Memoiren waren *Ihr* Studiengebiet, ich verstehe«, antwortete ich.

»Richtig«, sagte Brunetti, »und diese Faszination hatte seltsame Folgen. Während des venezianischen Carnevale trug ich oft, bitte lachen Sie nicht, eine Casanova-Maske. Ich aß die Speisen, die er mochte, und trank ausschließlich Champagner.«

»Ich sehe erneut eine packende Szene«, antwortete ich. »Sie erscheinen zu einem Empfang des *Centro* auf seiner Dachterrasse, Sie tragen die Maske und begrüßen die Direktorin. Sie machen ihr den Hof, doch sie ahnt nicht, wer sich hinter diesem Maskenspiel verbirgt. Als der Empfang in die ausgelassene Phase gerät, stecken Sie der Direktorin heimlich ein Billet zu. Eine Verabredung zu einem Rendezvous, mit der Angabe von Ort und Zeit.«

»Die drei Franzosen beobachten das heimlich und verfolgen mich. Vielleicht planen sie eine Entführung der Direktorin, um sich ihr gesamtes Casanova-Wissen anzueignen. Sie ahnen, dass sie viel mehr weiß, als sie bisher über ihren Liebling geschrieben hat. Sie kennt geheime Quellen, die mit den Hintergründen seiner venezianischen Aufenthalte zu tun haben.«

»Und schon nimmt das Drama seinen Lauf«, lachte ich.

»Ein wichtiges Detail haben wir noch nicht erwähnt«, sagte Brunetti und schaute mich wieder an. »Es gibt noch einen weiteren Casanova-Kenner, der brillant von Casanova erzählt hat und von ihm ebenfalls mehr weiß, als er geschrieben hat.«

»Meinen Sie etwa mich?!«, fragte ich und stockte einen Moment.

»Niemand sonst«, sagte Brunetti. »Ihren wunderbaren Casanova-Roman *Die Nacht des Don Juan* kann ich nicht unerwähnt lassen.«

»Vielen Dank für die anerkennenden Worte«, antwortete ich, »aber treiben wir es nicht zu weit. Am Drehbuch arbeite ich gerne mit, mitspielen werde ich aber nicht.«

»Genau das werden Sie, mein Lieber!«, sagte Brunetti bestimmt. »Wir werden uns als Schauspieler wiedersehen. Ich in der Rolle des *Commissario*, der sich in einen Casanova-Liebhaber verwandelt, Sie in der Rolle meines Assistenten, der diese Verwandlung kopfschüttelnd verfolgt und versucht, hinter die Geheimnisse meines immer exaltierter werdenden Lebens zu kommen.«

»Der *Commissario* spielt nicht mehr den braven Ehemann und Familienvater?«

»Aber nein! Bevor er seinen Beruf aus Altersgründen aufgibt, gehen auch die Familienmitglieder eigene Wege. Der Sergente Vianello hat sich in den Süden versetzen lassen, und die Signorina Elettra hat endlich geheiratet und züchtet Blumen auf einem Hof in Umbrien.«

»Schade«, sagte ich, »wir sollten sie noch um einen Auftritt in unserem Drama bitten, sie hat immer viel Farbe, Freude und Gelassenheit in die Szenen gebracht.«

»Ich ahne, was Sie meinen«, antwortete Brunetti, »und ich bin einverstanden. Die Signorina Elettra ist die enge Vertraute meines Assistenten. Wie wäre das?«

»Brunetti«, sagte ich, »ich glaube, das ist der Beginn einer wunderbaren Freundschaft!«

Er lachte und schenkte erneut Champagner ein. Wir stießen mit unseren Gläsern an und umarmten uns. Danach gingen wir zu zweit ins *Corte Sconta*. Es gab Austern und *moeche fritte*, wir saßen im Innenhof des Ristorante und setzten unsere Arbeit am Drehbuch fort …

Kunstkontinente 3 – Paris

Neben Rom und Venedig war Paris für mich in den frühen siebziger Jahren die Stadt, die ich am häufigsten besuchte. Ich studierte an der Sorbonne und lebte lange Zeit in Saint-Germain-des-Prés, dem uralten Zentrum der Stadt.

Später habe ich von meinen Wegen und Kunsterkundungen in dem Buch »Paris, links der Seine« erzählt, das – ganz nach römischem Vorbild – mit dem Blick auf die Anlage und die architektonische Komposition der französischen Hauptstadt beginnt und nebenbei auch davon berichtet, wie ich bei der Erkundung ihrer Viertel und Straßen vorgehen möchte.

1 Höhenblick und Vogelschau

Alles beginnt auf der *Île de la Cité*, vor *Notre-Dame*. Ich stelle mich in einer langen Schlange an und warte darauf, die Türme der alten Kathedrale besteigen zu können. Man steht eine Zeitlang links der Fassade, in einer von Touristen-Cafés gesäumten Straße, und man muss viel Geduld aufbringen, weil in unregelmäßigen Abständen nur jeweils eine kleine Gruppe durchgewinkt wird. Dann wartet man noch eine Weile in einem Vorhof zum Eingang, bis man endlich zur Kasse darf, um ein Ticket zu kaufen.

Zwanzig, höchstens dreißig Personen gehen den Aufstieg an, mehrere Hundert Stufen, immer schmaler werdend, bis man schließlich die erste Aussichtsplattform zwischen den beiden Türmen erreicht. Die Älteren müssen sich setzen und durchschnaufen, die Jungen machen sich gleich ans Fotografieren: Paris liegt einem zu Füßen, in nicht allzu weiter

Ferne, in seinen Details gut erkennbar, wie ein dramatisches Ensemble ganz unterschiedlicher Zonen, deren Verschiedenheit man bald genauer erkennt.

Dieser Blick auf die Unterschiede der Bezirke lohnt den Aufstieg, denn aus der Höhe betrachtet, bietet die Stadt plötzlich nicht mehr ein relativ einheitliches Bild gleich großer Häuser in Hellgrau, sondern setzt sich aus kleinen, in sich geschlossenen, historisch gewachsenen Terrains zusammen. Der Fußgänger nimmt die Grenzen und Übergänge zwischen ihnen nicht wahr, denn er ist zu sehr mit der unmittelbaren Umgebung beschäftigt. Der Blick aus Weite und Ferne dagegen sondiert größere Flächen, Farbe und Anlage der Häuser, ihre Ähnlichkeiten und dazwischen die dunklen, trennenden Linien der breiteren Straßen.

Victor Hugo hat diesem Blick von der Höhe der Notre-Dame-Türme auf die Stadt in seinem 1831 erschienenen Roman *Notre-Dame de Paris* ein eigenes Kapitel (*Paris aus der Vogelschau*) gewidmet. Der Roman spielt im Spätmittelalter, als die drei damals bedeutendsten städtischen Zonen noch deutlich erkennbar waren: *Im fünfzehnten Jahrhundert war Paris noch in drei unabhängige und deutlich voneinander getrennte Städte geteilt, von denen jede ihr Gesicht, ihre Eigentümlichkeit, ihre Sitten und Bräuche, ihre Vorrechte und ihre eigene Geschichte hatte: die Altstadt, die Universitätsstadt und die Neustadt. Die Altstadt, die die Seine-Insel einnahm, war die älteste und geringste, zugleich aber die Mutter der beiden andern, zwischen diesen eingepfercht wie ein altes Hutzelweib – wenn der Vergleich gestattet ist – zwischen seinen beiden schönen erwachsenen Töchtern. Die Universitätsstadt erstreckte sich auf dem linken Seineufer … Die Neustadt … lag auf dem rechten Ufer. (Victor Hugo: Der Glöckner von Notre-Dame)*

In groben Zügen sind diese Unterscheidungen auch heute noch gut erkennbar. Die *Île de la Cité* ist das alte, historische

Zentrum von Paris. Sie war (von den Kelten und danach von den Römern) am frühsten besiedelt und wurde später zum Bindeglied zwischen linkem (*Rive gauche*) und rechtem (*Rive droite*) Seineufer. Ihre bedeutende Rolle in der Geschichte der Stadt als erster Königs- und Herrschaftssitz hat deutliche Spuren hinterlassen. Wie ein schwerer Riegel erstreckt sich der Justizpalast (die frühere Königsresidenz mit der Palastkapelle, der gotischen *Sainte Chapelle*) von einem Ufer zum andern und wirkt erheblich zu groß für das eigentlich schmale Inselterrain.

Er blockiert das Umherschweifen, denn er muss betreten oder umrundet werden, so dass die Besucher vor allem auf dem großen Platz vor *Notre-Dame* zusammenströmen und ihn als das einzige freie, weite und hellere Gelände für einen Aufenthalt auf der Insel erleben. *Notre-Dame*, *Sainte Chapelle* und eventuell noch die alte *Conciergerie* (im späten achtzehnten und neunzehnten Jahrhundert ein gefürchtetes Gefängnis) werden vielleicht noch aufgesucht und bestaunt, danach aber fliehen die meisten Spaziergänger wieder zurück in lebendigere Zonen auf beiden Ufern, hin zu Cafés, Bistros, Restaurants und Hotels, von denen man auf der Seine-Insel nur sehr wenige findet.

Setzt man die heutige Vogelschau von einer der beiden Türme nach links blickend fort, so erkennt man, dass das Gelände von der Seine aus allmählich ansteigt. Es handelt sich um den *Montagne Sainte-Geneviève*, auf dessen höchster Erhebung die große Kuppel des *Pantheons* gut zu erkennen ist. Der Hügel, der den Namen der Stadtheiligen von Paris (der heiligen Genoveva) trägt, ist der Raum der alten römischen Siedlung *Lutetia*, die sich von der Seine aus den ganzen Hang hinauf bis zu seiner höchsten Erhebung erstreckte.

Von dieser römisch-lateinischen Frühzeit hat das heutige

Quartier seinen Namen: *Quartier Latin.* Es ist jenes Quartier, das Victor Hugo die Universitätsstadt nennt, weil es nach der römischen Besiedlung die alte Universität (die heutige *Sorbonne*) sowie all die vielen Kollegien beherbergte, die im Mittelalter den Ruhm der Stadt Paris als eines Zentrums der neusten theologischen und philosophischen Debatten (mit so bedeutenden Lehrern wie Albertus Magnus und Thomas von Aquin) begründeten. Von den gegenwärtig zwanzig Pariser Stadtbezirken (*Arrondissements*) ist es das fünfte, ruhmreich seit vielen Jahrhunderten wie kaum ein anderes und noch heute das Zentrum der Gelehrsamkeit und der Wissenschaften.

Blickt man am linken Seineufer weiter entlang, so tauchen neben den dicht gedrängten Bauten des fünften Arrondissements die des sechsten auf. Das *Quartier Latin* geht allmählich über in das nicht weniger bekannte *Quartier Saint-Germain-des-Prés*, benannt nach der großen frühmittelalterlichen Benediktinerabtei, von der heute vor allem noch die legendäre Kirche gleichen Namens vorhanden ist. Von *Notre-Dame* aus erkennt man ihren spitzen, einsamen Turm und etwas weiter zur Linken die Zwillingstürme der Kirche *Saint-Sulpice*. Sie liegt ganz in der Nähe des *Jardin du Luxembourg*, in dem seit dem achtzehnten Jahrhundert Generationen von Pariser Bürgern die halbe Kindheit verbrachten und viele Literaten der Stadt einsame Runden drehten.

Links der Seine, dicht entlang ihrem Ufer, verläuft die noble Phalanx der fünf- oder sogar sechsstöckigen Häuser mit Blick auf den Fluss. Viele besitzen im obersten Stock besonders hoch gezogene Fenster und gläserne Aussichtsinseln, die für starken Lichteinfall sorgen. Seit der Mitte des neunzehnten Jahrhunderts wurden sie von Zeichnern, Bildhauern und Malern (wie etwa von Pablo Picasso) als Ateliers genutzt, das *Quartier Saint-Germain-des-Prés* beherbergt bis heute sehr viele von ihnen.

Daher haben sich in diesem Quartier auch zahlreiche Galerien niedergelassen, besonders in der Umgebung der École des Beaux Arts, der großen staatlichen Kunstakademie, die ebenfalls am linken Seineufer liegt, befindet sich eine Galerie neben der anderen. Direkt vor der École trifft man auf das *Institut de France*, dessen teilweise vergoldete Kuppel mit der ebenfalls vergoldeten Laterne gut sichtbar ist. In ihm sind die bedeutendsten Akademien des Landes wie die *Académie française*, die *Académie des Beaux-Arts* oder die *Académie des sciences* untergebracht.

Gegenüber, am rechten Ufer der Seine, erkennt man die langgestreckten Bauten des *Louvre*, der seit den Zeiten der Französischen Revolution für Besucher öffentlich zugänglich ist. Seine Größe verleiht dem rechten Ufer etwas Monotones, so dass seine Fassaden mit den Bildern der großzügig angelegten Wohnungen und Häuser am linken Seineufer nicht konkurrieren können.

Glücklich aber fügt es sich, dass sich der Fluss hier teilt und die zentrale Insel an beiden Seiten umschlingt. Die ruhig und oft unmerklich dahinfließende Seine lockt zu den wärmeren Jahreszeiten kaum noch übersehbare Scharen von Einheimischen und Besuchern an. Sie lagern bis tief in die Nacht an ihren Ufern und genießen das Leuchten zu beiden Seiten des Flusses und eine Atmosphäre von Entspanntheit und Lebensfreude, wie sie kaum eine andere Stadt zu bieten vermag.

Die Île de la *Cité* und die Seine zu beiden Seiten – sie sind ein Urbild der Stadt Paris, das man in seiner ganzen Schönheit nur von den Türmen von *Notre-Dame* aus wahrnimmt. Noch in einem lateinischen Epos aus dem späten neunten

Jahrhundert, *Bella Parisiacae urbis*, erscheint es gleich zu Beginn, in einer hymnischen Passage über die Schönheit der Stadt (die jetzt nicht mehr *Lutetia*, sondern *Paris* heißt) in all seiner Klarheit und Einfachheit.

Ein Mönch der Abtei *Saint-Germain-des-Prés* (Abbo von Saint-Germain-des-Prés) hat dieses Epos in seinen jungen Jahren verfasst und Paris so gepriesen: *Denn inmitten der Seine und des blühenden Reiches der Franken ruhend, ragst du empor und singst: »Ich bin eine Stadt, die wie eine Königin heller als andere Städte erstrahlt.« Es ziert dich ein Hafen, stattlicher als alle anderen, und wer die Macht und den Glanz der Franken zu schauen begehrt, verehrt dich. Eine Insel erfreut sich deiner; ein Fluss legt seine Arme um dich und streichelt ringsum deine Mauern. Über deinen rechten und linken Flussarmen liegen Brücken als Sperren. Hüben und drüben – diesseits der Stadt und jenseits des Flusses – sind Türme zu sehen, welche die Brücken beschützen. (Anton Pauels: Abbo von Saint-Germain-des-Prés, Bella Parisiacae urbis)*

Das Urbild – die zentrale Insel und die beiden so unterschiedlichen städtischen Terrains »hüben und drüben« – war zunächst also ein römisches Bild, bis es die Merowinger und danach die Franken konturierten und weiter an ihm arbeiteten. Betrachtet man Pläne des alten Paris (Pierre Pinon/Betrand Le Boudec: *Le plans de Paris*), so erkennt man genau, wie die drei Regionen, eng miteinander verbunden, stetig wachsen und durch eine gemeinsame, alle drei Gebiete durchlaufende Straße zusammengehalten werden. Auf dem linken Seineufer ist es die *Rue Saint-Jacques*, die sich auf der *Île de la Cité* in die *Rue de la Cité* verwandelt, bis sie auf dem rechten Seineufer zur *Rue Saint-Martin* wird.

Im späten fünfzehnten Jahrhundert, in dem Victor Hugos Roman spielt, sind die beiden Flussseiten längst bedeutender als die Insel, die vorher jahrhundertelang Regierungszentrum gewesen war. Doch auch Victor Hugo rekurriert noch einmal auf das Urbild und grundiert es mit Hilfe einer schönen Metapher: *Paris ist bekanntlich auf der Île de la Cité entstanden, die die Form einer Wiege hat. Das Gestade dieser Insel bildete seine erste Ringmauer, die Seine seinen ersten Wallgraben. Während mehrerer Jahrhunderte blieb Paris auf diese Insel beschränkt und hatte zwei Brücken, eine im Norden und eine im Süden, sowie zwei Brückenköpfe, die zugleich seine Tore und Festungen waren. (Victor Hugo: Der Glöckner von Notre-Dame)*

Der Blick des Betrachters verliert sich dann aber in der Fülle der städtischen Details, die man auch heute noch in unmittelbarer Umgebung der beiden Seineufer wahrnimmt. Hugos Beschreibung trifft dabei noch immer den überwältigenden Reichtum der vielen Bilder, wie etwa die sprunghaften Veränderungen der Dachkonstruktionen im Verlauf einer Straße, die hohen Fenster der Stockwerke, die versteckten, kleineren Fensterfluchten direkt unter den verzinkten Mansardendächern, die unzählbar vielen schmalen Kamine, die Türme und die hohen Mauern, die sich oft angrenzend und drohend zwischen manchen Häuserblöcken erheben: *Alles drängte sich ihm gleichzeitig ins Blickfeld, behauene Giebel, steile Dächer, leicht aufsitzende Ecktürmchen, steinerne Pyramiden des elften und schiefergedeckte Prismen des fünfzehnten Jahrhunderts, ein runder, nackter Bergfried, ein viereckiger, verschnörkelter Kirchturm, Großes, Kleines, Lastendes und Luftiges. (Victor Hugo: Der Glöckner von Notre-Dame)*

Genau dieser Rausch des Sehens erfasst einen noch heute, wenn man die nahen Zonen rund um *Notre-Dame* aus der Höhe studiert. All die Details, die Victor Hugo aufzählt, sind noch da und keineswegs von neuerer Architektur beiseitegedrängt. Man blickt auf einen verwirrend detailreichen, ungeordneten und gerade deshalb so animierenden Kosmos. Beinahe jedem Haus sind seine Entstehungszeit und seine Geschichte noch anzusehen, und die unterschiedlichen Zonen erscheinen aus der Höhe so eng zusammengewachsen, dass man den zwischen ihnen fließenden Verkehr kaum wahrnimmt.

Die Verlockung, die durch solche Blicke entsteht, ist eine einzige, heftige: sich sofort in diese städtischen Terrains und Ländereien zu stürzen und sie langsam, Straße für Straße, zu sondieren und zu durchleben. Es ist die Verlockung, die aus vielen Spaziergängern und Flaneuren Spurensucher und Zeichendeuter gemacht hat. In Paris sind das großstädtische Schauen und der Detailblick für die Wunder der alltäglichen, unmittelbaren Umgebung (im achtzehnten und neunzehnten Jahrhundert) entstanden und später durch Fotografie und Film (beides typische Pariser Künste, die hier auch ihren Ursprung haben) weiterentwickelt und geformt worden.

Da dieses Schauen, Wahrnehmen und Vergleichen viel Zeit braucht und geduldiger ist als das hastige, auf rasche Eroberung der Umgebung setzende touristische Schauen, ist es klug, sich auf bestimmte Terrains der Stadt zu konzentrieren und in ihnen lange Zeit hochgradig aufmerksam und mit viel Empathie unterwegs zu sein. Die ältesten Terrains, das *Quartier Latin* und das *Quartier Saint-Germain-des-Prés*, bieten sich dafür besonders an. In ihrer Zusammengehörigkeit bilden diese beiden alten Quartiers zusammen mit der Seine-Insel das Herz von Paris.

In ihm ist noch immer jenes enorm vitale und anregende kulturelle Leben vorhanden, das seit den Zeiten der ältesten Kaffeehäuser (Ende des siebzehnten Jahrhunderts) aus ganz besonderen Ingredienzien besteht. Es ist ein Leben, in dem das Private mit dem Öffentlichen eng verbunden ist und beide Momente sich in der Form vieler (meist auch festlicher) Rituale durchdringen. In den ungezählten Cafés und

Bistros, den Bars und Restaurants findet diese Durchdringung an jedem Tag wieder neu statt, und nachts kommen noch die Clubs und Kellerlokale dazu, in denen (früher mehr noch als heute) die Nächte verbracht werden.

Beinahe alle Künste sind in diesen beiden Quartiers vertreten: die Malerei, die Skulptur, die Architektur, die Musik, Theater, Fotografie und Film. Es gibt aber eine Kunst, die all die anderen miteinander verbindet, von ihnen erzählt und ihre Atmosphären reflektiert – diese Kunst des Brückenschlagens, der Beschreibung und Deutung ist die Literatur. Das *Quartier Latin* und das *Quartier Saint-Germain-des-Prés* sind von ihr besonders stark geprägt. Die bedeutendsten Verlagshäuser des Landes und eine unüberschaubare Fülle von Buchhandlungen und Bibliotheken befinden sich hier.

Schon zu den Zeiten der Aufklärung waren beide Quartiers mit ihren Salons und Cafés die zentralen Brutstätten der literarischen Moderne Europas. Diderot, Voltaire und Rousseau haben sich in ihnen aufgehalten und bereits im achtzehnten Jahrhundert dazu beigetragen, dass die spezifisch französischen Formen der Konversation ein stark reflektierendes philosophisches Moment erhielten.

Im neunzehnten Jahrhundert haben Romanciers wie Honoré de Balzac, Gustave Flaubert und Émile Zola die großräumigen Geschichten der Entstehung und des Wachstums einer Weltstadt entworfen, und Lyriker wie Charles Baudelaire, Arthur Rimbaud, Stéphane Mallarmé und Guillaume Apollinaire haben die Bilder, Metaphern und Klänge dazu komponiert, bis in den Jahrzehnten zwischen den Weltkriegen vor allem amerikanische Schriftsteller (wie Ernest Hemingway, Scott Fitzgerald und Ezra Pound) nach Paris kamen, um im Salon der Gertrude Stein in Kontakt mit den Malern und Bildhauern ihrer Zeit zu treten.

Nach dem Zweiten Weltkrieg schließlich wurden das *Quartier Latin* und das *Quartier Saint-Germain* in den Jahren von 1945–1960 zu einem mythischen Raum, in dem sich jene wiederum spezifisch französische Philosophie des Existentialismus entwickelte, die nicht nur philosophische Theorie, sondern mehr noch eine besondere Lebensform war, wie sie etwa von Simone de Beauvoir, Jean-Paul Sartre oder Albert Camus gelebt wurde (Sarah Bakewell: *Das Café der Existentialisten*).

Beim Abstieg von den Türmen der Kathedrale Notre-Dame ist eine starke Unruhe da. Ich kenne sie gut, sie ist typisch pariserisch. Hat man sich mit den Bildern und Details der Stadt aus der Höhe vollgesogen, entzünden diese Zeichen eine besondere Anziehungskraft. Sie wollen ganz aus der Nähe betrachtet, durchlaufen, begangen, berührt und auf intensive Weise erlebt werden.

So entwickelt sich während des Abschieds bereits die Idee eines Vorhabens: Ich möchte das Herz von Paris und seine beiden Quartiers noch einmal durchstreifen. Noch vor wenigen Jahrzehnten wurden sie von ihren Bewohnern so beschrieben, als handelte es sich um kleine, für sich existierende Dörfer mitten in einer Weltstadt. Das großstädtische Leben der Boulevards oder des Hügels von Montmartre färbte nicht auf sie ab, so dass sie lange Zeit noch den romantischen Traum kultivierten, Inseln des alten Paris aus Zeiten vor dem Wandel zur »Hauptstadt des neunzehnten Jahrhunderts« (Walter Benjamin) zu sein.

Ihre in die Jahre gekommenen Häuser, die schmalen Gassen, die seltenen Plätze und die eher beengten Durchblicke verstärkten den Eindruck, dass sich in ihnen nur sehr langsam etwas veränderte. Trotzig und immun gegenüber den modischen Trends schienen diese beiden Quartiers an einem

Leben festzuhalten, das von der Beständigkeit seiner Bewohner mehr geprägt wurde als von allen Importen der Industriekultur.

Wie aber steht es heute damit? Welche vergangenen Bilder tauchen noch auf? Und wie lässt sich von den großen Dramen und Geschichten hinter diesen Bildern erzählen?

Sie aufzufinden und mit den gegenwärtigen Bildern zu vergleichen oder zu kontrastieren, ist eine besondere Freude. Denn ohne diese Erzählungen bleibt das Gelände der beiden alten Quartiers nichts anderes als eine tote Gegend, in der man lauter Gassen und Straßen durchläuft, in denen sich eben nicht die bekannten »Sehenswürdigkeiten« aufdrängen.

Hier gibt es weder einen Eiffelturm noch einen Louvre, noch eine Sacre-Cœur auf der Höhe eines Hügels, der täglich von Tausenden von Touristen gestürmt wird. Auf den ersten Blick hat das Herz von Paris solche weltbekannten Prunkstücke nicht zu bieten. Und doch lebt und inszeniert sich in ihm wie nirgendwo anders in dieser Stadt ein immenser geistiger Reichtum, der sich auf das vergangene große Erbe bezieht, es umspielt und mit Hilfe dieses fortlaufenden Dialogs die Zukunft entwirft.

Wie aber soll ich vorgehen? Soll ich einige Spaziergänge entwerfen, die durch das Terrain führen? Soll ich hier und da vor einem Gebäude stehen bleiben und darauf hinweisen, dass in ihm Jean-Paul Sartre, Henry Miller oder Marguerite Duras gewohnt haben? Nichts wäre langweiliger und nichtssagender als ein derartiges Vorgehen. Es würde dem Leser viele Namen präsentieren, ohne ihm etwas von den Stimmungen und Atmosphären zu vermitteln, die das Herz von Paris zu einem so besonderen Terrain machen.

Ich werde also das Vergangene nicht nur benennen und

mit dem Finger kurz auf es zeigen, sondern ich werde es zu Wort kommen lassen und von ihm erzählen. Gleichzeitig aber werde ich auch in die gegenwärtigen Szenen direkt über oder neben diesem Vergangenen eintauchen und die heutigen starken Bilder beschreiben. Was war und was ist? – Das ist die doppelte Frage meiner Wege.

Sollen es aber wahrhaftig kurze Wege oder Spaziergänge sein? Ist es dem Herz von Paris angemessen, kleine Strecken zurückzulegen, von ihren Geschichten und Aktualitäten zu erzählen, um sich im nächsten Kapitel auf andere, ebenso begrenzte Wegstrecken zu begeben?

Ich möchte weder ein nostalgischer Spaziergänger noch ein pedantischer Wanderer oder ein selbstverliebter Flaneur sein. Was aber dann? Was ich suche, ist das ununterbrochene Gehen und Schauen, der Rausch einer Grand Tour, die keine erneuten Anfänge, Unterbrechungen und kein Innehalten kennt. Das Herz von Paris soll nicht in kleine Partien und Besichtigungshäppchen zerstückelt, sondern, als lebte ich in einer nicht enden wollenden Liaison, mit all seinen Szenen in einem Zug durchlaufen werden.

Und was folgt aus diesem Plan? Dass die Strecken und Wege meiner *Grand Tour* sich kontinuierlich fortsetzen, als legte ein einzelner Besucher es darauf an, tage- und nächtelang ohne Unterbrechung unterwegs zu sein. Ich glaube, dass eine solche Verausgabung so sehr zu Paris gehört wie zu kaum einer anderen Stadt. Als ich mich in den siebziger Jahren immer wieder und auch länger in ihr aufhielt, gehörten diese ununterbrochenen Touren (ohne Metro, ohne Auto) ganz selbstverständlich zum Pariser Leben. Emphatisch gesprochen, erlaubt eine Stadt wie Paris keine Pausen, Unterbrechungen und Rückzüge. Sie fordert unaufhörliche Präsenz: hochaktiv, mit unendlich vielen Antennen für die unterschiedlichsten Details (der Literatur, der Kunst, der Musik, der Mode, der Gastronomie).

Der surrealistische Dichter Louis Aragon (1897–1982) hat sich in seinem bereits 1926 erschienenen Buch *Le Paysan de Paris* dem Detailfetischismus des genauen Blicks ganz aus der Nähe hingegeben. Nur jeweils sehr kleine und begrenzte Terrains von Paris hat er beinahe Haus für Haus durchstreift, mit ihren Bewohnern gesprochen und die Geschichten der Häuser und Menschen erzählt.

Zu Beginn seines Buches erinnert er sich an den Initiationsmoment dieser Suche. Es war der Moment eines Überfalls: Etwas nicht genau zu Bestimmendes geschah, ganz unerwartet. Etwas öffnete sich, und die Sinne spielten plötzlich verrückt. Was tun? Sich beruhigen? Abwarten? Versuchen, auf andere Gedanken zu kommen? Aragon hat dafür nur ein Lachen übrig, denn er weiß längst, dass ihm keine Wahl bleibt. Er muss losgehen, alles riskieren, er setzt alles auf Rot: *Es war eines Abends, gegen fünf Uhr, an einem Samstag: Auf einmal ist alles verändert, die Dinge baden in einem anderen Licht, und doch ist es noch recht kalt, man könnte nicht sagen, was geschehen ist. Jedenfalls vermögen sich die Gedanken nicht mehr in derselben Richtung zu bewegen; sie folgen ziellos einer unwiderstehlichen inneren Unruhe. Der Deckel der Schachtel ist geöffnet. Ich bin nicht mehr Herr meiner selbst, dermaßen erlebe ich meine Freiheit. Es hat keinen Sinn, irgend etwas zu unternehmen. Ich werde Begonnenes nicht mehr weiterführen, solange dieses paradiesische Wetter anhält. Ich bin der Spielball meiner Sinne und des Zufalls. Ich bin wie ein Spieler am Roulettetisch, sagen Sie ihm ja nicht, er solle sein Geld in Erdölaktien anlegen, er würde Ihnen ins Gesicht lachen. Ich sitze am Roulette meines Körpers und setze auf Rot. (Louis Aragon: Der Pariser Bauer)*

2 Der Ursprung der Moderne – Eugène Delacroix

Die letzten Wohnräume und das letzte Atelier von Eugène Delacroix haben in meinem Buch »Paris, links der Seine« eine besondere Bedeutung. Hier orte ich Momente des Ursprungs der französischen Malerei des neunzehnten Jahrhunderts und zugleich eine Anschlussstelle an die italienischen alten Meister, deren Bilder ich in Rom und Venedig studiert hatte. So wirkt der Aufenthalt in diesen Räumen wie eine Brücke, die mich aus der Renaissance und dem Barock Italiens in die französische Moderne führt.

Auf der *Place de Furstemberg* erinnere ich mich wenig später an die junge Kunststudentin Arlette, die mir geraten hatte, im Haus Nr. 6 die letzte Wohnstätte und das letzte Atelier von Eugène Delacroix (1798–1863) zu besuchen. Im Dezember 1857 ist er eingezogen und hat genau hier bis zu seinem Tod gelebt.

In diesen Jahren arbeitete er an mehreren großen Fresken (*Jacobs Kampf mit dem Engel* und *Héliodors Vertreibung aus dem Tempel*) in der Kirche *Saint-Sulpice*. Daher zog er aus seinem vorherigen, weiträumigeren Atelier in der *Rue Notre Dame de Lorette* (im neunten Arrondissement, rechts der Seine) aus, um während der Arbeitsjahre an diesen Bildern einen bequemen, kurzen Weg zu seiner täglichen Arbeitsstätte zu haben.

In einem Brief an die befreundete Schriftstellerin George Sand (1804–1876) schildert er diese neuen Arbeitsabläufe und was er an Erleichterung und Glück mit ihnen verbindet: *Ich stehe früh auf und eile an die Arbeit außer Haus; so spät als möglich kehre ich heim und beginne wieder am nächsten Morgen. Diese ununterbrochene Spannung und die Begeisterung an meiner Aufgabe – es ist die Arbeit eines Droschkengauls – gibt mir die Illusion, noch einmal jene glücklichen Zeiten zu erleben, da man stets unterwegs zu einer Geliebten ist, vor allem aber zu jenen, die einen verzehren und verzaubern. Nichts fesselt mich stärker als die Malerei, und ihr verdanke ich die Gesundheit eines Dreißigjährigen. Sie ist mein einziger Gedanke, und alle Ränkespiele sind mir recht, um ihr ganz anzugehören; das heißt, ich versenke mich in meine Arbeit wie Newton (der als keuscher Mann gestorben ist) sich in die Erforschung der Schwerkraft vertiefte … (Eugène Delacroix: Briefe und Tagebücher)*

Delacroix ist zu diesem Zeitpunkt aber nicht mehr dreißig, sondern über sechzig Jahre alt. Die neue Unterkunft an der *Place de Furstemberg* wählt er auch deshalb, weil es ein ruhiger, angenehmer Ort ist, in dem er seine letzten Lebensjahre möglichst ungestört zu verbringen hofft. Einige bedeutende Würdigungen seiner Arbeit liegen gerade hinter ihm. Während der Weltausstellung in Paris (1855) wurde er neben Ingres als einer der führenden Maler Frankreichs ausgezeichnet, und kurze Zeit später haben seine langjährigen Bemühungen, als Mitglied in das *Institut de France* gewählt zu werden, endlich Erfolg. Vor zwanzig Jahren, schreibt er an einen Freund, hätte ihn diese Wahl wohl noch mehr erfreut. Er hätte Einfluss ausüben und eine Gruppe von guten Schülern ausbilden können. Doch auch die späte Wahl bereitet noch Genugtuung, er fühlt sich bestätigt und konzentriert sich ganz auf sein Alterswerk.

Ich betrete einen kleinen Innenhof und stehe kurz darauf im Erdgeschoss des Hauses Nr. 6, von dem aus eine schöne Treppe hinauf in den ersten Stock führt. Dort befinden sich die schlichten Wohnräume, in denen heute einige kleinere Bilder und Skizzen ausgestellt sind. Daneben begegnet man auch Souvenirs, die Delacroix von seiner Marokkoreise im Jahr 1832 mit nach Hause gebracht hat. Und schließlich gibt es noch Autographen (Briefe und Skizzenhefte), die einen

Eindruck von den Vorarbeiten und Arbeitsstudien zu seinen Bildern vermitteln.

Die Wohnräume sind ein kleines, eher bescheidenes Museum, das einen nirgends an jenen Maler denken lässt, dessen große Ölgemälde man im Kopf hat: die *Dante-Barke (1822)*, *Der Tod des Sardanapal (1827)* oder *Die Freiheit führt das Volk (1830)*, heute allesamt im *Louvre* zu sehen.

Einen ganz anderen Eindruck erhalte ich, als ich die Wohnräume verlasse und nach draußen über eine schmale Stiege hinab zum Ateliergebäude gehe. Es steht ganz für sich, außerhalb des Wohngebäudes, in einem Garten, um dessen Anlage sich Delacroix sehr gekümmert haben soll. Im Grün dieses kleinen ummauerten Bereichs fühlt man sich der Umgebung entrückt. Man schaut auf das weiße, freundliche Ateliergebäude mit dem hohen Atelierfenster und kann sich vorstellen, dass dieser Raum die eigentliche Zelle des Rückzugs war.

Die schriftlichen Dokumente dieses Rückzugs waren die Tagebücher und Briefe, in denen Delacroix immer wieder seinen Abstand von den kleinen und größeren Bühnen der Gesellschaft festhielt: *Man sollte ausschließlich den Umgang mit liebenswürdigen Menschen pflegen, auch wenn es nur wenige sind. In ihrer Gesellschaft ist das Frivole charmant; aber Frivolität im Salon von Leuten, die ihre Büros aufgeräumt und die Geschäftsbücher im Schrank versorgt haben, um einen Ball zu geben, und die ihren Angestellten die Sonntagsanzüge vorschreiben, um den Damen den Arm zu bieten! Da ziehe ich einen Bauerntanz vor … (Eugène Delacroix: Briefe und Tagebücher)*

Von noch größerer Bedeutung als diese abgrenzenden Kommentare zum gesellschaftlichen Leben ist das Studium bestimmter Schriftsteller (wie etwa Edgar Allan Poe oder Honoré de Balzac). Delacroix ist ein eifriger Leser, der seine

Lektüren gewissenhaft vermerkt und die starken Eindrücke, die von ihnen oft ausgehen, minuziös festhält. Häufig denkt er über die Unterschiede zwischen Literatur und Kunst, Dichten und Malen, nach, und er unternimmt solche Vergleiche mit einer Präzision, die sein Schreiben und Reflektieren durchaus zu dem eines guten Schriftstellers macht: *Der Dichter hält sich an das Nacheinander des Geschehens, der Maler an die Gleichzeitigkeit. Ein Beispiel: Vor meinen Augen baden Vögel in einer kleinen Lache. Bei Regen tropft Wasser von der Bleiabdeckung eines flachen Dachvorsprungs, so entsteht die Lache. Auf einen Blick sehe ich eine ganze Menge, die der Dichter nicht erwähnen und keinesfalls beschreiben kann, er liefe sonst Gefahr, langweilig zu sein und Bände zu füllen mit Eindrücken, die nur unzulänglich wiederzugeben sind. Man beachte: Ich konzentriere mich nur auf einen Moment des Geschehens. Der Vogel taucht ins Wasser: ich sehe seine Farbe, die silbrige Unterseite seiner Flügelchen, die Farbe, seine zarte Gestalt, die Wassertropfen, die er im Sonnenstrahl verspritzt. Hier manifestiert sich das Unvermögen der Dichtkunst. (Eugène Delacroix: Briefe und Tagebücher)*

Immer wieder geht sein Blick auch zurück zu den großen italienischen Meistern des sechzehnten und siebzehnten Jahrhunderts. Raffael, Michelangelo, Tizian, Veronese – Delacroix scheint ihre Werke bis ins letzte Detail im Kopf zu haben und versucht, im Blick auf diese großen Vorbilder Grundsätzliches zu formulieren. Seine Tagebücher lesen sich wie ununterbrochene Dialoge und Auseinandersetzungen mit den Meistern. Ihr Rang bleibt dabei nicht gleich, sie steigen und fallen im Ansehen je nach den Perspektiven, die Delacroix zu einem bestimmten Zeitpunkt einnimmt. Als Leser seiner eruptiven Aufzeichnungen fühlt man sich in einen Sog fortlaufender Korrekturen versetzt, man spürt die enorme Unruhe, die Delacroix bewegt und ihn die gewagten und hochdramatischen Themen und Motive für seine Bilder finden lässt.

Dieses dauernde Theoretisieren und die Suche nach neuen, treffenden Begriffen für Malerei und Bildhauerei durchziehen seine schriftlichen Überlegungen ein Leben lang. In ihrer Gesamtheit sollten sie ein kleines Kompendium einer aktuellen Reflexion über Kunst ergeben, ein *Dictionnaire des Beaux-Arts*. Delacroix hat daran penibel und mit der ihm eigenen Besessenheit gearbeitet, weil er deutlicher als seine Zeitgenossen spürte, dass die traditionellen Begriffe nicht mehr ausreichten, das Nervöse, Unruhige und Irritierende der modernen Linien- oder Farbgebung zu bezeichnen: *In der Natur gibt es keine Parallelen, weder gerade noch kurvige. Es wäre interessant nachzuweisen, ob nicht die regelmäßigen Linien nur ein Produkt des menschlichen Gehirns sind. Die Tiere verwenden nie solche in ihren Konstruktionen, ich meine in den regelmäßig angelegten Gebilden wie etwa Kokon oder Wabe. (Eugène Delacroix: Briefe und Tagebücher)*

Zum Schluss meines Rundgangs betrete ich das Atelier. Es ist ein einzelner, sehr hoher Raum, der durch die zum Himmel hin ansteigenden Atelierfenster viel Licht bezieht. Ich stehe vor einem dieser Fenster und schaue hinunter in den grünen Garten. In dieser Oase von geschützter Wohnung, Atelierzelle und geschlossenem Garten entsteht in den letzten sechs Lebensjahren Delacroix' Alterswerk. Er sucht nach immer einfacherer, stärkerer Konzentration auf das Wesentliche. Gesellschaftliche Kontakte bedeuten ihm schließlich überhaupt nichts mehr.

Sein malerisches Testament sollen die beiden großen Bilder in *Saint-Sulpice* sein. Auf ihnen kämpft Jakob mit dem Engel, und Héliodor wird von einem unheimlichen Reiter auf einem sich aufbäumenden Pferd aus dem Tempel von Jerusalem vertrieben, wo er den Tempelschatz rauben wollte.

Die letzte Aufzeichnung seines Tagebuchs lautet: *Ein Fest für das Auge zu sein, das ist das höchste Verdienst eines Bildes.* (*Eugène Delacroix: Briefe und Tagebücher*)

Ich gehe die kleine Stiege zu den Wohnräumen wieder hinauf, ich blicke noch einmal zurück: das Atelier und der Garten. Dann durchquere ich ein letztes Mal die Wohnräume und gehe die schöne Treppe hinunter zum Ausgang.

Ich habe das Gefühl, in einem stillen Refugium mit großer Ausstrahlung auf *Saint-Germain-des-Prés* gewesen zu sein: dort, wo die Linien der künstlerischen Moderne des neunzehnten Jahrhunderts zusammenlaufen. Und ich vermute, dass der Maler Henri Fantin-Latour (1836–1904) auch diese Perspektive vor Augen hatte, als er seine *Hommage à Delacroix* ein Jahr nach dessen Tod malte.

Auf dem Gruppenporträt erkennt man die jüngeren Maler der zweiten Hälfte dieses Jahrhunderts (wie Edouard Manet, James Whistler und Henri Fantin-Latour selbst), die sich voller Verehrung um ein Porträtbild im Hintergrund scharen, auf dem Eugène Delacroix zu erkennen ist. Auch der Dichter Charles Baudelaire ist auf diesem Bild zu sehen. In seinen Essays über den großen Kunstsalon von 1846 hat er Delacroix den suggestivsten aller Maler und – noch emphatischer – »den Maler des neunzehnten Jahrhunderts« genannt.

Draußen, auf der *Place de Furstemberg*, steht die junge Verkäuferin des Maison de Chou wieder im Freien und raucht eine Zigarette. Wie hätte Delacroix sie gesehen, was hätte er an ihr beobachtet? *Von meinem Fenster aus schaue ich einem Parkettleger zu, der mit entblößtem Oberkörper in der Galerie arbeitet. Ich vergleiche die Farbe seines Körpers mit jener Außenmauer und stelle fest, wie farbig die Fleischtöne sind im Unterschied zu jenen der unbelebten Materie. Dieselbe Beobachtung habe ich gestern auf der Place Saint-Sulpice gemacht, als ein Bürschchen auf die von der*

Sonne beschienene Brunnenfigur geklettert war. In den Helligkeiten ein mattes Orange, in den schattigen Übergängen die kräftigsten Violett und goldige Reflexe in den Schatten, die sich vom Erdboden abhoben. Orange und Violett wirkten wechselweise stark und schwach oder mischten sich. Der Goldton spielte ins Grün. Das Fleisch erscheint nur draußen in freier Luft, und vor allem im Sonnenlicht, in seiner wahren Farbe. (Eugène Delacroix: Briefe und Tagebücher)

3 Der Boulevard und die Mode

Die Pariser Atmosphären ließen sich vor allem durch die Beobachtungen, die ich auf den großen Boulevards von Paris machte, genauer erschließen. Sie leiten über zu Kunstmomenten, die mit der Mode, ihren Meistern und Ateliers zu tun haben. Erst in Paris lernte ich, die Passanten einer Stadt auch im Blick auf ihre Kleidung und ihr

Auftreten zu betrachten. Das führte auf dem Weg über die Werkstätten der großen Modemacher zunächst ins zwanzigste Jahrhundert und dann auch in die Gegenwart.

Vom *Jardin du Luxembourg* aus gehe ich ein letztes Mal in die flussnahen Zonen von *Saint-Germain-des-Prés* zurück. Ich verlasse den Park genau da, wo ich ihn betreten habe (neben dem *Musée du Luxembourg*), folge der *Rue de Vaugirard* einige Schritte nach links und biege dann nach rechts in die *Rue Bonaparte* ein. Ein schmaler Fußpfad (*Allée du Seminaire*) verläuft parallel zum Bürgersteig Richtung *Place Saint-Sulpice*, ich gehe die *Rue Bonaparte* immer weiter entlang, bis ich die *Rue du Four* erreiche. Ich wende mich nach links und stoße schließlich auf die breite *Rue des Rennes* ein, die ich nach rechts bis zum *Boulevard Saint-Germain* gehe.

Längst durchlaufe ich jetzt Zonen, die mit dem Bauch von *Saint-Germain* (jetzt zur Rechten) nichts mehr zu tun haben. Vielmehr reihen sich nun die Modeläden der großen Marken aneinander. Die *Rue Bonaparte*, die *Rue du Four* und erst recht die *Rue des Rennes* sind in diesen Gegenden beinahe ausschließlich Shopping-Terrains, und es gibt nur noch wenige kleine Lokale oder andere Abwechslung. Die Straßen sind dadurch auch leerer als gewohnt, hier sind vor allem jene Käuferinnen und Käufer unterwegs, die sich nach den neusten Modetrends umschauen und viel Zeit in den exquisiten Läden verbringen.

Das setzt sich auf dem *Boulevard Saint-Germain* fort. Folge ich ihm nach links, ziehe ich an unzähligen Läden, Boutiquen und Stores vorbei. Und plötzlich verwandeln sich die sonst durchaus unauffälligen Passanten des Quartiers in Personen, die nicht nur die neuste Mode kaufen, sondern sie auch tragen und ausstellen. So werden die breiten Bürgersteige des

Boulevards zu Laufstegen, und der weitere Spaziergang entwickelt sich zu einer Fashion Show.

Genau dafür ist ein Pariser Boulevard geradezu ideal geeignet. Seltsamerweise gibt es ähnlich großzügige Straßenzüge mit all ihren besonderen Bewegungsstrukturen in deutschen Großstädten kaum. Auch deshalb sollte man sich genauer vergegenwärtigen, worin das Einzigartige eines solchen Boulevards besteht.

In seiner Mitte fließt (meist sogar auf mehreren Fahrspuren) der Autoverkehr. Seine raschen Bewegungen und sein Lärm werden durch hohe Platanen zu beiden Seiten des Mittelstreifens, die visuell wie ein Sichtspalier wirken, gedämpft. Daran schließen sich die breiten Bürgersteige für die Fuß- und Spaziergänger an. Wichtig ist, dass sie keine Beengung spüren, sondern einander ebenfalls auf mehreren Bahnen bequem und in unterschiedlichen Tempi passieren können.

Ihre Aufmerksamkeit wird von den dicht aneinandergereihten Geschäften und Läden beansprucht. So wird der Blick abwechselnd nach vorn und zur Seite gelenkt. Dort schnappt er auf, was die Läden an Neuem präsentieren. Das führt zum Verweilen, zur Verlangsamung und im Extremfall zum Betreten eines Geschäfts.

Banken, Versicherungen oder ähnliche Bürofilialen größerer Betriebe, die keine Schaufenster, sondern tote Steinflächen mit etwas Werbung anbieten, sind der Tod eines Boulevards. Um vital und voller unterschiedlicher Atmosphären des Konsums zu bleiben, braucht er ein ununterbrochenes Angebot von möglichst unterschiedlichen Läden und Geschäften. Und er braucht außerdem hohe, meist fünfstöckige Häuser, die noch Stockwerk für Stockwerk bewohnt sind.

Durch die Bewohnung ist ein Boulevard gleichsam geerdet und erscheint eingebettet in die Szenen und Aromen des Alltags. Er darf weder blassen Einkaufszentren noch überfüllten Shopping Malls ähneln, sondern sollte als eine eigene, von Verkehr, Spaziergängern, Einkäufern und Bewohnern durchflutete Erlebniszone erscheinen, die ihre ganze Schönheit vor allem an den frühen Abenden entfaltet.

Der Maler Camille Pissarro (1830–1903) hat einen solchen Boulevardabend auf einem seiner Bilder (*Boulevard Montmartre bei Nacht*) eingefangen. Man erkennt die hellgraue Verkehrsachse in der Mitte, auf der sich die Lichter der Autos spiegeln. Daneben die Fluchten der hohen, bis zu den ersten Stockwerken reichenden dunklen Bäume, dann (in den Erdgeschossen) die glitzernden Läden mit ihren hellen Markisen, unter denen die Spaziergänger und Käufer verweilen und das Angebot mustern – und schließlich in den obersten Stockwerken die erleuchteten Fenster, die wie ein etwas sanfteres, matteres Gegenbild der helleren Ladenzonen erscheinen.

Pissarro hat die verschiedenen Elemente eines Boulevards genau studiert und porträtiert. Dadurch wird er als großstädtisches Lebensmodell deutlicher erkennbar. Es handelt sich um einen Kosmos, der die Spaziergänger, Passanten und Einkäufer eng mit den Läden und Geschäften verbindet. Indem sie diese Etablissements betreten, bestimmte Waren erwerben und sie benutzen, verwandeln sie sich in Gestalten des Laufstegs.

Hoch oben aber, über diesen Bühnen, gibt es Wohnungen, in denen das private und alltägliche Leben dominiert. Von Stockwerk zu Stockwerk nimmt die Magie der Laufstege ab. Die gekauften Waren verwandeln sich mit der Zeit in Gebrauchsgegenstände, und Menschen, die diese Waren zu bestimmten Zeiten vorführen, werden zu Bewohnern, die den Boulevard als »ihre Straße« verstehen und seine Zonen mit den Zimmern ihrer Wohnungen verbinden.

Es ist dieses Spiel kommunizierender Röhren, das den Boulevard zu einem attraktiven Lebensraum macht. Weder darf er über seine Bewohner verfügen und ihre Lebensformen dominieren, noch dürfen die Bewohner ihn wie eine alltägliche, unauffällige Straße behandeln. Eine gelungene Schnittmenge zwischen diesen beiden Extremen macht einen lebendigen Boulevard aus.

Passend zu den übrigen Zonen von *Paris, links der Seine* hat auch der *Boulevard Saint-Germain* seine eigene Sprache. Es ist nicht die der Literatur oder der Philosophie, sondern die der Mode. Auch »Mode« kommt hier in Paris nicht ohne ein eigenes Vokabular, eigene Zeitschriften und Zentren der öffentlichen Kommunikation aus. Erst dadurch existiert sie überhaupt als ein starkes, viel beachtetes und prägendes kulturelles Motiv. »Geschmack« ist keine Willkür und bleibt keineswegs den wählerischen Käuferinnen und Käufern überlassen, sondern ist das Ergebnis von Vergleichen, Debatten und Urteilen, die etwas Definitives haben.

Der Meister der definitiven Geschmackslehren ist gegenwärtig Karl Lagerfeld, der eines seiner Pariser Geschäfte nicht zufällig am *Boulevard Saint-Germain (Nr. 194)* platziert hat. Lagerfeld hat selbst keine Aufsätze, Essays oder gar Bücher geschrieben – *I'm living my memoir, I don't need to write it* lässt er vielmehr auf einer seiner Internetseiten (www.karl.com) verlauten. Alle Welt weiß jedoch, dass er eine große Privatbibliothek mit angeblich über 300 000 Büchern hat, zusammen mit dem Göttinger Verleger Steidl ein Verlagsprogramm verantwortet und nicht zuletzt nahe dem Seineufer eine Buchhandlung *(Librairie 7L)* unterhält, die vor allem

Bücher zu den Themen Mode, Kunst, Architektur und Fotografie anbietet (*7 Rue de Lille*).

Durch diese Aktivitäten ist Lagerfeld mit der Bücherwelt verbunden und gerade ein typischer Bestandteil von Paris, links der Seine. Seine ausschließlich mündlich geäußerten Texte kultivieren das Genre des pointierten Aphorismus (mit unzähligen Sätzen von der Art: *I'm not a fortune teller, I'm a fashion tailor*) und das des ausführlichen Interviews oder Gesprächs. Die Technik, die er dabei verwendet, hat viel Ähnlichkeit mit den Konversationstechniken der Zentrale von *Saint-Germain-des-Prés*, denn sie ist vor allem eine Technik des ausschweifenden Monologs, der in raschen Assoziationssprüngen die unterschiedlichsten Themen berührt …

Lagerfeld ist damit der vorläufig letzte, berühmte Erbe einer langen Tradition einer »Sprache der Mode«, deren Bibel der Modeschöpfer Christian Dior in der Fünfziger-Jahre-Glanzzeit von *Saint-Germain-des-Prés* geschrieben hat. In diesen Jahren war Dior der gefeierte Nachkriegsstar eines »New Look«, dessen Zeichen und Komponenten er in einem privaten ABC der Mode erläuterte.

Dabei ging es keineswegs um Stilgesetze der Haute Couture, sondern eher um eine Ästhetik des »modischen Blicks« und damit um eine Anleitung der Käuferinnen zu einer selbst gestalteten und bewussten Eleganz. Das Programm einer solchen Stilbildung sollte kein Programm für wenige, sondern für viele Frauen sein: *Viele Menschen verurteilen Haute Couture als einen Luxus, den sich nur reiche Menschen leisten können. In Wirklichkeit aber kann jede Frau elegant sein, ohne dass sie sich dafür in Unkosten stürzen müsste. Sie muss lediglich den Grundregeln der Mode folgen, ihre Kleider sorgfältig auswählen und darauf achten, dass sie zu ihrer Persönlichkeit passen. Stil beruht auf Schlichtheit, gutem Geschmack und Pflege, und all das kostet kein Geld.*

Die sanfte Pädagogik des »modischen Geschmacks« im Sinne Diors zielt letztlich auf eine Ästhetik der Selbstbeobachtung und fügt sich damit in vergleichbare ästhetische Modelle anderer Künste ein: *Zunächst müssen Sie sich selbst beobachten, um herauszufinden, welche Bedürfnisse Sie haben, was Ihnen steht und was nicht. Finden Sie die Farben, die Ihnen schmeicheln und Ihre natürliche Schönheit unterstreichen, und vermeiden Sie die anderen, die nichts für Sie tun. Wählen Sie schlicht geschnittene Kleider und achten Sie darauf, dass sie perfekt sitzen. Vor allem aber: Pflegen Sie Ihre Kleidung. Wenn Sie nicht sorgfältig mit Ihrer Garderobe umgehen, können Sie sich niemals stilvoll kleiden. (Christian Dior: Das kleine Buch der Mode)*

Von A (»Abnäher«) bis Z (»Zobel«) diskutiert Diors kleine Bibel im Einzelnen dann keine übergeordneten, allgemeinen Begriffe, sondern entwirft eine Annäherung an grundlegende Faktoren und konkrete Details des persönlichen Geschmacks. Sie macht Vorschläge, stellt Fragen und lässt viele Freiheiten, indem sie immer wieder den subjektiven, komponierenden Blick einfordert: *Ein Akzent muss einen persönlichen Touch haben. Es kann die Art sein, wie Sie eine Schleife oder einen Schal binden, die Stelle, an der Sie eine Klammer anbringen, die Farbe der Blume, die Sie auswählen … Niemand außer Ihnen selbst hat das richtige Gespür dafür.*

Letztlich zielen Diors Empfehlungen einer modischen Wirkungsästhetik aber auf nichts anderes als jenes Lebensgefühl, das die Welten von *Paris, links der Seine* schon seit den Anfängen bestimmt und geprägt hat. Es ist die Empfindung eines andauernden Festes, das die spröden Alltagsmomente unterläuft oder ignoriert. Zur Teilnehmerin an diesem Fest wird man durch Gesten des Zelebrierens. Der Schlussappell von Diors Buch ist daher eine eindringliche Botschaft: Begeisterung, Freude – das sind für ihn die Elementarformen des Daseins, denen »die Mode« letztlich nur dient und zu deren Vervollkommnung sie beitragen soll: *Was immer Sie tun – ob bei der Arbeit oder in der Freizeit –, zelebrieren Sie das Leben! Genau darin liegt nämlich das Geheimnis der Schönheit und der Mode. Schönheit kann nicht wirken, wenn Sie sie nicht zelebrieren. Und genau so ist es mit der Mode: Ihre Garderobe will gut gewählt, gepflegt und zelebriert werden. Tragen Sie Ihre Kleider mit Begeisterung und Freude!*

So gesehen, ist »Mode« ein zentrales Ferment der Szenen links der Seine. Sie organisiert eine bestimmte Lebenshaltung mit und fordert von ihren Schöpfern einen umfassenden Blick auf die Attribute des Alltags, die in »Eleganz« verwandelt werden sollen.

Dabei werden ihre Studios zu Werkstätten, die nicht nur der Herstellung von Kleidung dienen, sondern auch ein kleines Universum von all jenen Gegenständen und Dingen entwerfen, die am Körper eines Menschen oder in seiner unmittelbaren Nähe vorkommen und gebraucht werden. Bücher und zahlreiche Filme widmen sich seit einiger Zeit dem Studium solcher Studios, in denen die Modeschöpfer gleichsam als Regisseure von vielen Abteilungen operieren, die als Kollektiv Gesamtkunstwerke von Lebensszenen gestalten (Jéromine Savignon: *Le studio d'Yves Saint Laurent*).

In Karl Lagerfelds Store am *Boulevard Saint-Germain* befinde ich mich daher nicht nur in einem Laden mit vielerlei Kleidung, sondern in dem, was Lagerfeld selbst gerne Karls Welt nennt. Die »Mode«, die er herstellt, soll so viele Lebensbereiche wie möglich prägen. Und sie soll begleitet werden von Büchern, die in Gestaltung und Herstellung den Esprit seiner Mode abbilden und mit verkörpern. Instrumentiert wird dieses breit angelegte Lebensspiel durch die Losungen und Sprüche des *Karlism*, die von den Freunden, Anhängern und Fans laufend abgerufen werden: *Trendy is the last stage before tacky* (www.karl.com).

4 Im Paris von Ernest Hemingway und Gertrude Stein

Vor den prägenden siebziger Jahren war ich bereits einmal für einen kürzeren Aufenthalt in Paris – 1965, nicht allein, sondern in Begleitung meines Vaters. Während dieses ersten Paris-Besuchs erkundete ich die Stadt mit der Hilfe eines Buches, das mich bis heute begeistert. Es ist »Paris, ein Fest fürs Leben«, in dem Ernest Hemingway in kurzen Erzählungen auf seine Jugendjahre zurückblickt. In den zwanziger Jahren war er als junger Reporter in die französische Hauptstadt gekommen und dort, im Kontakt mit vielen Künstlern und angeleitet durch die amerikanische Schriftstellerin Gertrude Stein, zum Schriftsteller geworden.

In »Paris, links der Seine« habe ich dieser Lektüre das letzte Kapitel gewidmet. Die Erinnerung an die gemeinsamen Tage mit meinem Vater und an die Hemingway-Lektüren gehen dabei eine nostalgische Verbindung ein. Fast sieht es so aus, als führte die Verzauberung durch Hemingways Buch zu einer geträumten Reinkarnation. Am Ende geht das Sehen und Schauen über in pures Erleben, und ich empfinde mich als einen lebendigen Teil dieser wunderbaren Stadt.

Ich sitze mit meinem Vater auf der *Place Contrescarpe* auf der Terrasse des *Café* Contrescarpe. Vater trinkt ein belgisches Bier, und ich trinke frisch ausgepressten Zitronensaft und Mineralwasser. Auf dem runden Tisch vor uns liegt eine Paris-Karte, die Vater studiert. Er liebt Karten, denn er ist von Beruf Geodät und hat fast täglich mit exakten Karten zu tun. Auf der Paris-Karte verfolgt er mit dem rechten Zeigefinger die Métro-Linien, er möchte Métro fahren und die Züge und Bahnhöfe kennenlernen, die bekannten Besichtigungsziele der Touristen dagegen interessieren ihn nicht.

Vor unserer Reise hat er mir ein Buch von Ernest Hemingway geschenkt, es heißt *Paris – ein Fest fürs Leben.* Während

Vater die *Métro*-Linien auf der großen Paris-Karte sucht und sich mit einem Bleistift dazu Notizen in einen kleinen Block macht, habe ich Zeit, mit dem Lesen des Buches anzufangen. Es beginnt so: *Dann war das schlechte Wetter da. Wenn der Herbst vorbei war, würde es von einem Tag zum anderen kommen. Nachts mussten wir die Fenster wegen des Regens schließen, und der kalte Wind würde die Blätter von den Bäumen der Place Contrescarpe abstreifen. Die Blätter lagen durchweicht im Regen, und der Wind trieb den Regen gegen den grünen Autobus an der Endstation, und das Café des Amateurs war gedrängt voll, und von der Hitze und dem Rauch drinnen beschlugen die Fenster. Es war ein trauriges, schlecht geführtes Café, in dem sich die Säufer des Viertels zusammenfanden, und ich hielt mich wegen des Geruchs von schmutzigen Körpern und dem säuerlichen Geruch von Betrunkenen von ihm fern.*

Ich lese weiter und weiter, und es verblüfft mich sehr, dass Hemingway genau von jenem Platz erzählt, wo ich gerade sein Buch lese. Ich möchte glauben, dass es sich bei dem *Café des Amateurs* um das gegenüberliegende Café handelt, denn ich möchte nicht gern in einem Café sitzen, das Hemingway früher gemieden hat. Und so bilde ich mir ein, das gegenüberliegende Café sei das *Café des Amateurs* gewesen, während ich mit Vater in einem Café sitze, in dem Hemingway sehr häufig und gerne gesessen hat. Ich sage Vater aber nichts davon, ich bin zu sehr ins Lesen vertieft, und so schrecke ich erst wieder auf, als er bezahlen und mich mit auf seine Métro-Exkursionen nehmen will.

Ich sage ihm, dass ich am liebsten noch einige Zeit auf der *Place Contrescarpe* sitzen bleiben und in Hemingways Erzählungen lesen würde. Und ich sage auch, dass die erste Erzählung in diesem Buch genau auf diesem Platz spielt und es sehr spannend zu lesen ist, wie Hemingway den Platz und seine Umgebung beschreibt.

Vater und ich – wir besprechen uns kurz, und dann entscheiden wir uns dafür, getrennte Wege zu gehen. Ich bleibe also auf der *Place Contresarpe* sitzen, und Vater geht zur nächsten Métro-Station. Am frühen Abend wollen wir uns in unserer Pension wiedersehen, sie liegt ganz in der Nähe.

Wir umarmen uns kurz, und ich erhalte ein wenig Geld, damit ich mir während des Tages etwas zu essen und zu trinken kaufen kann. Und dann geht mein Vater winkend davon, und ich winke ebenfalls, bleibe aber auf meinem Platz sitzen. Als Vater fort ist, kommt der Kellner zu mir und fragt, ob ich noch etwas zu trinken wünsche, aber ich schüttle nur stumm den Kopf, obwohl ich es gerne einmal gewagt hätte, ein kleines Glas belgisches Bier zu bestellen. Ich bin erst vierzehn Jahre, aber beinahe schon einen Meter achtzig groß, deshalb halten mich viele Menschen für erheblich älter und könnten durchaus auf die Idee kommen, mir ein Bier zu servieren.

Ich lese die erste Geschichte in Hemingways Paris-Buch (*Ein gutes Café auf der Place Saint-Michel*) und dann noch die zweite (*Miss Stein belehrt*), und danach weiß ich, was ich als Nächstes vorhaben werde. Ich stehe auf und verabschiede mich von dem Kellner, und dann gehe ich die steil abfallende *Rue du Cardinal Lemoine* hinunter bis zum Ufer der Seine und gehe dann weiter an der Seine entlang bis zum *Boulevard Saint-Michel*.

Durch meine Lektüre der ersten Erzählung in Hemingways Buch weiß ich, dass Hemingway früher denselben Weg gegangen ist. Am *Boulevard Saint-Michel* hat er statt des schmutzigen *Café des Amateurs* ein gutes und sauberes Café aufgesucht. Er hat sich in dieses Café gesetzt, und er hat mitten in diesem Café mit dem Notieren und Schreiben begonnen.

Ich brauche keinen Augenblick zu überlegen, sondern ich suche ebenfalls nach einem guten, sauberen Café, und als ich ein sehr großes finde, gehe ich hinein, ziehe meinen Schreibblock heraus und beginne zu schreiben.

Der Kellner kommt, aber ich wage es noch immer nicht, ein belgisches Bier zu bestellen, und so bestelle ich einen *Café crème*, von dem ich genau weiß, dass er mir nicht schmecken wird. Hemingway hat jedoch auch zunächst einen *Café crème* und erst später einen herben Weißwein bestellt. Den herben Weißwein werde ich ganz sicher nicht bestellen, höchstens für ein Glas Wasser wird mein Geld reichen. Aber das macht nichts, ich sitze jedenfalls nun in genau dem richtigen, guten und sauberen Café und schreibe darüber, wie ich eben noch auf der *Place Contrescarpe* saß und danach die *Rue du Cardinal Lemoine* hinunter bis zur Seine gegangen bin.

Am linken Ufer der Seine habe ich mir einige Details eigens zum späteren Aufschreiben gemerkt. Ich habe mir die Stände der Bouquinisten angeschaut, und ich habe die Kathedrale *Notre-Dame* von hinten, der Seite und von vorn betrachtet. Ich habe sie mit einem gewaltigen Insekt verglichen, das bald von der Insel in den Fluss springen wird, und ich bin stolz auf solche Vergleiche gewesen, die ich für treffende und dazu noch seltene Vergleiche hielt.

Im Café am *Boulevard Saint-Michel* schreibe ich so lange, bis ich meinen ganzen Weg von der *Place Contrescarpe* bis zu meinem Ziel beschrieben habe. Ich lasse kein Detail aus, und als ich den ganzen Text am Ende noch einmal von vorn lese, halte ich ihn für eine gar nicht so üble Erzählung über einen jungen Mann, der allein durch Paris geht, die Augen aufmacht und sich vieles merkt. Es ist noch nicht einmal Mittag, und so kann ich auch noch eine zweite Hemingway-Lektion angehen. Sie hat mit der zweiten Erzählung in seinem Paris-Buch zu tun, und sie spielt vor allem in der Atelierwohnung von Miss Stein in der *Rue Fleurus (Nr. 27)*.

Von Miss Stein habe ich bisher noch nie etwas gehört oder gelesen, das wundert mich, denn Hemingway beschreibt sie als seine wichtigste Lehrerin und als eine Frau, die einen großen Salon hatte und mit den bedeutendsten Malern und Schriftstellern befreundet war. Er besuchte diesen Salon oft, und er unterhielt sich mit den anderen Schriftstellern und den Malern, und er lernte von Miss Stein, wie man kurze und wahre Sätze schreibt und die anderen Schriftsteller und Maler besser einschätzt und versteht.

Von der *Place Saint-Michel* gehe ich später den leicht ansteigenden *Boulevard Saint-Michel* hinauf und durchquere zum ersten Mal in meinem Leben den *Jardin du Luxembourg*. Alles dort gefällt mir, und ich bleibe an vielen Punkten stehen und schaue den Schach- und Boulespielern zu. Dann setze ich mich auf eine der Bänke und tanke die nächsten Hemingway-Erzählungen, und ich nehme meinen Notizblock heraus und schreibe mir auf, wohin ich an den nächsten Tagen gehen werde: in die *Rue de l'Odéon* und in dieser Straße dann dahin, wo sich einmal die Buchhandlung von Sylvia Beach (*Shakespeare & Company*) befand.

Und während ich im *Jardin du Luxembourg* sitze, lese und dazu notiere, verstehe ich plötzlich, was der merkwürdige Titel von Hemingways Buch bedeutet. In Paris zu sein und zu leben, bedeutet er, ist eine nie da gewesene, große Freude. Ich spüre diese große Freude in diesem Moment selbst, und sie *ist ein so starkes Gefühl, dass ich durchatmen muss. Etwas steigt vom Herz aus* hinauf durch die Brust bis zum Hals, und genau das ist die Freude, und sie ist manchmal sehr heftig, aber auch in gedämpfter Form immerzu spürbar.

Die Freude hat auch damit zu tun, dass ich jetzt einen Plan habe. Ich laufe nicht einfach ohne Ideen und Gedanken durch diese gewaltige Stadt, sondern ich folge Ernest Hemingway, der mir seine Stadt zeigt. So lerne ich nicht dies oder das, sondern etwas gut Ausgesuchtes kennen und kann seine Beschreibungen mit meinen mäßigen, schülerhaften Beschreibungen vergleichen. Es macht Freude, sich auf den Spuren eines so idealen Lehrers zu bewegen, und es ist genau das Richtige für mich.

Später verlasse ich den *Jardin du Luxembourg* und finde auf meinem kleinen Stadtplan auch *die Rue du Fleurus*, wo Gertrude Stein (1874–1946) ihren Salon gehabt haben muss. Ich stehe vor einem prächtigen Wohnhaus und schaue durch das Eingangstor in einen Durchgang, hinter dem sich ein kleiner Garten auftut, und ich stelle mir vor, dass die Freundinnen und Freunde von Miss Stein sich in genau diesem Garten versammelt und ihre Gespräche später in den Salonräumen fortsetzt haben.

Von der *Rue du Fleurus* gehe ich dann zum *Boulevard Raspail* und ihn eine Weile entlang. In der Nähe der Métro-Station *Vavin* stoße ich auf das große Balzac-Denkmal von Auguste Rodin und bleibe davor lange stehen, um mir später dazu viele Notizen machen zu können. In unmittelbarer Nähe zu diesem Denkmal entdecke ich dann ein Café oder Restaurant nach dem andern, in dem Hemingway sich mit seinen Freundinnen und Freunden getroffen hat, und ich gehe in jedes hinein. Zunächst besuche ich *La Rotonde*, dann *Le Dôme* gegenüber, dann *La Coupole*. Schließlich gehe ich den *Boulevard Montparnasse* noch etwas weiter entlang und finde auch das Café-Restaurant *Closerie des Lilas*. Dort hat sich Hemingway anscheinend besonders häufig aufgehalten, und zwar in der Zeit, in der er nicht mehr in der *Rue du Cardinal Lemoine*, sondern in seiner zweiten Pariser Wohnung (*Rue Notre Dame des Champs*) wohnte.

Ich gehe zwar in jedes dieser Café-Restaurants hinein und

drehe in jedem meine Runden, aber ich kann in keinem von ihnen Platz nehmen, weil ich nicht genug Geld für eine Bestellung habe. Eindrücke von diesen Café-Restaurants habe ich später dennoch viele im Kopf, und dann gehe ich einfach wieder zurück in den großen *Jardin du Luxembourg* und setze mich dort erneut auf eine Bank. Ich notiere, was mir in der *Rue du Fleurus* aufgefallen ist, und ich schreibe ausführlich über die Café-Restaurants, von denen ich weiß, dass sie alle im *Quartier Montparnasse* liegen.

Später, als es allmählich Zeit und Abend wird, gehe ich hinauf zum *Panthéon* und komme wieder auf der *Place Contrescarpe* an. Ich setze mich auf die Terrasse des Cafés, wo mein Vater sich am Morgen von mir getrennt hat. Der Kellner erkennt mich und kommt zu mir und fragt, ob ich einen frisch ausgepressten Zitronensaft trinken wolle, ich aber sage Nein und bestelle ein kleines Glas belgisches Bier.

Bis das Bier serviert wird, verschwinde ich unten im Keller, in der Toilette des Cafés. Ich wasche mir das Gesicht mit kaltem Wasser und blicke in den uralten Spiegel, und ich habe plötzlich das Gefühl, dass ich verändert aussehe. Ich weiß aber nicht, woran es liegen könnte, und so gehe ich wieder hinauf und sehe, dass der Kellner mir wirklich ein kleines Glas Bier serviert hat.

Ich habe noch nie ein Bier getrunken, ich wäre gestern nicht einmal auf den Gedanken gekommen, eins zu bestellen. Aber jetzt muss es sein, denn Hemingway trinkt auch den halben Tag Wein oder Bier, denn Wein und Bier scheinen die Pariser Freude, die ich nun bereits kennengelernt habe, noch mächtig zu steigern. Ich nehme einen vorsichtigen Schluck und dann noch einen, und dann setze ich das Glas ab.

Zunächst spüre ich überhaupt nichts, und ich bin etwas enttäuscht, und dann trinke ich das Glas aus Enttäuschung rasch leer und spüre nach dem letzten Schluck plötzlich, wie die Freude in mir wieder lebendig zu werden beginnt. Sie ist klein wie ein Wiesel und hüpft in meiner Brust, und dann macht sie kurze Sprünge und bringt das Herz zum Klopfen.

Ich habe so etwas noch nie erlebt, und ich bin sehr aufgeregt und habe Angst, dass mit mir etwas nicht stimmt. Ich habe das Gefühl, diese starke Freude gar nicht allein aushalten zu können, und ich denke, dass es jetzt nicht schlecht wäre, jemanden in der Nähe sehr fest zu umarmen und die Freude mit ihm zu teilen.

Ich sitze also auf der Terrasse des *Place Contrescarpe* und habe ein Gefühl zum Zerspringen. Und dann sehe ich meinen Vater, wie er aus der Ferne, und zwar aus der Straße, in der Hemingway einmal gewohnt hat, auf den ovalen Platz kommt. Er überquert diesen Platz und sieht mich längst, und er winkt mir zu, wie er mir früher in der Kindheit immer bei seinem abendlichen Nachhausekommen von einem großen, ovalen Platz in der Domstadt Köln aus zugewinkt hat. Einen Moment denke ich, es ist ein Wunder, dass Papa jetzt erscheint, dabei waren wir doch fest verabredet, und sein Erscheinen ist keineswegs ein Wunder. Ich stehe auf und laufe ihm entgegen. Und dann umarme ich ihn mitten auf dem ovalen Platz fest und sage, dass ich mich freue, ihn endlich wiederzusehen.

Annäherungen an die Gegenwartskunst

1 Gehen durch Galerien

*Von meiner frühen Bekanntschaft mit der Galeristin Dorothea van der Koelen habe ich im Venedig-Kapitel dieses Buches bereits erzählt (**Seite 231 ff.**). Durch diesen freundschaftlichen Kontakt lernte ich viel über die jeweils anstehenden Arbeiten in Galerien und darüber, wie dort Kunstvermittlung betrieben wird. Darüber habe ich später einen Essay geschrieben, der meine Erfahrungen mit Aufenthalten in Galerien zusammenfasst.*

Aufenthalte in Galerien sind viel komplizierter als solche in Museen oder Ausstellungen. Das liegt zum einen daran, dass man in Galerien oft der einzige Besucher ist. Man wird vom Galeristen begrüßt und gleich zu Beginn des Rundgangs gefragt, ob man Hilfe brauche. Auch wenn man sie freundlich ablehnt, ist der Galerist aber weiter zugegen. Er hält sich gleich nebenan, in seinem Büro, auf, oder er tut so, als sei er mit irgendetwas Dringendem beschäftigt, das ganz in der Nähe des Besuchers sofortiger Bearbeitung bedarf.

Bald kommt in solchen Fällen auch der Moment, da der Galerist seine Zurückhaltung nicht mehr erträgt. Steht man als Besucher länger als eine Minute vor einem Objekt, ist dieser Moment häufig da. Der Galerist tritt hinzu und springt einem bei. Er kann nicht länger mitansehen, wie man sich vielleicht falsche Gedanken machen könnte, deshalb übernimmt er die Sache und lenkt sie in die in seinen Augen einzig einleuchtende Richtung.

Galeristen haben eine eigene Sprache, die sie zu diesem Zweck einsetzen. Sie unterscheidet sich von der kunstgeschichtlich neutralen Behandlung eines Objekts im Museum durch die Nähe, die der Galerist zu einem Künstler aufgebaut hat. Dessen Macken, Besonderheiten und biografische Details spielen im Monolog des Galeristen eine bedeutende Rolle. Auch die Qualität eines Objektes lässt sich daran bemessen, wie viel biografisches Material es jeweils in Bewegung versetzt.

Nehmen wir an, der Künstler heiße Norbert Pawlizek, so könnten wir folgenden Monolog zu hören bekommen.

O-Ton Galerist

Diese Arbeit hier ist gleich nach Norberts Rückkehr aus Südfrankreich im vorigen Jahr entstanden. Er war drei Monate lang allein auf seinem Motorrad unterwegs. Er liebt ja das Motorradfahren, und er sagt, es gehe unglaublich intensiv in seine Arbeiten ein. Geräusch, Entertainment der Straßen – das nimmt er alles in sich auf, und dann entstehen später diese zarten Reliefs: blaues Acryl auf Beton. Den Beton rührt er selbst an, er macht das wahnsinnig gern, der Beton ist was Handfestes, flächendeckend, hat er mal gesagt, und ich glaube ihm das. Blau ist …, na klar, Blau ist Südfrankreich in dieser spezifischen Dunkelversion. Natürlich ist das gefährlich, er stellt sich damit in eine Reihe mit van Gogh oder Cezanne, das wissen wir ja, gefährlich ist es schon, aber Sie sehen: Er packt es, blaues Acryl auf Beton reicht an die ollen Brücken van Goghs nicht nur heran, sondern verdrängt sie beinahe. Ich sage das jetzt mal so, und viele halten mich deshalb für einen Ketzer. Und was sage ich den vielen? Haltet mich meinetwegen dafür, sage ich, ich lasse mir Norberts Arbeiten durch keine Nörgeleien kaputt machen und stehe zu dem, was ich empfinde: Große, ganz große Kunst, Objekte mit Ewigkeitswerten, nachhaltig wie kaum etwas anderes …

Es handelt sich um seltsam vibrierende Monologe, sprunghaft, abschweifend, die Objekte in Windeseile umkurvend.

Die Inhalte kommen aus den verschiedensten Schubladen: der anekdotischen, der geografischen, der des Materials und der einiger Vergleiche mit anderen Künstlern. Insgesamt entsteht daraus ein rares Gemenge im Plauderton: Wie ich mir Objekte aneigne, die ich eigentlich gar nicht mehr anzuschauen brauche, sondern in eine Rede getunkt habe und seither in den Kontexten des Redens erlebe. So werden Kunstwerke zu Redelandschaften, die man abrufen und immer aufs Neue wiederholen kann. Zigmal, nein, Hunderte Male wird der Galerist von Norberts Arbeiten schwärmen, und immer wird der Schwarmtext bis in die letzte Nuance derselbe sein.

Noch komplizierter ist es, wenn der Künstler anwesend ist: Norbert Pawlizek ist selbst da, er ziert sich noch etwas, dann aber gibt er dem Drängen des Galeristen nach und führt den Besucher durch seine Ausstellung.

O-Ton Norbert Pawlizek

Ich arbeite seit fünfzehn Jahren mit diesem Dunkelblau. Es ist ja eine Verlustfarbe, die intensivste, die es so gibt. Der Beton kommt aus Heidelberg, ich fahre immer selbst hin und hole mir von dem Zement, so viel ich brauche. Im Grunde löte ich das Dunkelblau auf das Betongrau, löten, so nenne ich das ganz bewusst. Ich entziehe dem Dunkelblau seinen Grund, und ich überdecke den Beton, um ihm einen anderen Halt zu geben. Es ist ein bisschen wie Pfingsten und die Sache mit den Zungen: Das Dunkelblau inspiriert den Beton und verleiht ihm eine andere Sprache. Wenn ich dran arbeite, ist es jedes Mal eine große Sache. Noch komme ich damit klar, ich weiß aber nicht, wie lange noch. Es ist einfach extrem, furchtbar extrem.

Was, um Himmels willen, soll der Besucher zu diesem durch und durch mystischen Text sagen? Der Besucher verfügt über keine Sprache, die sich dem anpassen oder das Gesagte anderswie aufnehmen könnte. Und so fragt er meist vollkommenen Unsinn, indem er tapfer ausweicht (»Wo kommen Sie eigentlich her? Wann ging das mit dem Dunkelblau los? Wo liegen die Heidelberger Zementwerke genau? Liegen sie nicht in Leimen? Und kam Boris Becker nicht daher? Aus Leimen? Wann hat er eigentlich zum ersten Mal Wimbledon gewonnen?«).

Kommt man bei Wimbledon an, weil man gar nicht mehr weiterweiß, ist die Grenze zum Unverständnis überschritten. Norbert Pawlizek hält einen für eine Null, weil man seine intensive Künstlerrede nicht nur unerwidert, sondern komplett ins Leere laufen ließ. Finden solche Dialoge bei Vernissagen statt, ist der Moment erreicht, in dem sich der Betrachter ganz von den Objekten abwendet und von Leimen, der nächsten WM oder von seinem letzten Urlaub in Südfrankreich zu sprechen (und sich mit anderen Besuchern glücklich zu verständigen) beginnt.

Vernissagen sind deshalb Opfergänge für Künstler. Sie sind zu allem bereit, sie besprechen und besingen ihre eigenen Werke, am Ende aber stehen sie allein da, sprachlos gemacht durch sehr lebendige Unterhaltungen (bei einem Glas Sekt), die um lauter Petitessen des sozialen Lebens kreisen.

Mit einem Künstler allein durch seine Ausstellung zu gehen, bringt einen dagegen letztlich zum Schweigen. Man darf nicht so schauen, wie man will, aber man will auch nicht so schauen, wie der Künstler vorgibt. Man hört zu, will jedoch mit den Objekten letztlich allein gelassen werden. Der Künstler aber spürt, dass er führt, und er beobachtet einen intensiv dabei, wie man seine Sätze aufnimmt und mit seinen Objekten in Zusammenhang bringt. Ein paar zentrale Vokabeln will er schon loswerden, aber er will es nicht aufdringlich tun.

Die Ausstellung ist nicht nur Teil seines Lebens, sie repräsentiert seinen gesamten Körper. Er ist an jedes Objekt angeschlossen, er trägt es, verbirgt sich in ihm, will kurz wieder aus ihm herausschauen oder will gar mit ihm spielen. Neben ihm aber bewegt sich ein Besucher auf großer Distanz: stumm, auf peinliche Weise dann und wann nachfragend (»Gibt es dieses Dunkelblau nicht auch in den Gartenbildern von Nolde?«). Nein, dieses einzigartige Dunkelblau gibt es nicht bei Nolde (und auch nirgendwo sonst). Was der Besucher für ein Dunkelblau hält, ist geronnenes, dunkelblau eingefärbtes Blut.

Es ist das schwere Blut des Künstlers, das er in der noch schwereren Sonne Südfrankreichs kochen und gerinnen ließ. Der Besucher hat dazu nicht den geringsten »Bezug«. Er macht alles falsch, und erst als die beiden (Künstler und Besucher) hinterher noch einen trinken gehen, sieht der Besucher, was er angerichtet hat: Der Künstler schweigt, ausgetrocknet vom eigenen Reden und von einem Unverständnis, das er dem Besucher nie verzeihen wird.

2 Atelierbesuche

Durch die Aufenthalte in Galerien lernte ich auch viele Künstler persönlich kennen. Manchmal luden sie mich in ihr Atelier ein. Über Unterschiede zwischen Ateliers und Schreibstuben habe ich in einem Essay nachgedacht.

Ich beneide Künstler um ihre großen Ateliers und Schauräume. Während ich als Stipendiat in der römischen Villa Massimo war, fielen mir die Unterschiede zu den kleinen Schriftstellerbehausungen besonders auf. Künstler wie Schriftsteller wohnten während der Stipendiatenzeit in Studios, die zum Teil bis zu einhundert Quadratmeter große Atelierräume hatten. Die Künstler füllten sie rasch, stellten ihre Arbeiten dekorativ auf, schoben gewaltige Leinwände in den weißen Studiokubus und arrangierten im gesamten Raum Elemente ihres Arbeitsmaterials. Meist sah es fantastisch aus: plastisch, filmisch, work in progress.

Dagegen die Schriftsteller. Sie schoben einen kleinen Arbeitstisch in die vordere rechte Ecke des Ateliers, drehten ihn gegen die Wand und legten einen Stapel weißen Papiers darauf. Der übrige Teil des Atelierraums blieb leer, eine gähnend langweilige, deprimierend weiße Höhle, wie ein Spiegel der tief neurotischen und krankhaften Störungen, die mit einem Stapel Papier arbeitende Typen regelmäßig befallen. Kunst in aller Vielfalt (Werke, Material, Instrumente) hatte etwas gesund Neurotisches, prunkend Schräges. Literatur in aller Einblättrigkeit wirkte wie großes Zaudern und peinlich sich hinziehendes Abwägen.

Und genauso gesund, prunkend und extrovertiert wie in ihrer Arbeit traten die Künstler mit all ihren mystischen Reden auch auf. Da wurde nicht herumgestottert und lange überlegt, sondern offen und auf den Tisch hauend Rede fabriziert. Kein Zuhörer konnte nachvollziehen, woher jeder Einzelne sein Vokabular hatte, aber gerade das machte die Reden und Erklärungen zur Kunst so interessant. Vokabeln, von denen man angenommen hatte, sie hätten eine eindeutige, klare Bedeutung, gerieten plötzlich ins Schwimmen und wurden als schwimmende Inseln durch rhetorische Heißkaltbäder und Schwitzsaunen geleitet.

Erst allmählich verstand ich, dass viele Künstler ihre Begriffe nicht durch Lektüren, sondern vom Hörensagen erworben hatten. Immerzu lagen sie auf der Lauer, horchten in Fachdialoge hinein und entnahmen ihnen die neusten, schicksten und quirligsten Begriffe. Ganze Begriffsabteilungen französischer Philosophie wanderten hinein in ihren »Diskurs« und wurden zu leuchtenden Philosophemen der Selbstdeutung.

Und gerade das, gerade dieses Vorgehen und all diese Dreistigkeit imponierten mir, denn sie gehörten zur Direktheit, Unbekümmertheit und Radikalität der künstlerischen Arbeit. Heran ans Material, losgelegt, die Instrumente angesetzt – und danach: harte Arbeit! Vier Stunden am Vormittag im Arbeitsdress, mit Frau und vier Kindern zu Mittag gegessen, joggen, Gewichte stemmen, und nochmals ran an die Arbeit! So habe ich viele von ihnen in der Villa Massimo erlebt. Was sollten Schriftsteller dem entgegensetzen? Ein paar Blätter Papier, mit zitternder Feder beschrieben oder einem Drucker entpresst, der sie gleich auf den Boden spuckte (als hätten sie genau das verdient).

Der sichtbarste Ausdruck des Herrschaftslebens der Kunst aber ist das Atelier. Es besteht nicht aus einem einzigen Raum, sondern will alle Räume eines Hauses oder einer Wohnung besetzen. Das Atelier verwandelt die jeweiligen Räume in Schauräume, in denen die Familie des Künstlers oder seine Musen oder seine Mitarbeiter selbst zu Gestalten ihrer Kunst werden.

Läuft es gut, tragen die Mitarbeiter Kittel oder Arbeitskleidung, die der Künstler entworfen hat. Läuft es noch besser, essen und trinken alle Mitglieder des Clans genau jene Speisen und Getränke, deren Rezepte der Künstler diktiert hat. Läuft es perfekt, so halten sich in den Atelier- und Schauräumen eines Künstlers auch gleich noch die Kommentatoren und Fotografen als gute Freunde der Künstlerfamilie auf, um die Arbeitstage von morgens bis abends zu dokumentieren. (Picasso war der Großmeister dieser Inszenierungen. Für jeden Inszenierungstypus hatte er eigene Fotografen.)

Der Künstler aber ist immerzu tätig, und das keineswegs nur mit dem Blick auf seine Werke. Eine Stunde hämmert er an einer Skulptur, danach setzt er ein neues Fenster ein, gibt einer Gasleitung einen neuen Anstrich, reißt einen alten Ofen von der Wand, verbindet ihn mit einem Waschzuber (den er aus Sperrmüll herausgefischt hat) und ist dabei unablässig in körperlicher, schweißtreibender Aktion. Dieses hart Handwerkliche grundiert sein Selbstbewusstsein und ist letztlich die Basis für alles andere. Soll er ein weißes Blatt beschreiben, tut er das in Großbuchstaben oder zerreißt es gleich, um die Spreu in die nächste Arbeit zu integrieren.

Solchen Arbeitsprozessen sehe ich gerne zu. Natürlich bin ich nicht anwesend, nein (das würde alles verderben), aber ich verfolge sie anhand der vielen Dokumentarfilme, die es dazu seit neustem gibt. Anselm Kiefer hat eine Landschaft von nicht weniger als 35 Hektar zu seinem Atelier ernannt. Er durchgräbt, untertunnelt und bearbeitet sie mit monströsen Geräten und Werkzeugen, und er gibt keine Ruhe, bis er in jedem ihrer Krümel einen Abdruck oder eine Geste hinterlassen hat (*Over your cities grass will grow*). Gerhard Richter geht in seinen Atelierräumen wie in Bildlandschaften spazieren und dirigiert nur mit den Blicken seine Mitarbeiter, die großformatige Bilder hin und her schieben und dazu ebenfalls Mystisches äußern (*Painting*).

Niemand jedoch ist in meinen Augen besser als Georg Baselitz (*Georg Baselitz*). Er ist Fürst und König der Atelierdarsteller in einem. Wie er durch seine Räume geht und die größten Leinwände durch pures Imaginieren gleich in ein Museum zaubert, so dass sie gar nicht anders können als gleich dorthin zu fliegen und genau richtig zu hängen ist magisch. Was für ein ichzentriertes, keinerlei andere Welten mehr benötigendes und gelten lassendes Arbeiten! Jeder Schritt eine Aktion, jedes Wort ein majestätisches Raunen.

Baselitz wohnt nicht mehr, er residiert, oder nein, noch mehr: Baselitz' gesamtes Dasein und Arbeiten ist ein Reich, das letztlich keine Untertanen mehr braucht. Es triumphiert über ihren Köpfen und spiegelt lediglich noch den Meister. Der aber schafft und schöpft nur noch aus sich heraus in den Wolken, von denen an seltenen Tagen (zu Vernissagen, wenn es denn sein muss) kleine Strickleitern auf die Erde gelassen werden, damit er sie für wenige Stunden betreten kann.

Natürlich verbirgt sich dahinter sehr viel Kapital. Ungeheure Geldsummen finanzieren das himmlische Atelierdasein in toto. Genau darauf aber zielt große Kunst: Kapital zu horten und mit Hilfe dieses Kapitals gewaltige Gegenwelten zu errichten. Immerzu geht es nicht um ein paar Zehntausend, sondern um zig Millionen. Geraten sie gut in Bewegung, entsteht ein künstlerisch-globales Weltdirigat: Die ganze Erde wird dann zu einem einzigen Atelier, New York, Australien, China oder Burkina Faso – in all diesen Regionen kommen dieselben Künstlertänze zur Aufführung, mit Kommentatoren aus den jeweiligen Städten und Ländern, die das Deutungsvokabular mehren, das am Wohnsitz (in diesem Zusammenhang ein geradezu lächerliches Wort) des Künstlers ausgebrütet wurde. Das Ergebnis sind Kataloge in sieben Sprachen, weltumspannend (urbi et orbi) gestreut. (Die Ähnlichkeiten des Selbstarrangements großer Künstler mit den Regieformaten der katholischen Kirche sind unübersehbar. Das katholische Glaubensmanagement ist ihr geheimes Vorbild: Heilige ziehen im Namen der Kunst Scharen von Betern, Priestern, Bischöfe und Kardinäle hinter sich her.)

Und ich?! Was mache denn ich – außer bewundern, niederknien, beten? »Machen« kann ich vorerst noch nichts, aber ich kann doch immerhin träumen. Denn was sind all die Tausende, Zigtausende und Hunderttausende Seiten Papier, die ich seit meinen Kinderjahren bemalt, beklebt und beschrieben habe, anderes als: ein Gesamtwerk der Kunst? Es ist nur noch keiner auf den Gedanken gekommen, sie auszustellen. Von Schriftstellern stellt man höchstens ihre Notizbücher, die Vorarbeiten zu einem Werk oder (wenn's hoch kommt) die kleinen Rechnungen oder Quittungen aus, die ihr ereignisarmes Leben für die Literatur dokumentieren.

Es ginge aber auch anders. Und das wäre: ein Durchbruch!

3 Vier Albumblätter

In der Mainzer Galerie von Dorothea van der Koelen lernte ich die Arbeiten ihrer Mutter Lore Bert kennen, die zum großen Teil Papierarbeiten sind. Sie beeindruckten mich allein schon wegen des diffizilen Umgangs mit dem empfindlichen Material. Anfang der achtziger Jahre intensivierte sich der Kontakt und führte dazu, dass ich zu vier Albumblättern Lore Berts kurze Texte schrieb.

Es waren die ersten nicht beschreibenden, sondern literarisch autonomen Texte. Etwas Vergleichbares habe ich bis heute nicht geschrieben, umso mehr schätze ich diese frühen Experimente und wundere mich noch immer über sie. Wie konnte ich so schreiben? Was war passiert, dass ich einen solchen Ton einschlug? War das lyrische Prosa? Ich hatte und habe keinen Begriff dafür.

4 Albumblätter

Lithographien von Lore Bert
Texte von Hanns-Josef Ortheil

Galerie Dorothea van der Koelen · Mainz · 1982

4 Albumblätter

I

Die Nacht über hatte ihn kein Schlaf zur Ruhe kommen lassen. Die nur wie auf kurzes Geheiß aufsummenden Windböen brachen sich an der Straßenecke. Durch die schlecht schließenden Fenster prägte sich die Kälte in das Zimmer und versilberte die Bücherreihen zu Blöcken aus Glassteinen. Wie meist hatte ein Kissen seinen Kopf weit ins Genick gezogen, als risse eine schwere Hand an ihm. Hatte er verlernt, den Körper aufzubäumen – und wie weit war er schon, abseits von allem Bekannten? Nur die Schwere war vorgezeichnet, die Schwere der Stunden nach Mitternacht bis hin zu einem kaum durchsichtigen Morgen. Unruhig suchte er nach den Übergängen zwischen Wachen und Schlaf, den Wanderungen der Zellgruppen. Als läge er in einem andauernden Traumschlaf, den die unmerkliche Bewegung der Augen verriet, befand er sich abwesend und niemals als Teil von etwas anderem. Dazu war es zu spät und zu früh, wie ja überhaupt die Zeit wenig galt. Wer wollte noch setzen darauf? Schau selbst nach, wo Du bist, helfen kann keiner, und ich, ich kann dich nur überschütten mit Schrift. Aber spürte er nicht die Gegenstände in seiner Nähe, als gehörten sie in aufdringlicher Weise zu einer noch herzustellenden Erfindung? Doch war er sich zuvor nie so begegnet, nur Katzen hatte er je so erlebt, die, als Hauskatzen verwöhnt und dadurch dem lebensnotwendigen Beutegang enthoben, beinahe drei Stunden täglich träumend verbrachten – nicht tief im Schlaf wohlgemerkt, sondern offenen Auges, nur leicht die Barthaare bewegend, als sträubten sie sich noch gegen den vorläufigsten Luftzug. Genügten dir aber die üppigen Traumerzählungen, die der Lohn waren für alles, deren Signale du den ganzen Tag mit dir herumzutragen hattest? Nichts galt, nichts da! Nur die Fortsetzung einer nicht mehr unterbrochenen, von dir selbst aufzulösenden Geschichte. Du wünschtest dir Anspannung, und du hast sie bekommen ...

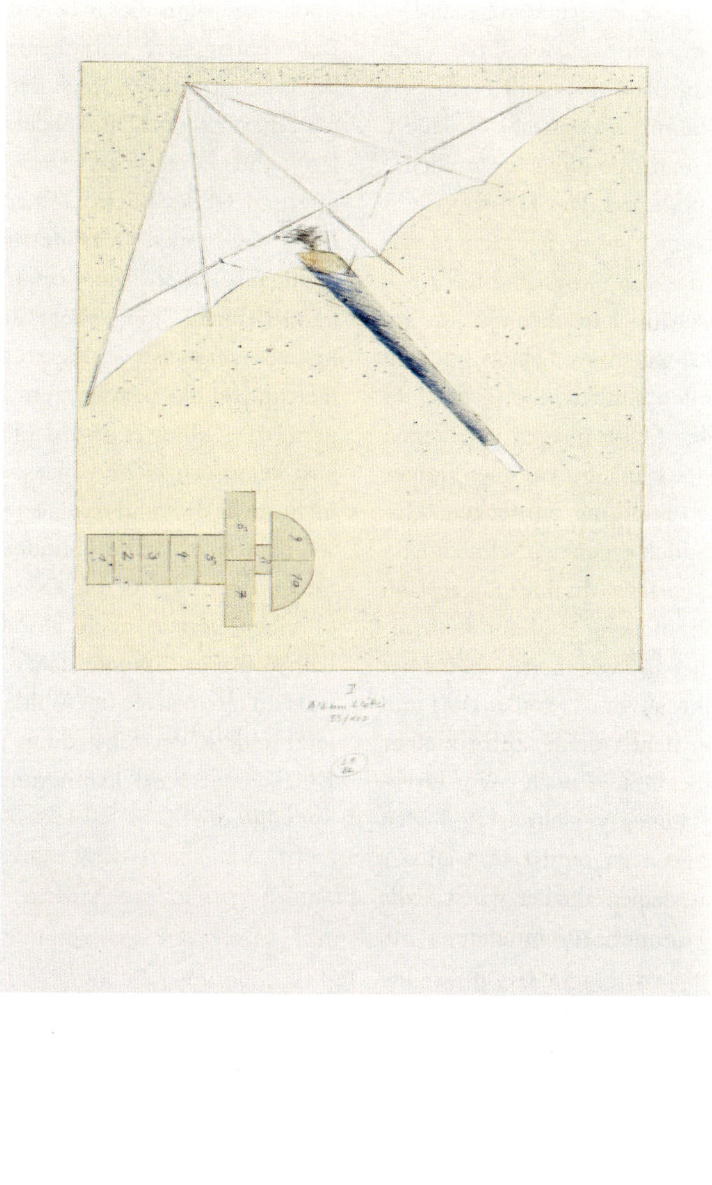

4 Albumblätter
II

Die Schwere der Stunden nach Mitternacht, ein weiches Grau über dunklem Blau, das nicht zerfließen will. Dahinter, Du weißt es, lauert die Heimat, die nicht entbundene, lange umhegte. Die Heimat – ein Monstrum, sagst du jetzt, ein Monstrum, das den unbestimmten Artikel unschädlich machen will, ein gefräßiges, mächtiges Lebewesen, den Freßzellen ähnlich, die in der Gestalt der Makrophagen erscheinen und verschlingen, was auch immer sie als Fremdling entdecken. Unempfindlich gegen den Schmerz von außen, verfällst du ihrer Suggestion und läßt dich, im Stadium somnambulischer Gelassenheit, von ihr herumführen. Haus, Straße, Dorf und Tal, in denen deine Zelte kleiner werden, du aber noch – vor Ort – deren Namen verschreist, mit den Schutzgeistern buhlst und an der weißen Magie teilhaben willst, Erde und Himmel zusammenleimend, den Polarstern als Weltennagel besitzend.

Im Kreis geführt – im Kreis, Bewegung des Stillstands, und wann erwachst du je aus dieser Betäubung? Dein einäugiger, polyphemischer Blick kennt nur die Enge der Heimat, du starrst ins Dunkel der Höhlen – und wanderst zwischen Himmel und Hölle, Blick nach rechts, Blick nach links, Geschnatter der Wildgänse. Wie atmet man auf, in Gedanken? Nur indem du die Sprache verlernst, stolperst, Himmel und Hölle werden zum Stegreiftal, es klingt, es wird Eile, du hast keine Zeit mehr, sowieso zählt nicht mehr dies und das, also jenes, wo man sich gerade befindet. Befindet man sich denn? Oder läßt es einen gerade noch gewähren? Um so besser! Krumm daher, seitwärts, Geschnatter der Wildgänse, jetzt anders, verstehst du es jetzt? Die Heimat wird Erinnerung, du Sprachloser …

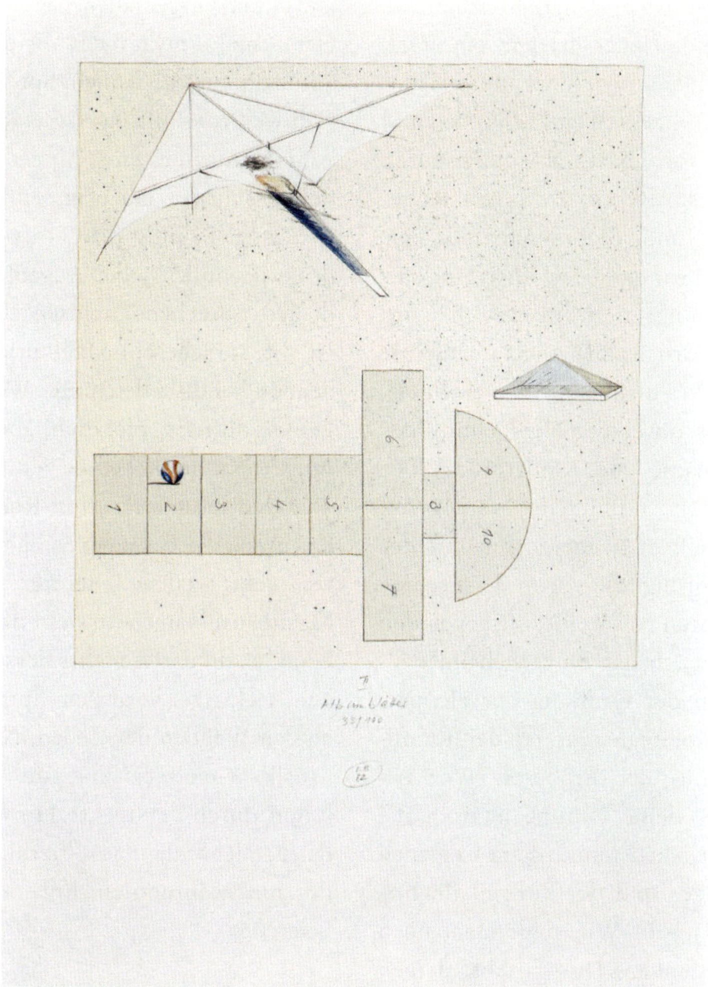

4 Albumblätter
III

Die Entdecker, Polarfahrer und Aztekenbezwinger hatten ein Ziel. Wir sind zufrieden, wenn die Hornschicht unserer Haut Schuppen und Panzer zurückläßt als Schleifspuren unseres Alterns. Zwischen Ruhemasse und Lichtgeschwindigkeit suchen wir das ideale Mittel unserer Gleichung: „ich bin ein ich", unechte Bruchzahl. Auch du bleibst vom Wahnsinn nicht verschont, leidest unter der Versuchung der Pyromanie und Kindstötung. Die wandernden Blutzellen werden von den seßhaften angezogen, mit der Zerstörung, die wir in der Fremde anrichten (du weißt, oft gegen den Willen), baust du insgeheim wieder an der Ordnung der Heimat. Der Kolonialismus ist der Kannibalismus der Eroberer. Wer begleitet deine Unruhe jetzt in die Nacht, du Freund deines eigenen Gesetzes und der kurzen, flüchtigen Lieben? Wie singt man, noch in Gedanken? Du schreibst deinen Text, auf den Knien, in der Fremde. Du sammelst, kannst warten, gehst von Tisch zu Tisch, nimm es nicht laut, wenn Gläser fallen! Gemurmel, Gemurmel – noch nicht aus deiner Sprache, nur aus deinem Sprechen. (Du weißt, es gilt das Gesetz; aber womit löst du es ein?) Einmal muß deine Schrift, mächtig, unbeugsam, eine Feindin des Trosts und des Augenblicks, die Augenblicke deines Sprechens ablösen. Noch ist die Sprache ein Maulkorb, aus dem du herausbellen mußt. Wieviel Feinde du hast, plötzlich, aber erwartet! Nachts stehen sie vor deiner Tür und lösen sich ab in Kontrollen. Auch die Gefangenen hält man versteckt, weil sie – auf ihre Art – Macht ausüben. Darin steht das Geheimnis, du darfst nichts verschenken, Gekritzel wird dein Sprechen an den Wänden der Zellen, Nacht, Musik. Geleitet wirst du indes schon durch versteckte Hinweise, das Pendel schlägt aus, hierhin und dorthin, während ein Erzähler dir beisteht.

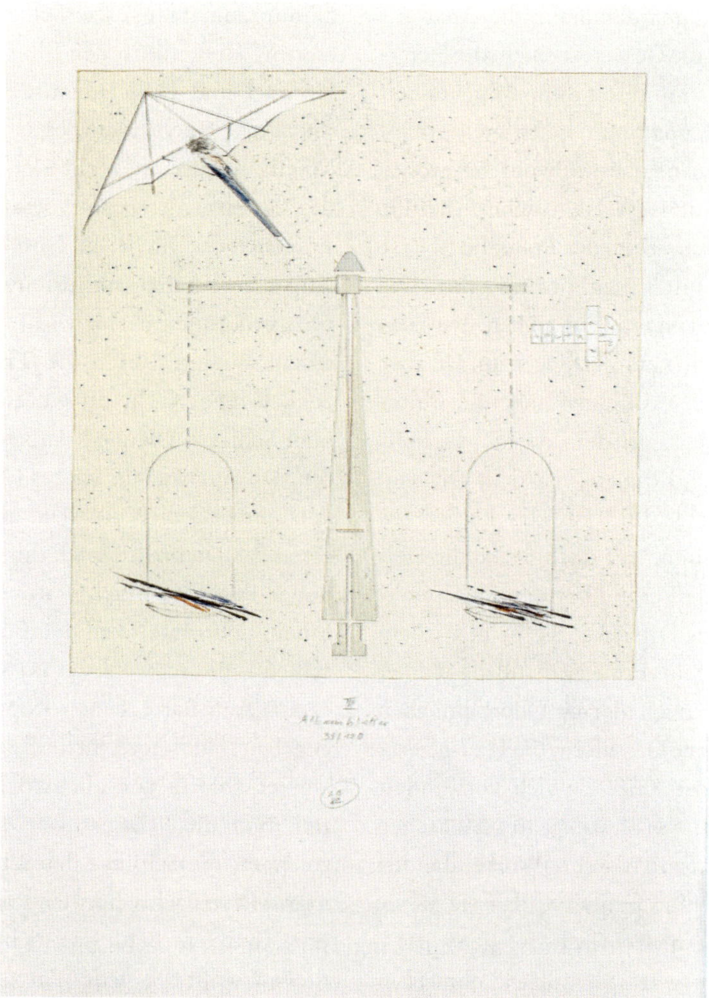
Albumblätter

4 Albumblätter
IV

Die Heimatdämonen, die Auswanderer, die Gesetzestreuen, die Heimkehrer im guten Sinn. Wir können die Heimat nun nicht mehr beim Namen nennen, obwohl sie größer geworden ist, deutlicher, befreit vom Schrecken der Erstgeburt. Erst recht gilt niemals Erinnerung. Die Vorzeitphantasien ziehen uns zum Sterben, zum Verfliegen an. Du aber wünschst dir einen höheren, weiteren Flug, bei dem du nichts mehr gilst und die Heimat dein dauernd erobertes Bild ist, das keiner zurücknimmt. Er dachte sich die Heimat als Ferne über den Basispunkten des Dreiecks, das er mit jedem Satz neu vermessen sollte. War er allein noch darin? Oder umgaben ihn ferne Gestalten, die Hausgeister früherer Zeit, die sich verwandelt hatten wie Shakespeares Menschen im Sturm? Worte – Worte, die den Namen so fern sind, daß sie an sie erinnern. Poetische Gegenwart – das Vorwärts als Zurück, ohne über den Weg zu plaudern. Das Recht des Unbesprochenen! Geschnatter der Wildgänse! Darin wird das Gesetz zum Haus, das Schweigen zum Wissen, führt der Flug über Himmel und Hölle hinaus. Rasen die Worte noch? Nein, es ist alles Musik, Ausübung, nicht Kontrolle des Gesetzes. Er beantwortete die Fragen nicht mehr, er kam nicht auf sie zurück, er ging, wie er flog, mit rudernden Armen. In solch einem Wissen führen die Träume zurück. Die Nacht über hatte ihn kein Schlaf zur Ruhe kommen lassen. Die nur wie auf kurzes Geheiß aufsummenden Windböen umlauerten das Domizil. Durch die geöffneten Fenster schlich warme Luft hinein und rüttelte an den Bücherreihen – die schwankten im Wind. Das Kissen hatte seinen Kopf freigegeben – und noch mehr als zuvor war er abseits von allem Bekannten. Nur die Schwere war vorgezeichnet, die Schwere der Stunden nach Mitternacht, ein weiches Grau über dunklem Blau, das nicht zerfließen wollte. – Jede Tat ist ein Ruck, jedes Wort ein Siegel, jeder Satz eine Wolke zum Dach – – –

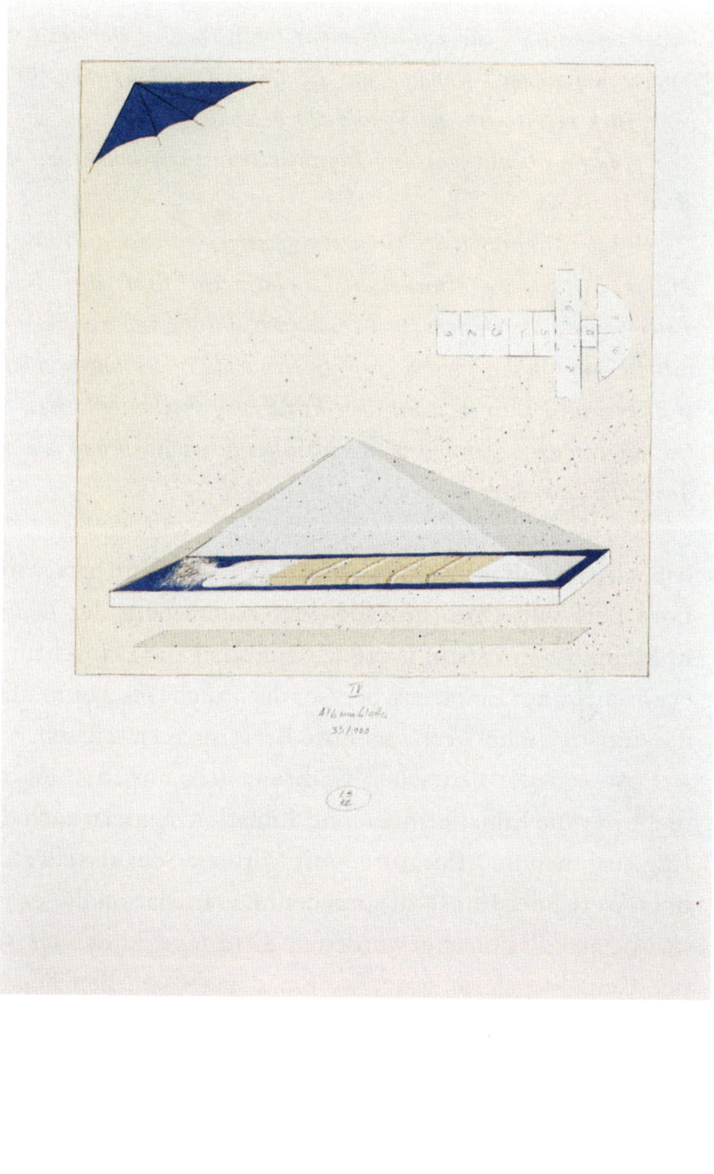

4 Das Werk von Lore Bert und ihr Lebensroman

Seit Anfang der achtziger Jahre habe ich das Werk von Lore Bert aufmerksam verfolgt. Noch während der Arbeit an den »Albumblättern« machten wir zusammen mit ihrer Tochter Dorothea eine längere Reise durch Kanada und die USA. Die Galeriebesuche in New York begeisterten mich, und ich beschäftigte mich seit dieser Zeit genauso intensiv mit der Gegenwartskunst wie früher mit den alten Meistern.

Als Lore Bert ihren 85. Geburtstag feierte, hatte ich die Ehre, im Mainzer Gutenberg-Museum die Laudatio zu halten. Aus Anlass dieses Geburtstags war ein Buch erschienen, das ihr Lebenswerk porträtierte und von ihren vielen Aufenthalten und Ausstellungen in aller Welt erzählte. Dass sie selbst diese Erzählung geschrieben hatte, gefiel mir besonders. Und so sprach ich über dieses Buch und von den Jahrzehnten unserer Freundschaft.

Als ich vor einiger Zeit die schöne Gelegenheit hatte, mit Lore Bert und Dorothea auf dem Zauberberg der *Cadoro* in Mainz zu sprechen, hatte ich zunächst die Befürchtung, etwas nicht nur Emphatisches, sondern auch Gescheites über das künstlerische Werk von Lore Bert sagen zu müssen.

Etwa seit der deutschen Frühromantik um 1800 locken nicht nur die Künstlerinnen und Künstler, sondern auch die Kuratorinnen und Kuratoren mit Vorliebe Schriftsteller an, über Werke der Kunst zu sprechen. Die Initiation dieser inzwischen inflationär gewordenen Sitte fand in der Dresdner Gemäldegalerie statt, wo ein damals von den Folgen nichtsahnender Kreis von Schriftstellerinnen und Schriftstellern durch die Säle der Galerie flanierte und sich über die gesehenen Werke unterhielt. Dieses brillante Gespräch angesichts von Bildern und Skulpturen wurde legendär, erlaubte es den Künstlerinnen und Künstlern doch von dieser Stunde an, geradezu offiziell über ihre Werke zu schweigen.

Stattdessen waren die Wortkünstler von da an berufen, die Werke der Kunst wortreich, deutend und tiefschürfend zu erhellen: »Ohne Texte keine Kunst«, so könnte man sagen und auf die Folgen verweisen: Jede Ausstellung wird seit dem Dresdener Geniestreich erst komplett durch den umfangreichen Katalog und die dort abgelagerten, meist hochgradig enthusiastischen Texte.

Ohne es zu ahnen, hat auch Goethe nicht wenig zu diesen fatalen Entwicklungen beigetragen, indem er ausgerechnet dem Kapitel »Kunst« in einer Ausgabe seiner Gesammelten Werke einen Zweizeiler voranstellte: »Bilde Künstler, rede nicht!«, lautet die erste Zeile, die lauter Missverständnisse hervorrief, glaubte man doch nun auch Goethe auf der Seite derer, die den Künstlern das künstlerische, wortkarge Schaffen, den Schriftstellern dagegen die Aufgabe zuweise, über dieses Schaffen wortreich und ausgiebig zu reden. Schaut man allerdings auf die zweite Zeile seines Zweizeilers, begreift man Goethes eigentliches Thema: »Bilde, Künstler, rede nicht!/ Nur ein Hauch sei dein Gedicht!«

Jetzt erst erkennt man: Goethe meinte gar nicht die bildenden Künstler, sondern die Lyriker. Ihm graute vor dem rhetorischen Reden der Dichter, und er hoffte, sie dazu anhalten zu können, ein Gedicht nur wie einen Hauch, nicht aber wie eine Suada erscheinen zu lassen.

In späteren Zeiten wurde das alles dem Lyriker Robert Gernhardt zu viel. Er wollte den Disput über das Schweigen der Künstler und das Reden oder Hauchen der Dichter ein für alle Mal beenden und zog einen vehementen Schlussstrich, konsequenterweise in der Form eines doppelten Zweizeilers und damit als Vierzeiler:

Bitte, Künstler, bilde nicht/ Und verzicht auf dein Gedicht./ Wort ist Wind, und gar kein Hauch/ Tut es in der Regel auch.

Robert Gernhardt meinte es gut, und er wollte sich nicht zuletzt von der Zumutung befreien, laufend Deutendes über Werke der Kunst sagen zu müssen. Leider wurden seine apodiktischen Worte aber nur wenig gehört. Gerade die Dichter machen es sich immer wieder zur Aufgabe, Werke der Kunst vor Ort, in Museen, Galerien oder auch auf Spaziergängen ausgiebig zu behauchen. Beeindruckende Texte sind dabei entstanden, ich denke an Rainer Maria Rilkes *Briefe an Cézanne* oder seine Studien über Rodin oder an Peter Handkes *Lehre der Sainte Victoire* und viele andere …

Nun habe ich es aber in meinem bisherigen Leben leider nicht zum Dichtertum gebracht. Nein, ich bin kein Dichter, sondern ein schlichter Prosaschriftsteller. Kein Wunder, dass ich den Zauberberg der *Cadoro* vor einiger Zeit einigermaßen beklommen bestieg, um mir anzuhören, was die Künstlerin Lore Bert von mir erwartete.

Schon ihre ersten Worte erleichterten mich und stimmten mich froh: »Mein Lieber«, sagte Lore Bert, »du willst ja leider kein Dichter sein, der Kunst behaucht, obwohl du vor vielen Jahren zu einer Mappe mit meinen Arbeiten ganz wunderbare Dichtungen geschrieben hast, die du aber seltsamerweise nicht ›Dichtungen‹ nennst. Es sind aber bestimmt welche, und Dorothea kennt sie auswendig und könnte sie rezitieren. Du würdest staunen, was du als junger Mann alles hervorgebracht hast.

Aber egal, reden wir nicht mehr darüber, sondern über meinen 85. Geburtstag. Für dich habe ich mir etwas ganz Besonderes ausgedacht. Ich habe nämlich ein Buch geschrieben, stell dir vor! Es heißt *Spaziergang durch ein Leben* und enthält Aufzeichnungen über meine vielen Ausstellungen in aller Welt, die ich im Nachhinein aus dem Kopf zusammengestellt und – und das wird dich besonders freuen – mit der Hand notiert habe! Mein ganzes Ausstellungsleben in einem großen Buch! 608 Seiten, 1400 meist farbige Abbildungen, das Format ist 31,5 Zentimeter mal 23,5 Zentimeter, Leinen im Schutzumschlag, Fadenheftung, Lesebändchen. Mit einem Vorwort von Dorothea van der Koelen, die mich auf allen Reisen begleitet hat. Wie findest du das?«

Ich war verblüfft, aber Dorothea sprang mir helfend zur Seite: »Das Buch wird natürlich im *Chorus-Verlag* erscheinen, ich arbeite bereits Tag und Nacht daran. Wir werden es anlässlich der großen Lore-Bert-Ausstellung im Gutenberg-Museum an Lores Geburtstag und damit am 2. Juli 2021 präsentieren. Die Ausstellung wird *Ways of Worldmaking – Weisen der Welterzeugung* heißen. Du weißt natürlich, worauf der Titel anspielt …« – »O ja«, antwortete ich, »das spielt auf ein berühmtes Buch von Nelson Goodman an, *Weisen der Welterzeugung*, über das ich schon einiges nicht gerade gehaucht, wohl aber geschrieben habe. Das Buch ist übrigens einer Künstlerin gewidmet, die, wie Goodman in seiner Widmung schreibt, ›mit Wasserfarben Welt erzeugt‹. Es ist also geradezu eine philosophische Handreichung für Künstlerinnen, beginnt mit dem legendären Kapitel *Wörter, Werke, Welten*, lässt die denkwürdigen Kapitel zum *Status des Stils* folgen, behandelt dann die *Probleme des Zitierens* und fragt, etwa in der Mitte, in den zentralen Kapiteln *Wann ist Kunst?*

Wohlgemerkt: Nelson Goodman fragt nicht ›Was ist Kunst?‹, sondern eben ›Wann ist Kunst?‹, er behandelt also die symbolischen Setzungen, die Kunst zur Kunst unter bestimmten regelnden Bedingungen machen. Nach Kants

Ästhetik war Nelson Goodmans symboltheoretischer Ansatz epochemachend, versuchte er doch …«

»Danke, mein Lieber«, antwortete Dorothea, »ich habe promoviert und bin über Nelson Goodman ausreichend unterrichtet. Außerdem solltest du nicht jetzt dein literarisches Pulver verschießen, sondern am Geburtstag der Jubilarin, es ist der 2. Juli 2021, und die Eröffnung der Ausstellung ist um 18 Uhr. Würdest du dir das bitte notieren? Wir freuen uns wirklich sehr, dass du zugesagt hast, die Laudatio zu halten, das ist wunderbar!«

Hatte ich zugesagt, die Laudatio zu halten? Innerlich schon, in symboltheoretischem Sinn gleichsam. Es gab also nicht mehr viel zu überlegen oder zu planen, sondern es war Zeit für Prosecco, den wir im Verlauf des weiteren Nachmittags tranken. »Zum Glück trinke ich keinen Alkohol«, sagte Lore Bert – und damit war am Ende des denkwürdigen Tages wirklich alles gesagt.

Ich verließ den Zauberberg der *Cadoro*, überlegte kurz, ob ich mir Dorotheas vor der Tür geparkten Jaguar für eine Spritztour ausleihen sollte, verneinte das aber mir selbst gegenüber und flüsterte: »Zum Glück trinke ich gerne einen guten Prosecco, sollte anschließend aber keinen noch so guten Jaguar fahren …«

Ich ging daher zu Fuß hinab ins Mainzer Talgelände und ließ die Fantasien schweifen. 31,5 Zentimeter mal 23,5 Zentimeter – das war das Format des Buches *Spaziergang durch ein Leben*. Diese Maße waren enorm, woran erinnerten sie mich? Der Dichter Friedrich Hölderlin benutzte für seine Handschriften Papierseiten in einem Großfolioformat 24 Zentimeter mal 39 Zentimeter, das war nicht weit von den Maßen des Chorus-Buches entfernt. Und welche Maße hatte eigentlich die Gutenberg-Bibel?

Ich musste das sofort und unbedingt wissen und telefonierte auf der Stelle mit dem Gutenberg-Museum. Frau Dr. Schultz, die Kuratorin der Lore-Bert-Ausstellung, war zum Glück gleich zu erreichen. »Welche Maße hat eigentlich die originale Gutenberg-Bibel?«, fragte ich. – »Meinen Sie das sogenannte Shuckburgh-Exemplar, das nach dem Vorbesitzer benannt ist?«, antwortete Frau Dr. Schultz. »Sir George Shuckburgh kaufte die Bibel in den 1770er Jahren, und 1978 erwarb das Gutenberg-Museum sie für 3,7 Millionen DM bei Kraus in New York.« – »Genau dieses Exemplar meine ich«, sagte ich. »Wissen Sie die Maße des Formats?« – »Ich weiß sie auf den Zentimeter genau«, antwortete Frau Dr. Schultz. »42 Zentimeter mal 31 Zentimeter …« – »Unglaublich«, sagte ich, »dann spielt Lore Berts *Spaziergang* mit den 23,5 Zentimetern auf Hölderlin und mit den 31,5 Zentimetern auf die Gutenberg-Bibel an. Zweifellos handelt es sich um Phänomene des ›indirekten Zitierens‹, wie Nelson Goodman das im dritten Kapitel seines Werkes *Weisen der Welterzeugung* nennt!« – »Ich kann Ihnen, ehrlich gesagt, gerade nicht in allen Details folgen«, sagte Frau Dr. Schultz. »Die Maße stimmen aber, und wahrscheinlich spielen Sie auf das Opus magnum der Künstlerin *Spaziergang durch ein Leben* an. In der Ausstellung wird es übrigens wie ein Ausstellungsobjekt zentral zu sehen sein, und das nicht in einer Vitrine, sondern offen, zum Anfassen und Blättern.« – »Fantastisch«, freute ich mich, »ein Opus magnum zum Anfassen und Blättern! Das kommt mir sehr entgegen, ich danke Ihnen für diese wertvollen Informationen!«

Heute ist nun der 2. Juli 2021, und wir feiern Lore Berts 85. Geburtstag, und ihr Opus magnum, die Lore-Bert-Bibel, ist in der Ausstellung als Ausstellungsobjekt zu sehen und kommt mir entgegen.

Schlage ich den Prachtband auf, begegne ich der ersten Ausstellung von Lore Bert in der »großen, weiten Welt«, 1985 in Montreal. *Works on Paper* war ihr Titel, und auf den Fotografien der Ausstellungseröffnung erkennt man Kunstinteressierte aus aller Herren Länder, darunter auch einen erstaunlich elegant gekleideten jungen Mann, der, wie er sich heute als etwas älterer Mann erinnert, damals in Französisch und Englisch mit den Gästen multilingual parlierte, sich aber zum Glück sonst zurückhielt und zu keinerlei altklugen Texten über die Werke von Lore Bert ansetzte.

In ihrem Vorwort erinnert Dorothea sich: »Da ich noch studierte, konnte ich erst zur Vernissage nach Montreal fliegen, aber von dort ging es mit einem Greyhound Bus … nach New York, wo wir viele Galerien besuchten.« Oh ja, ich erinnere mich ebenfalls an diese legendäre Busfahrt und die wunderbaren Tage in New York. »Jetzt schauen wir uns die besten Galerien mit neuer Kunst an, mein Lieber«, hatte Lore Bert zu mir gesagt. »Es müssen nicht immer nur die alten Meister sein, habe ich recht?!«

Und wie sie recht hatte! Ich erinnere mich an Stadtpläne mit den eingezeichneten Adressen der besten Galerien und tagelange Gänge, bis zur Erschöpfung. Plötzlich sah ich die alten Meister durch die Augen der jüngsten, und ich erinnere mich genau, wie stark das meinen Blick auf Kunst veränderte. 1985 begannen also die ganz und gar außergewöhnlichen Ausstellungen von Lore Bert in aller Welt, fast möchte man sie Lore Berts Weltausstellungen nennen und läge damit genau richtig.

Spaziergang durch ein Leben zeigt die ausgestellten Werke, daneben aber eben auch die Reaktionen der vielen Besucher sowie das jeweilige kulturelle Ambiente. *Weisen der Welterzeugung* bedeutet in diesem Sinne viel mehr als ein bloßes

Ausstellen von Kunst. Die Kunst wird in zweiter Hinsicht zu einem Medium der Dialoge, ja zu einem Instrument ethnografischer Forschung.

Mit treffenden Formulierungen hat Dorothea van der Koelen auf diesen besonderen Aspekt hingewiesen: »Man lebt und arbeitet mit Menschen des anderen Landes. Man erfährt ihre persönlichen Ansichten, lernt über ihre Lebensweise, Hierarchien, Gebräuche und Gewohnheiten, Wertvorstellungen und Geschichte. Man erlebt im gemeinsamen Tun, was macht sie glücklich, was unglücklich, wie lösen sie Probleme, wie ist ihre Arbeitsweise.«

Das skizziert gut das Programm der über 300 Ausstellungen in 28 Ländern. Die Kunst ist »Welterzeugung«, sie installiert Objekte, die Reflexionen darüber herausfordern, wie und aus was sie gemacht ist, und sie regt damit an, als »Kunstweise« die Reflexion über Lebensweisen und Arbeitsweisen der Menschen in Bewegung zu setzen.

»Kunst« ist in diesem anspruchsvollen Sinn »nichts nur zum Anschauen« und »Davorstehen« oder »Drumherumgehen«, sondern eine Aufforderung, sich die Objekte »einzuverleiben«. Versucht man das, lebt man mit ihnen, sie werden zu einem Teil der eigenen Lebenspraxis, und man gerät auf die Suche danach, wie sie die Lebenspraktiken anderer Menschen berührt und beschäftigt.

Zahllose Welten, durch Gebrauch von Symbolen aus dem Nichts erzeugt ... – so beginnt Nelson Goodmans Buch, und er trifft damit genau die Arbeiten und Techniken von Lore Bert, deren Werke als symbolische Handreichungen dem Welterzeugen auf besondere Weise entgegenkommen.

Zur symbolischen Handreichung werden sie durch einige wesentliche Komponenten. In vielen Fällen reagieren sie nämlich auf Räume, in die sie sich einnisten, die sie umkleiden, öffnen oder auch ornamentieren. Damit das gelingt, verhalten sie sich figurativ und nehmen jeden Kontakt mit gängigen Gesten zurück. Ihre Gestik ist vielmehr eng an ihr Material gebunden und mit diesem Material eins.

So entstehen leuchtende, meditativ wirkende Zeichensprachen: Bahnen, Pfade, Wege, Spuren. Ihnen eingeprägt sind Zeichen und Sprachen anderer Kulturen: Schriftzeichen, geometrische Figuren – und leuchtende, farbige Signale. Oft haben mich solche Arbeiten an ein Buch von Umberto Eco mit dem Titel *Die Geschichte der Schönheit* erinnert. Darin ist er den besonderen Gestalten und Hintergründen der Schönheitsvorstellungen in der Geschichte nachgegangen, so etwa denen der Antike, wobei er die große Bedeutung von Zahl, Proportion und kosmologischem Denken dargestellt hat. Oder denen des Mittelalters, die Licht und Farben akzentuieren.

Eigenschaften heißt eine Arbeit von Lore Bert, die 1993 im portugiesischen Sintra gezeigt wurde. Sie erscheinen in Latein und deklamieren die Stufen der Bewährung: Silentium, Konzentration, Harmonia, Albus, Concentus, Pax, Meditation und Pulchritudo. Wie hätte diese Nomenklatur Umberto Eco gefallen, hätte er doch sehen können, dass und wie seine Antike und die Schönheit seines Mittelalters sich mit einer Moderne verbunden haben, die ihre Kraft aus der Verinnerlichung der magischen Gestalten des Lebens bezieht!

Immer wenn ich Arbeiten von Lore Bert anschaute, dachte ich an solche Orientierungen, gerade auch vor dem Hintergrund ihrer Nähe zu philosophischen Texten und theologischem Denken. Was ist ihre Schweigezone in der Dominikanerkirche von Osnabrück anderes als ein Läuterungsweg, der aus der Geschäftigkeit der Gegenwart hinüberführt in einen spirituellen Raum der Entgrenzung von Zeit?

An den Rändern dieser Wege streunen die Zitate, wie solche von Dante oder Kopernikus, von Kant oder Quine. Deren Texte werden verrätselt angetippt, aber nie demonstrativ ausgestellt. Lore Berts Kunst ist vielmehr eine des indirekten Zeigens und Öffnens. Genau das meinte ich, als ich sagte, sie stellen sich für die Einverleibung bereit, bieten sich an, locken dorthin, wo ihre Materialweisen umschlagen in Herzsignale.

Ein Spaziergang durch ein Leben ist als Buch der Weltenroman solcher Verwandlungen. Die Welten haben Lore Bert eingeladen, und sie hat sich mit ihren Arbeiten dafür bedankt. Minister und Diplomaten warteten auf sie, Galeristinnen und Direktorinnen von Museen legten ihre schönsten Kleider an, und selbst die berüchtigten »alten weißen Männer« erschienen in altersgemäßer Schönheit und Noblesse.

Wie es sein muss, erkennt man auf den letzten Seiten eine bunte Weltkarte, auf denen man nach all den Bildszenen die Kontinente plötzlich wahrnimmt wie Figuren oder Gestalten von Lore Bert. Diese Welten haben ihre Kunst inhaliert und die Menschen, die sie erlebten, miteinander verbunden. Mit einem Mal ist die Erde eine sich ruhig drehende Kugel, eine große Stille hält sie im Weltraum, und aus den Tiefen der Dunkelheit leuchten die Schatten der blauen Meere. *Die Menschen reisen in fremde Länder und staunen über die Höhe der Berge, die Gewalt der Meereswellen, die Länge der Flüsse, die Weite des Ozeans, das Wandern der Sterne; aber sie gehen ohne Staunen aneinander vorüber* – das ist nicht von mir, sondern vom Kirchenvater Augustinus.

Lore Bert hat den Menschen gezeigt, wie sie über dies alles staunen können, ohne einander zu vergessen. Ihre Freundinnen und Freunde gehen nicht vorüber, sondern aufeinander zu. Heute sind sie da und gratulieren, heute und morgen, auf dem Zauberberg der *Cadoro*!

5 Erwin Wortelkamps »Angelehnte«

Anfang der neunziger Jahre lernte ich den Künstler Erwin Wortelkamp kennen, der auch aus dem Westerwald (aus Hamm an der Sieg) stammt und seit Mitte der siebziger Jahre wieder dort wohnt und arbeitet (im Schulhaus von Hasselbach). Wortelkamp war ursprünglich Bildhauer, und so ergab es sich folgerichtig, dass ich durch seine Werke ein vertieftes Verständnis von Skulpturen erhielt.

Inzwischen habe ich manche seiner Arbeiten genauer studiert, darunter eine Vielzahl von großen und von Wortelkamp bearbeiteten und verwandelten Baumstämmen, die er selbst »Angelehnte« nennt. Sie stehen im Freien und tangieren Segmente der Umgebung, indem sie vorsichtig und tastend Kontakt aufnehmen.

Eine dieser Arbeiten habe ich besonders häufig gesehen. Sie steht auf dem Gelände der Abtei Marienstatt im Westerwald, hinter dem Kloster, in der Nähe eines Weges, der hinauf zur Höhe über dem Nistertal führt. Die »Angelehnte« in Weiß streckt sich vor einer großen Felswand, als wollte sie diese Höhe markieren. In vielen Notaten habe ich die Wirkung dieser Skulptur zu ergründen versucht. Hier eine Auswahl:

Wenn man den Klosterbezirk in der Dämmerung des Abends verlässt, leuchtet die Angelehnte im Dunkel. Dann ist sie ganz Körper, Gestalt, eine gespenstische Erscheinung, die sich bei längerer Betrachtung in einen freundlichen Wegweiser verwandelt. »Langsam«, flüstert sie, »bleib einen Moment stehen – und dann nimm mich mit hinauf auf die Höhe!«

*

Im harten Sonnenlicht eines Sommertages gibt sie die Schlangenerscheinung. Sie windet sich die Felswand hinauf und inhaliert Wärme und Hitze, was ihr Holz wie harten Stein erscheinen lässt. Der begegnet der Härte der dunkleren

Felswand, die über dieser Begegnung doppelt erstarrt. Wer hat je so auf sie hingewiesen und ihr Material decouvriert?

★

Manche Betrachter möchten sie – in einem Anfall von Rührung und Hingabe – gern in den Arm nehmen und sich mit ihrer schlanken Erscheinung zeigen. Zu zweit einen Weg einschlagend, einen Gang, dabei selber wachsend und wachsend …

★

Jemand hat sie enthäutet und ihr die dunkle Rinde über die Stirn und den Kopf gezogen. Darauf reagiert sie mit einer Kopfgabel, deren kleine Öffnung die große der Leibspaltung auffängt und ausklingen lässt.

★

Ihr Weiß hat nichts Neutrales, nein, dieses Weiß ist emphatisch, ein Weiß der Gewänder von Chorknaben, die im Kloster nebenan vor dem Gottesdienst warten und in freien Momenten an ihr vorbeischlendern, mit dem Blick zu Boden.

★

Eine Skulptur, die zugleich Architektur sein will. Die Umgebung auffangend, umbauend, öffnend, schließend, erleuchtend. Eine Skulptur, die sprechen und schweigen will.

★

Ihre Narben und Schnitte rühren nicht von Verletzungen her, sondern von Liebesbekundungen. Sie fixieren einen zweifachen Umgang, den eines Einschnitts und den eines gehemmten Eindringens.

★

Es gibt auch Betrachter, die sich in ihr verstecken und eins mit ihr werden wollen, oh ja, die gibt es. Ihre Öffnung ist genau dafür gemacht. Aber wer hineinschlüpft, den bittet sie auf der anderen Seite wieder hinaus und verwandelt sich in einen Durchgang.

★

Auf die Frage, zu welcher Epoche diese »Angelehnte« gehöre, antwortete ein kundiger Theologe: »Zur benediktinischen.« Sie entstammt der benediktinischen Gotik, sie ist deren Stein, zu fasslichem Holz geworden.

★

Wie oft stand ich hilflos vor ihr und versuchte, die Gesetze ihres schweren Standbeins zu ergründen. Wieso steht sie überhaupt? Warum kann kein Sturm sie packen und stürzen? Und wie lauten die Gleichungen, die ihre Schwerkräfte berechnen?

★

Wenn ich es eilig habe, gehe ich an ihr vorüber, drehe ihr den Kopf zu, grüße und nicke. Dann habe ich sie passiert.

Manchmal drehe ich mich im Weitergehen noch einmal nach ihr um – dann schaut sie leicht abwesend zurück und summte gregorianisch.

6 IM TAL von Erwin Wortelkamp

Die große Skulpturenanlage IM TAL, die Erwin Wortelkamp auf einem Raum von über zehn Hektar in Zusammenarbeit mit vielen anderen Künstlern in Jahrzehnten angelegt hat, ist ein westerwäldisches Ereignis.

Viele Male habe ich es durchstreift, studiert und einmal sogar mit Hilfe des Schreibens auf den Spuren meines geodätisch arbeitenden Vaters vermessen. Daraus ist das Buch »Beschreibung: Erwin Wortelkamps TAL bei Hasselbach im Westerwald« entstanden. Es ist bis heute die minutiöseste literarische Landvermessung durch einen meiner Texte.

Bei einer festlichen Gelegenheit habe ich eine Rede auf das TAL gehalten und mich an seine Entstehungsgeschichte erinnert. Dabei bin ich der Frage nachgegangen, wie ein großer Raum Formen einer Skulptur annehmen kann.

Willkommen, liebe Gäste! Wir stehen zusammen vor dem alten Schulhaus in Hasselbach und wollen uns zusammen auf den Weg machen! Bevor wir losziehen, gehe ich mit Ihnen einige Schritte in Raum und Zeit zurück und hole etwas aus.

Das Alte Schulhaus, auf das der gesamte TAL-Raum hin ausgerichtet ist und von dem aus jeder TAL-Gang seinen Ausgang nimmt, vermittelt uns eine erste Orientierung. Eine solche Ausrichtung eines weiten Geländes hin auf ein einzelnes, dazu noch bewohntes Gebäude hat es früher vor allem rings um Schlösser und Residenzen gegeben. Eine der vielen kulturhistorischen Wurzeln des TALs ist die Garten- oder Parkanlage, die sich an solche räumlichen Zentralkörper anschloss.

Zur Residenz mit dem sie umgebenden Garten- und Parkgelände gehört aber auch das große Fest, das wir manchmal im TAL erleben. Dazu gehören Musiker, und dazu gehören die Lieferanten der näheren und weiten Umgebung, die Köche, die Weinhändler, die Zeltaufbauer, die Techniker – sie alle wirken zusammen wie früher bei Anlässen barocker Feste, als die gesamte Schloss- oder Residenzumgebung zusammenströmte.

Das eigentliche Faszinosum und die Besonderheit dieses TALs besteht nun aber darin, dass die theoretische und praktische Gestaltung bis ins letzte Detail das Werk eines einzigen Menschen ist. Dieser Gestalter wurde in Jahrzehnten darüber zum Handwerker, zum Architekten, zum Kunstvermittler, ja zu einem TAL-Körper mit verschiedenen Aufgaben und Rollen.

Natürlich gab es Helfer und Helfershelfer, ohne die das TAL nicht zu denken wäre: an erster Stelle seine Familie, dann Freunde, dann die vielen Experten, die jeweils zur Lösung eines bestimmten Problems herangezogen wurden.

Letztlich aber lief doch alles, was in und um dieses TAL herum entschieden und gestaltet wurde, wieder auf Erwin Wortelkamp zurück. In seinem prägnanten westerwäldischen Schädel, einem von der Kunst und der Arbeit gemeißelten Schädel, ist die Konzeption entstanden, und dieser Schädel hat immer wieder den Kopf hingehalten, wenn es Widerstände und Probleme zu lösen und zu bewältigen gab.

Wie hat das alles angefangen? Im Alter von fast vierzig Jahren entschließt sich Erwin Wortelkamp (nach Studienjahren in München, nach Jahren als Kunsterzieher und Leiter einer Kunstgalerie in Frankenthal und als Assistent an der Pädagogischen Hochschule in Freiburg), mit seiner Frau, seinem fünfjährigen Sohn Kim und seiner dreijährigen Tochter Isa in seine westerwäldische Heimat zurückzukehren.

Die Familie lässt sich 1975 im Alten Schulhaus in Hasselbach nieder, unweit von Hamm, wo Erwin Wortelkamp in der »Alten Vogtei« 1938 geboren wurde. Nichts war so wie heute – wer Fotografien aus dieser Zeit gesehen hat, glaubt seinen Augen nicht zu trauen. Das Alte Schulhaus steht inmitten einer großen westerwäldischen Leere: nackt, ungeschützt, wie ein auf freiem Feld übrig gebliebener Baukörper. Es steht da wie ein unbearbeiteter, unbehauener Koloss, den Erwin Wortelkamp dann wie eine räumliche Großskulptur gestalten, formen und in immer weitergehenden Schritten auf die Landschaft beziehen wird.

Der erste Schritt war die Anlage des Hof-und-Garten-Geländes um das Alte Schulhaus herum. Es war der Schritt einer Einfriedung und Einbettung. Hecken, Beete, Bäume wurden gepflanzt wie Gestalten, die das Schulhaus rahmten und akzentuierten. So entstand eine Umrundung und Einkreisung und eine Begehbarmachung, während im Innern der Umbau zu einem Wohnhaus mit großem Atelier verlief.

Das Ganze war eine Rauman- und -einnahme auf Lebenszeit und damit eine bewusste, kühne und autonome Entscheidung, bei der kein Sparkassenverband, keine Versicherung, keine Handelskammer und erst recht kein Bürgermeister schützend im Hintergrund standen: sich niederlassen, aus eigener Kraft, mit dem Willen, die zuvor verlassene Heimat anzunehmen, in und mit ihr zu arbeiten und darauf ein Leben und das einer Familie zu gründen.

Diese starke Entscheidung entsteht in einer biografisch bedeutsamen Situation, denn Erwin Wortelkamp ist, wie gesagt, damals beinahe vierzig. Er hat die Welt in den Jahrzehnten zuvor bereits einmal umrundet und ist angekommen, er ist zurück, in der früheren Heimat. Neben dem biografischen gehört dazu aber auch ein ästhetisches, zeithistorisches Moment. Die Niederlassung erfolgt zu einem Zeitpunkt, als die Debatten über Kunst im öffentlichen Raum sich noch in einer naiven Phase befinden. Begonnen haben sie vermehrt in den sechziger Jahren, als es die ersten größeren Ausstellungen von Skulpturen in sogenannten »nichtinstitutionellen Räumen« gab und die Skulpturen aus den Museen und Galerien auszogen, um sich draußen, im freien und ungeschützten Gelände, zu behaupten.

Skulpturen im städtischen Raum für eine bestimmte Zeit auszustellen – das bedeutete einmal: diesen Skulpturen ein zweites, erweitertes Leben zu geben, sie aus ihrer Zugehörigkeit zu Museum, Galerie, Gebäude und Haus zu befreien. Aus den Skulpturenausstellungen an besonders herausgehobenen Orten und Plätzen wurden bald auch ambitioniertere Projekte, Projekte also, die Skulpturen themengebunden präsentierten, als Kommentare zur aktuellen Kunst oder zu anderen, bewusst gesetzten und akzentuierten Perspektiven.

Anfang der achtziger Jahre gerieten derartige Projekte und Planungen in die Kritik. Man sprach von einer »Musealisierung des städtischen Raums« und von Innenstadtzonen mit dem Charakter schaler Freiraumgalerien. Die früher als befreit empfundenen Skulpturen hatten eine gewisse Patina angesetzt, sie standen in den hässlichen Fußgängerzonen unserer Städte verbraucht und verstaubt, vom Rost angefressen, herum. Entgeistert, ihrer Aura und ihres Glanzes beraubt, wirkten sie vor allem deshalb so deplatziert, weil sie gar nicht für den jeweiligen Raum geschaffen, sondern einfach nur auf ihm abgestellt worden waren.

In einem viel zitierten Essay sprach Jean-Christophe Ammann damals von »drop sculptures« oder »plop sculptures«, von Skulpturen also, die man irgendwo hingestellt und stehen gelassen hatte, ohne Bezug zum umgebenden Raum. Die thematisch neue Forderung, die sich aus dieser Kritik ergab, war die Forderung nach einer notwendigen »Ortsspezifik«. »Ortsspezifik« wurde zum Schlagwort der achtziger Jahre in dem Sinne, wie es der Kunstkritiker und Kunsthistoriker Peter Springer damals gebrauchte: »Ein zur öffentlichen Ausstellung in städtischer Umgebung bestimmtes Kunstwerk müsste demnach von vornherein … Momente und Eigenschaften seines vorgesehenen Bestimmungsortes reflektieren.«

Diese inzwischen Geschichte gewordene Debatte, die von der Idee der Skulpturenausstellung im Freien über die Idee thematisch akzentuierter Ausstellungen hin zu Konzepten »ortsspezifischer« Skulpturen führt, spitzt sich genau in jenem Jahrzehnt zwischen 1975 und 1985 zu, in dem Erwin Wortelkamp sich in Hasselbach niederlässt. »Ortsspezifisch« zu handeln, bedeutet hier: ein weites Gelände von zehn Hektar als Großskulptur zu betrachten, ihr einen Namen

(»IM TAL«) zu geben und von nun an nicht aufzuhören, an dieser Großskulptur zu arbeiten, und zwar so, dass die Spezifik des Ortes nicht verletzt, sondern immer stärker betont wird.

Dieses Programm hat ein geheimes Gesetz, es lautet: »Die Würde der Landschaft ist unantastbar.« Das ist ein Satz, der, ins Grundgesetz eingetragen, Städte und Dörfer zwingen würde, Regeln des angemessenen Umgangs mit einer Landschaft, Regeln des Bauens und Wohnens, aufzustellen, die für eine Region verbindlich wären und ihren Charakter prägen würden.

Elf Jahre nachdem Erwin Wortelkamp sich mit seiner Familie im Altern Schulhaus von Hasselbach niedergelassen hat, ist es so weit: Die Idee des TALs ist gefunden, das Projekt der Großskulptur wird in Szene gesetzt, es handelt sich um eines der kühnsten Projekte, das ein einzelner Mensch, ungeschützt, nicht von den üblichen Institutionen getragen, entwerfen kann.

Die Idee des TALs ist die einer autonomen Setzung: »Es werde TAL!« … – und im Hintergrund stehen und unterstützen eben keine Banken, Behörden und Geldgeber, sondern nur eine kleine Familie, die von nun an mit dem TAL lebt und dieses sich stetig erweiternde Gelände einmal als lieblichen Vorgarten, dann aber auch als dämonische Schreckenskammer erlebt, deren Geister einem über den Kopf wachsen und bis in die Träume gegenwärtig sind.

Das Jahr 1986, das Jahr des Projektbeginns in und rund um das TAL, kann man als Jahr einer zweiten »Niederlassung« verstehen. Erwin Wortelkamp ist nun beinahe fünfzig, in diesem Alter hat man, wenn alles gut geht, die Welt ein zweites Mal umrundet, die Häuser sind gebaut, die Gärten angelegt, der Großteil unserer Bevölkerung setzt sich in diesem Alter bereits zur Ruhe, anders hier, in unserem Fall: Das Schwierigste kommt erst noch und wird nun geformt und bewegt: ein großer Raum, ein langer Zeitabschnitt.

Im Blick auf die Raumkomponente kennt man Menschen, die ein Leben lang mit einem winzigen Zimmer auskommen, oder solche, die einen Palast brauchen, um darin zu zweit zu wohnen. Es gibt Menschen, die auf keinen Fall auffallen oder sogar verschwinden möchten, es gibt solche, die kleine, unauffällige, aber markante und signifikante Zeichen hinterlassen, und es gibt solche, die Territorien benötigen, um nichts anderes zu tun, als sich in ihnen auszudehnen und ihren eigenen Körper mit einem gewaltigen Zweitkörper zu verschmelzen.

Erwin Wortelkamps TAL-Projekt ist das Projekt einer solchen Ausdehnung eines Körpers in und auf seine Umgebung. Diese Ausdehnung hat aber keinen imperialen Anspruch, sie ist keine herrschaftliche Geste, sondern eine der Kunst und damit eine Geste, die auf eminent menschenfreundliche und menschenzugewandte Weise jenes »sanfte Gesetz« Stifters ins Werk setzt, das der Natur und ihren Hervorbringungen abgeschaut ist.

Die erste und wichtigste Akzentuierung dieses »sanften«, sich der Welt anschmiegenden, ihr ein Wesen und eine Eigenart abschauenden Gesetzes lautet: nicht allein bleiben im TAL, das TAL nicht als Terrain narzisstischer Raumbefriedigung zu benutzen, sondern es zu beleben und zu strukturieren durch das Gespräch mit anderen Künstlern, um jedem dieser Künstler einen Ort, einen Raum und eine Gelegenheit zu geben, eine Geste, eine Spur, einen Abdruck zu hinterlassen.

Das Kollektiv, das sich auf diesem Weg gebildet hat, ist das Kollektiv der Künstler des TALs, deren Werke wie »hingestreut« erscheinen und eben nicht wie ausgerichtet auf ein gemeinsames, all diesen Werken zugrunde liegendes Gesamtprogramm. Daher gibt es Arbeiten, die sich bis zur Unkenntlichkeit in der Natur verlieren, ebenso wie Werke, die auftrumpfen und Zeichen setzen. Es gibt solche, die sich in einem großen Radius umschauen und ausholen, und es gibt Werke, die etwas bewahren oder ausstellen, etwas vermitteln oder überleiten, genauso wie solche, die etwas sagen und sich in Formen der Anrede an den Betrachter wenden.

All diese sehr unterschiedlichen Werk- und Raumcharaktere aber beziehen sich schließlich auf die weitere, für das TAL entscheidende Komponente, die der Zeit. Manifest wird sie als Zeit des Gehens und Umherstreifens durch das TAL, denn es ist nicht einfach vorhanden, als geschlossener Raum, in dem man sich aufhält, sondern existiert nur, indem es in der Begehung als ein singulär wahrgenommener und zusammengesetzter Raum entsteht. Der Hintergrund dieser Geh- und Begehungszeiten ist die Stationenfolge, die eine Wanderung von etwa drei Stunden gliedert, denn im Alten Schulhaus wohnt auch ein Pädagoge, der seine Gäste auf die Wanderung schickt. Nicht nur, damit sie sich an seinem epikureischen Garten erfreuen, sondern auch, damit sie lernen zu sehen.

Und so strömen sie zu den unterschiedlichsten Jahreszeiten herbei: mit gestreckten Fingern zu den Höhen und in die verschiedensten Richtungen deutend, sich um die eigene Achse drehend, sich zurückwendend, den eigenen Körper unaufhörlich verortend im Netzwerk der Bezüge, als durchliefe man ein Bild nach dem andern und ließe sich auf vielerlei Bühnen nieder. Was das TAL ist und wie es sich gestaltet: Das lässt sich ablesen vor allem daran, wie die Gäste sich in ihm bewegen, denn erst sie ziehen die nur angedeuteten Zusammenhänge aus, lassen sie aufeinanderprallen oder führen sie zu einem Ende.

So gesehen ist das TAL ein großes Kunstaggregat, dessen Bedienung und dessen Energie-Anschlüsse den Gästen aufgegeben sind. Es ist eine offene, durch die Kunst dicht gewordene Landschaft, ein »Westerwald«, der zu sich selbst gefunden hat, zu seinen weiten Höhenplateaus, zu seinen kleinen Bächen und Viehunterständen, zu seinen verwitterten Zäunen und zu den kleinen Wäldchen, durch die der Sturm saust.

Machen wir uns nun auf den Weg, ziehen wir durch das TAL und erleben wir, wie Kunst vor und in unseren Augen auf völlig ungewohnte Weise entsteht!

Wieder zurück

1 Die Madonna in den Trümmern

Am Ende dieser autobiografischen Reise durch zentrale Kunstinspirationen für mein literarisches Schreiben kehre ich wieder an den Ausgangspunkt, in meine Geburtsstadt Köln, zurück.

In den frühen fünfziger Jahren hingen im Flur unserer Wohnung Fotografien, die den Zustand der komplett zerstörten Stadt nach dem Ende des Zweiten Weltkriegs dokumentierten. Jeden Tag gingen wir an diesen Fotos vorbei.

In meinem Roman »Der Typ ist da« kommt Matteo, ein junger Venezianer, nach Köln, um dort eine Bekannte zu besuchen, die er in Venedig kennengelernt hat. Matteo studiert die Stadt mit dem Blick eines Restaurators, der auch Jahrzehnte nach Kriegsende noch die Spuren der Zerstörung wahrnimmt. Während seines Aufenthalts begegnet er einer Fotografie der Madonna in den Trümmern, die sich heute (restauriert) in der Kolumba-Kapelle des Kolumba-Museums befindet.

Matteo erträgt den Anblick der Madonna und des Jesusknaben, der während der Bombardierung seinen Kopf verloren hat, nicht. Die Szene, in der ich von seinem Zusammenbruch erzähle, übersetzt das Entsetzen, das in meiner Familie durch die Kriegserlebnisse jahrzehntelang gegenwärtig war.

Er geht durch den dunklen Flur zurück und bleibt vor der letzten Schwarz-Weiß-Fotografie stehen. Sie zeigt die Gestalt einer Madonnenfigur, die mit dem Jesuskind allein auf einem Sockel inmitten der Trümmer steht. Fast unversehrt. Bis auf das Jesuskind, dem der Kopf fehlt. Matteo geht nahe heran und schaut ein zweites Mal hin. Es stimmt, dem Jesuskind fehlt der Kopf. Anscheinend hat ein Geschoss ihn getroffen und sofort zerschmettert. Die Madonna steht mit dem Leichnam auf dem Arm still da. Sie ist am Kopf verletzt, aber sie hat die Augen nur einen Spalt geöffnet. Die langen Haare sind schön gewellt, und sie trägt ein kostbares Gewand.

Matteo kann nicht länger hinschauen. Er erträgt den Blick der Madonna nicht. Es sieht so aus, als hielte sie die Tränen nur mit äußerster Selbstbeherrschung zurück. Was ist das für eine Madonna? Und wo wurde diese Aufnahme gemacht? Er kann sich nicht von der Fotografie lösen, und er spürt, wie ihm die Tränen kommen. Diese junge, schöne Frau – und der Leichnam, den sie fest mit der rechten Hand hält.

Die Tür zum Gang wird geöffnet, und der Besitzer (des Restaurants) erscheint. Er bleibt neben Matteo stehen, und als wüsste er, was der ihn fragen will, sagt er:

– Das ist die Madonna in den Trümmern. Alles um sie herum wurde zerstört, sie ist als Einzige kaum versehrt mitten in den Trümmern übrig geblieben.
– Dem Jesuskind fehlt der Kopf, sagt Matteo.
– Inzwischen nicht mehr, antwortet der Besitzer. Das Jesuskind hat seinen Kopf längst wiedererhalten. Die Figuren wurden tadellos restauriert.
– Und wo finde ich sie?, fragt Matteo.

Der Besitzer geht zurück mit ihm an den Tisch. Er holt einen Stadtplan und zeigt ihm, wo sich die Madonna in den Trümmern heute befindet.

– Es ist nicht weit von hier, sagt er, nach dem Essen kannst du sie besuchen. Zehn Minuten, mehr brauchst du nicht.
– Ich esse nicht hier, antwortet Matteo, ich habe zu tun. Vielen Dank für Ihre Hilfe …

Er gibt dem Besitzer (des Restaurants) die Hand und verabschiedet sich. Dann macht er sich auf den Weg in Richtung Dom. Er möchte die Madonna in den Trümmern sehen und zeichnen. Mit dem Jesuskind, das anscheinend gerettet und sogar geheilt wurde. Als er im Freien ist, wird ihm plötzlich so übel, wie es lange nicht vorgekommen ist. Er bleibt stehen, sein Herz rast. Er spuckt mehrmals aus, irgendetwas Bitteres hat sich in seinem Mund festgesetzt. Er spürt einen leichten Schwindel, dann schlägt er auf den Boden. Er krümmt sich zusammen, als hätte man ihn geschlagen.

Von gegenüber kommen ein paar Passanten gelaufen, um ihm zu helfen. Er richtet sich wieder auf und bleibt sitzen. Die Passanten fragen, ob sie einen Arzt holen sollen. Matteo bittet um ein Glas Wasser und versucht, sich zu beruhigen.

Es war alles zu viel ... Die Schwarz-Weiß-Fotografien in der Dunkelheit des Gangs. Wie schlimme Szenen eines Films, der ihn plötzlich in seine Handlung hineinzog. Als wäre er, Matteo, eine Figur innerhalb dieses unglaublichen Chaos. Ein schwarz gekleideter junger Mann, der sich auf den Weg macht zu retten, was zu retten ist. Wie zum Beispiel das Jesuskind. Und wie die Madonna, die dringend der Hilfe bedarf.

Er spürt nicht, wie eine kurze Ohnmacht ihn packt. Von hinten stützt ihn ein Passant. Dann wacht er wieder auf und stützt sich mit beiden Händen ab. Er steht auf und schüttelt sich. Jemand reicht ihm ein Glas Wasser.

– Sollen wir den Notarzt verständigen?, fragt jemand.

Matteo antwortet nicht. Er hat das Gefühl, für kurze Zeit anderswo gewesen zu sein. In der Welt der Trümmer. Schwarz-weiß. Kein Mensch war mit ihm unterwegs. Er war allein, und er hatte den Auftrag, die Welt zu restaurieren.

– Verstehen Sie uns?, wird er gefragt.

Er antwortet noch immer nicht.

– Sollen wir einen Notarzt holen?, hört er ein zweites Mal.

Er versteht nicht, was sie von ihm wollen. Er trinkt das Glas Wasser leer und wischt den Dreck von seinem Mantel. Ein Kreis von Passanten umgibt und beobachtet ihn.

– Wieder alles in Ordnung?, fragt jemand.

Matteo schluckt, der bittere Geschmack ist wahrhaftig verschwunden.

– *Sono veneziano*, antwortet er, *voglio vedere la mia famiglia*.

– Was sagt er?, fragt jemand.

– Er ist Venezianer und möchte zu seiner Familie, antwortet ein anderer.

Matteo macht eine kleine Verbeugung. Dann sagt er auf Deutsch:

– Vielen Dank. Sie haben mir sehr geholfen. Meine Familie, es gibt sie, sie wartet auf mich.

Er löst sich aus dem Pulk der Passanten. Sie schauen ihm hinterher, als er weiter in Richtung Dom geht.

– Ist mit dem alles in Ordnung?, fragt jemand.

– Nein, antwortet ein anderer. Mit dem stimmt etwas nicht.

– Sollen wir nicht doch einen Arzt rufen?

Die Passanten bleiben stehen und diskutieren weiter. Erst langsam löst sich die kleine Versammlung auf. Matteo ist längst verschwunden und nähert sich ohne Umwege der Marienkapelle, in der die Madonna in den Trümmern steht. Ich bin unterwegs, denkt er. Keine Sorge. Ich bin gleich da. Dann werde ich tun, was immer in meinen Kräften liegt …

2 Die Muttergottes in der Rosenlaube

Stephan Lochners Bild »Muttergottes in der Rosenlaube« entstand zwischen 1440 und 1442. Es hängt heute im Wallraf-Richartz-Museum und ist eines der bekanntesten Kölner Bilder. Eine Kopie hing nach dem Krieg in vielen Wohnhäusern, so auch im Haus meiner Großeltern im Westerwald.

In der Kindheit habe ich es unzählige Male gesehen und beobachtet, wie die Mitglieder unserer Familien darauf reagierten. Darüber habe ich später eine kleine Erzählung geschrieben. Sie untersucht den Charakter, den die jeweilige Bildbetrachtung annehmen kann, und sie bringt das Bild in Verbindung mit der Geschichte meiner Eltern während des Krieges und nach dem Krieg.

Stefan Lochners *Muttergottes in der Rosenlaube* hing jahrzehntelang im Haus meiner Großeltern, das sich im Westerwald, etwa 100 Kilometer östlich von Köln, befindet. Es hing im

Esszimmer, über dem schweren Sessel, in dem mein Großvater meist vor und nach den Mahlzeiten saß, um noch etwas zu lesen. An den Feiertagen, wenn die vielen Verwandten sich zur gemeinsamen Mahlzeit in diesem Zimmer versammelten, ging der Blick beim Tischgebet hinüber zu diesem Bild.

Es war ein Andachtsbild, ein Bild, das scheinbar direkt aus einem Kirchenraum ins Haus meiner Großeltern gebracht worden war, um auch dort ein kleines Stück Kirche unterzubringen und einzurichten. Wenn es einem nicht gut ging, war dieses Bild für einen da, dann betete man zu der Muttergottes als einer Mittlerin, die sich beim höchsten Gott für einen einsetzen würde.

In meinen Kindertagen habe ich den höchsten Gott mit dem Heiligen Geist oberhalb der Marienfigur überhaupt nicht bemerkt, ja ich glaube, dass ich damals überhaupt nur wenige Partien des Bildes wahrgenommen habe. Fast immer fixierte der Blick zunächst das Antlitz Mariens, dieses rätselhaft-fremde Oval mit der breiten Stirn, die ebenmäßige, faltenlose und straffe Haut, unglaublich zart und hell, den winzig-roten, geschwungenen Jungmädchenmund, die schweren Augenlider, die den gesenkten Blick noch stärker betonten – dieses blasse, vornehme und ferne Gesicht mit dem goldgelben, in großer Schönheit nach hinten fließenden Haar war alles, was ich erkannte und worauf ich achtete.

Manchmal aber fuhr ich mit meinen Großeltern und den Eltern nach Köln, dann gingen wir vom Bahnhof aus direkt in den Dom, um uns dort Lochners Altarbild der Kölner Stadtpatrone anzuschauen. Vom Dom aus aber spazierten wir oft noch weiter ins nahe gelegene Museum, wo die *Muttergottes in der Rosenlaube* das einzige Bild war, auf das wir überhaupt einen Blick warfen. Wir schauten nach, ob unser Bild sich noch an seiner alten Stelle befand, wir verglichen das Original mit der Kopie, und meist sagte irgendjemand von uns, dass man nicht verstehen könne, warum um Himmels willen das Original kleiner erscheine als die Kopie.

Viel wichtiger aber war, dass ich bei diesen Museumsbesuchen endlich Gelegenheit hatte, unserem Muttergottes-Bild ganz aus der Nähe zu begegnen. Einmal fielen mir dabei die kleinen Engel auf, die sich im Rücken der Madonna über eine

Brüstung beugten: Einer der Engel hielt eine rote Rose in der Rechten und streckte sich, um mit der Rechten eine weitere Rose zu pflücken! Ein anderer reichte dem Jesusknaben einen Apfel und hielt in der anderen Hand einen kleinen Korb, hoch mit Äpfeln gefüllt! Zu Füßen der Madonna aber saßen vier etwas größere, musizierende Engel: Zwei Lauten! Eine Harfe! Eine kleine Orgel! Warum aber waren es gerade vier, warum vier?

Seltsam, dass die Muttergottes auf ihr Musizieren nicht reagierte. Sie lächelte nicht, ja sie kümmerte sich im Grunde nicht einmal ernsthaft um das Jesuskind, das sie seitlich auf ihren Knien hielt. Womit also war sie beschäftigt? Mit sich selbst? Mit ihrer Schönheit? Oder war sie eher eine scheue Frau, die zurückhaltend und vorsichtig zur Seite schaute, um sich nicht ganz zu erkennen zu geben?

Meine Großmutter faltete auch im Museum jedes Mal die Hände, sobald sie einen Blick auf das Bild geworfen hatte. Sie faltete die Hände vor der Brust und schaute dann zu Boden, sie betete, aber sie brauchte das Bild nicht anzuschauen, um das zu tun, im Grunde störte das Bild sie sogar beim Beten. Vielleicht erging es der Muttergottes ähnlich, vielleicht betete auch sie, und vielleicht hätte es sie vom Beten abgebracht, wenn sie das Jesuskind oder sogar einen Beter oder Betrachter angeschaut hätte.

Von meinem Großvater wiederum wusste ich, dass er sich nicht so sehr für die Muttergottes und das Kind, sondern vor allem für die Rosenlaube interessierte. Manchmal schmunzelte er, trat näher an das Bild heran und wartete darauf, dass man ihn fragte, ob er sich gerade die Rosenlaube genauer anschaue. Dann nickte er und sagte etwas über die Rosen, meist aber erzählte er auch davon, was er mit dem Rosenspalier in seinem Garten noch so alles vorhabe, je nach Jahreszeit fielen diese Erzählungen anders aus, mal war vom Schnitt, mal vom Hochbinden der Pflanzen die Rede, je nachdem.

Mein Vater aber sagte, wenn er Lochners Bild zu Gesicht bekam, meist nur einen einzigen Satz. »Das ist Stefan Lochners ›Muttergottes in der Rosenlaube‹«, sagte er, und dann starrte er auf das Bild, als sähe er es zum ersten Mal und müsse uns allen erklären, um welches Bild es sich handelte.

So standen wir im Halbkreis um Lochners Bild herum, jeder auf andere Weise mit ihm beschäftigt und von ihm geprägt. Für meine Mutter aber war es wohl ein ganz besonderes Bild, denn es war das Bild all ihrer Hoffnungen und all ihrer Ängste. Jedes Mal, wenn sie einen ihrer Söhne während des Krieges und nach dem Krieg verloren hatte, hatte sie vor diesem Bild zu der Muttergottes darum gebetet, dass das Töten und Sterben nun endlich ein Ende haben möge.

Viermal hatte die Muttergottes sie nicht erhört, vier Söhne hatte meine Mutter verloren, bis die Muttergottes anscheinend zum ersten Mal zugehört und angesichts des Leids meiner Mutter sogar aufgeschaut hatte.

Als ich älter war, hat meine Mutter mir erzählt, dass die Geburt ihres fünften Kindes (und damit meinte sie meine Geburt) der Muttergottes in der Rosenlaube zu verdanken sei, denn die Muttergottes habe sich endlich ihrer erbarmt und beim höchsten Gott Fürsprache eingelegt.

Seit ich diese Erzählung meiner Mutter gehört hatte, war mir Lochners Muttergottes noch unheimlicher als zuvor, und ich schaute sie während der Sonntagsmahlzeiten im Esszimmer meiner Großeltern nur noch ganz kurz und von der Seite her an. Statt in das Gesicht der Muttergottes, zu Gott Vater oder zu den Engeln starrte ich auf die große, goldene Brosche, die das dunkelblaue Kleid der Muttergottes als einziges Schmuckstück so auffällig schmückte.

Manchmal aber schaute ich auch auf die vier Engel und dann sehr rasch weiter auf den zugewachsenen, grünen Boden: Erdbeeren, ja Erdbeeren! Solche Erdbeeren würde es nach dem Essen geben, frische Erdbeeren, aus Großvaters Garten!

3 Der Durchbruch

Manche der in diesem Buch zusammengestellten Texte über Kunst enthalten nicht nur Momente der Kunstrezeption, sondern auch solche einer künstlerischen Praxis. Meine kindlichen Alben sind ein frühes Beispiel, aber auch die Chroniken und Skizzenbücher, die ich später in Jahrzehnten literarischer Arbeit geschrieben und entworfen habe. Auch meinen Blog empfinde ich als Teil einer solchen Praxis – nämlich als Versuch, bildliche, akustische und literarische Inspirationen in kurzen Einträgen zu kombinieren und zu sammeln.

Solche »Übergriffe« ins Künstlerische regten eine Fantasie an, die mich immer wieder beschäftigt. Es ist eine Fantasie darüber, wie eine Kunstausstellung mein literarisches Arbeiten als künstlerische Praxis vorstellen könnte. Einmal habe ich es gewagt, sie zu fixieren.

Gegen zehn Uhr betreten die Besucher die Vorhalle, in der man etwas verweilen kann. Man kann Originalaufnahmen von Klavierstücken hören, die ich früher eingespielt habe. Darunter sind viele Studioaufnahmen, aber auch Mitschnitte von Konzerten. Die Besucher nehmen Platz, trinken etwas Kaffee oder Tee und streifen sich die Kopfhörer über.

Wer von dieser Einstimmung genug gehört hat, betritt den *Strömungssaal 1*. Er ist relativ groß, kreisrund und vollkommen dunkel, und in ihm stehen mehrere Leinwände, auf denen die Filme zu sehen sind, die ich als Regisseur gedreht habe. Es sind Filme, die im Fernsehen oder in einem Kino gelaufen sind, es gibt aber auch viele Filme eher privater Natur, in denen ich der Kameramann, der Drehbuchschreiber, der Regisseur und einer der Darsteller war. Solche Filme werden auf kleineren Monitoren gezeigt, die wie bunte Pilze (etwas poppig) den Raum lose bevölkern.

Vom *Strömungssaal 1* geht es weiter in den größten Saal der Ausstellung, den *Strömungssaal 2*. Er ist mit Tausenden meiner Chronikseiten bestückt. Jede dieser Seiten hat ein DIN-A4-Format und enthält (auf Vorder- und Rückseite) die Chronik und das von mir ausgewählte (und aus Zeitungen oder Zeitschriften ausgeschnittene) Bildmaterial eines einzigen Tages. Man könnte ein ganzes beliebiges Jahr dokumentieren oder den Monat Mai der letzten zwanzig Jahre oder all die Tage zwischen dem Jahr 2000 und dem Jahr 2005, an denen ich unterwegs war. (Dazu würden Karten und kleine Diagramme passen.)

Strömungssaal 2 wäre der Schauraum der Zeit und ihres Vergehens. Seitlich würden sich an ihn kleinere Kabinette anschließen, und in jedem Kabinett wären die Vorarbeiten (Notat- und Skizzenbücher) zu einem literarischen Werk (Roman, Sachbuch, Essayband etc.) zu studieren. Die Kabinette würden sich wie Zellen oder Waben rings um den *Strömungssaal 2* legen und ihn dadurch rahmen. Einige enthielten Sammlungen meiner Fotografien zu bestimmten Themen und wären dadurch als thematische Bildräume (mit den dazugehörigen Notizen) erkennbar.

Würde man den *Strömungssaal 2* nicht nach den Seiten, sondern durch die dem Eingang gegenüberliegende Tür verlassen, käme man in den *Strömungssaal 3*. Dort ständen bequeme Liegen bereit, auf denen man sich mit geschlossenen Augen meinen Hörbüchern hingeben könnte. An den Wänden dieses

Saales wäre eine Bibliothek mit all meinen veröffentlichten Büchern aufgebaut, und jedes Buch wäre gleich in mehreren Exemplaren vorrätig, so dass man, wenn man das wünschte, während des Hörens auch mitlesen könnte.

Vom *Strömungssaal 3* aus würde man in den letzten, hellsten und auf den ersten Blick freundlichsten Raum der Ausstellung gelangen: eine große Restaurantfläche mit vielen kreisrunden, weiß gedeckten Tischen. Hier könnte man zum Schluss Speisen und Getränke genießen, deren Rezepte ich vorgegeben hätte. Jedes Rezept hätte einen Bezug zu einem meiner Werke, und auf jedem Tisch läge ein kleines Brevier dieser Bezüge aus, das die Besucher mit nach Hause nehmen und dort studieren könnten.

So in etwa träume ich von einer großen, die Ansprüche der Kunst aufnehmenden, sie fortführenden und auf »Literatur« anwendenden Ausstellung. Ich wünsche mir keine Präsentation einiger handbeschriebener Seiten in irgendeinem Kabuff. Und ich denke nicht daran, meine Materialien (Stifte, Laptops, Smartphones) in Glaskästen unterzubringen, um sie dort wie Museumsstücke verdämmern zu sehen.

Ich möchte die große Ausstellung. Alles oder nichts. Die Ausstellung *Rester vivant* von Michel Houellebecq im Pariser *Palais de Tokyo* ging schon in eine gute Richtung. Das wäre das Ende des schriftstellerischen Stübchenlateins und damit das Ende von Spitzweg und Co. Mit diesem Durchbruch wäre der Schriftsteller reif für seine Auftritte als Künstler. Baselitz bekäme Konkurrenz, denn die Strickleitern wären plötzlich mit einem neuen Typus von Künstlern besetzt: mit solchen, die unentwegt Kunst machen, lesen und schreiben.

4 Die SALA ORTHEIL

Eine Ausstellung meiner »künstlerischen Praxis« hat es bisher (Sommer 2022) noch nicht gegeben. Aber es gibt eine Annäherung an ein solches Projekt, die ich selbst in die Hand genommen habe.

In meinem westerwäldischen Heimatort Wissen/Sieg habe ich mitten im Zentrum einen leer stehenden Raum hergerichtet und gestaltet. Die darin versammelten Fotografien, Schaukästen, Möbel und Bücher entwerfen »die Geburt eines Schriftstellers als Kind vom Land«. Seit drei Jahren benutze ich diesen Raum als Studio, Atelier und »Sprechstundenpraxis«.

Die *SALA ORTHEIL* habe ich im Herbst 2019 in Wissen/Sieg eröffnet (Mittelstraße 16). Früher war sie ein Modeladen im Zentrum der Stadt, nur wenige Meter entfernt von meinem mütterlichen Großelternhaus und dem früheren Baugeschäft meines Großvaters, in dessen Büro sich heute eine Buchhandlung befindet. Den großen Raum habe ich entkernen und renovieren lassen, er strahlt an den Wänden jetzt in schlichtem Weiß und hat einen ochsenblutroten, glatten Boden. Keine Pfeiler und Pfosten, keinerlei Unterteilungen, sondern ein Raumganzes von etwa achtzig Quadratmetern.

An den Wänden hängen etwa fünfzig Fotografien aus der fotografischen Sammlung meiner Eltern – Fotos ihrer Geburts- und früheren Wohnhäuser (in Wissen), ältere Fotos von der Stadt, genealogische Fotos von den beiden elterlichen Familien, denen ich entstamme, sowie Fotos von dem Kind, das ich einmal war. Es sind »Herzensbilder«, die ich ausgewählt habe, weil jedes von ihnen eine Anregung für mein Schreiben bedeutete und in einem meiner Bücher eine inspirierende Rolle spielt.

Außerdem stehen in der SALA Möbel aus dem Archiv der Familie, die Berliner Wohnzimmereinrichtung meiner Eltern aus den Jahren nach 1939, ein Sofa, zwei Sessel, ein Tisch, ein Küchenbüfett, eine Uhr, ein Radio. Sie markieren eine Vergangenheit, der ich mich in meinen Büchern *Hecke*, *Blauer Weg*, *Die Berlinreise* erzählend genähert habe.

Daneben gibt es zwei Glasvitrinen: eine mit meinen Schreibmaschinen (seit den fünfziger Jahren) und eine mit meinem Kinderspielzeug und Gipsabgüssen von Händen bekannter Klaviervirtuosen (Chopin und Liszt). Schließlich noch zwei Regale: eins mit Büchern der elterlichen Bibliothek und eins mit jenen von mir selbst geschriebenen Büchern, die sich auf meine westerwäldische Herkunft beziehen.

Ein kleiner Schreibtisch steht zwischen ihnen, er ist das Zitat der Arbeit, die all diese Materialien miteinander verbindet. Darüber hinaus ist er aber auch ein Möbelstück, das in die Zukunft verweist. An diesem Schreibtisch sitze ich dann und wann und schreibe und verwandle den Raum dadurch in ein Arbeitszimmer, dessen unterschiedliche imaginative Welten mich inspirieren.

Im Italienischen gibt es für all das ein schönes Wort: Studiolo … – was so viel meint wie »kleines Studio« oder »Imaginarium« (hätte Roland Barthes gesagt). In einem Studiolo arbeitet ein Schriftsteller, umgeben von Bildern und Gegenständen, die er liebt, an seinen Werken. Dahin zieht er sich oft zurück, so dass der Raum den Charakter einer Klause erhält und sein dort stattfindendes Leben in eine Klausur verwandelt.

Ein solcher Raum wird dann und wann aber auch für Freunde, Gäste oder Gesprächspartner geöffnet. Auch das ist eine Aufgabe der SALA: ein privates Studio mit imaginativem Charakter zu sein, andererseits aber auch ein öffentlicher Salon, in dem ich Menschen aus aller Welt und aus der näheren Umgebung empfange.

Mit vielen habe ich mich seit der Eröffnung der SALA bereits unterhalten und manche Gespräche aufgezeichnet. Die meisten kreisen um Ortsgeschichten des städtischen Raumes von Wissen, in dem wir uns während unserer Unterhaltungen befinden. Sie erzählen, wie »es früher war und heute ist« – charakteristisches Erleben eines Raumes durch sehr verschiedene Menschen und Charaktere. Andere blenden über zu allgemeineren Themen der Zeit: Wie erleben wir unsere Gegenwart, wie informieren wir uns, wem sind wir nahe, wie gestalten wir unsere Tage?

Als Ganzes ist die SALA eine zeitlich und räumlich ausholende Installation: Sie inszeniert private Räume des persönlichen Erinnerns, um zu privaten Erzählungen über andere Räume und Zeiten vorzudringen. Was ich darüber notiere und aufschreibe, soll zumindest teilweise einmal veröffentlicht werden – als Dokumentation über das Innenleben eines von mir initiierten westerwäldischen Projekts, das es in dieser Form kein zweites Mal gibt.

Notes

1 *Roma caput mundi*. Lateinische Texte in der Stadt und über die Stadt. Hrsg. und übersetzt von Franz Peter Waiblinger. München 2000, S. 210

2 Marie Luise Kaschnitz: *Engelsbrücke. Römische Betrachtungen*. Frankfurt/M. und Hamburg 1967, S. 180 f.

3 Vgl. Ernst Osterkamp: *Winckelmann in Rom*. In: Conrad Wiedemann (Hrsg.): *Rom – Paris – London. Erfahrung und Selbsterfahrung deutscher Schriftsteller und Künstler in den fremden Metropolen*. Stuttgart 1988, S. 203 ff.

4 Vgl. Michael von Albrecht: *Rom: Spiegel Europas. Das Fortwirken antiker Texte und Themen in Europa*. 2., berichtigte und erweiterte Auflage. Tübingen 1998

5 Tertullian: *De spectaculis / Über die Spiele*. Lateinisch/Deutsch. Übersetzt und herausgegeben von Karl-Wilhelm Weeber. Stuttgart 2002

6 Tertullian, a. a. O., S. 49 ff.

7 *Rom – die Gelobte Stadt*. Texte aus fünf Jahrhunderten. Hrsg. von Johannes Mahr. Stuttgart 1996, S. 47

8 Vgl. Johann Wolfgang Goethe: *Italienische Reise*. In Zusammenarbeit mit Christof Thoenes herausgegeben von Andreas Beyer und Norbert Miller. München 1992, S. 146 ff.

9 Vgl. Helmut J. Schneider: *Rom als klassischer Kunstkörper. Zu einer Figur der Antike – Wahrnehmung von Winckelmann bis Goethe*. In: Paolo Chiarini/Walter Hinderer (Hrsg.): *Rom – Europa. Treffpunkt der Kulturen 1780–1820*. Würzburg 2006

10 Johann Joachim Winckelmann: *Briefe aus Rom*. Ausgewählt, kommentiert und mit einer Einleitung von Martin Disselkamp. Mainz 1997

11 Vgl. Peter Sprengel: *Deutsche Geselligkeit in Rom als konstitutives Element des deutschen Rom-Erlebnisses – nicht nur bei Goethe*. In: Conrad Wiedemann (Hrsg.): *Rom – Paris – London*, a. a. O., S. 247 ff.

12 Vgl. Stefan Oswald: *Deutsche Künstler in Rom: Künstlerrepublik und christlicher Kunstverein*. In: Conrad Wiedemann (Hrsg.): *Rom – Paris – London*, a. a. O., S. 260 ff.

13 Vgl. Sabine Fastert: »Wenn man nur nicht so beständig von Besuchern belästigt wäre!« Die Nazarener in Rom. In: Paolo Chiarini/Walter Hinderer (Hrsg.): *Rom – Europa. Treffpunkt der Kulturen 1780–1820*. Würzburg 2006

14 Vgl. Angela Windholz: *Villa Massimo. Zur Gründungsgeschichte der deutschen Akademie in Rom und ihrer Bauten.* Petersberg 2003

15 Rolf Dieter Brinkmann: *Rom, Blicke.* Reinbek 1979

16 Vgl.: *Rom – die Gelobte Stadt. Texte aus fünf Jahrhunderten.* Hrsg. von Johannes Mahr. Stuttgart 1996, S. 166 ff.

17 Rolf-Dieter Brinkmann: *Rom, Blicke*, a. a. O., S. 125

Quellenverzeichnis

Die Entstehung der Kunstmomente. Erstveröffentlichung

Die kindliche Werkstatt 1 – Das Schauen, aus: Imma Klemm (Hrsg.): Ein Kosmos der Schrift, München 2021, S. 16ff. (stark gekürzte, veränderte und erweiterte Fassung)

Das spätere Schauen mit der Hilfe von Texten. Kirschlorbeer, Glyzinien und Mohn, aus: In meinen Gärten und Wäldern, Mainz 2022, S. 88f., S. 104f., S. 124f.

Die kindliche Werkstatt 2 – Das Ausschneiden und Sammeln, aus: Imma Klemm (Hrsg.): Ein Kosmos der Schrift. München 2021, S. 27f. (stark gekürzte, veränderte und erweiterte Fassung)

Die kindliche Werkstatt 3 – Das Fotografieren, aus: Imma Klemm (Hrsg.): Ein Kosmos der Schrift. München 2021, S. 26 (stark erweiterte Fassung)

Die kindliche Werkstatt 4 – Die Fotoalben der Familie. Erstveröffentlichung

Exkurs 1 – Roland Barthes »studiert« sein Fotoalbum. Erstveröffentlichung

Exkurs 2 – Georg Simmel ortet einen Konflikt der modernen Kultur. Erstveröffentlichung

Exkurs 3 – Roland Barthes antwortet Georg Simmel. Erstveröffentlichung

Exkurs 4 – Der Fotograf August Sander, aus: Im Westerwald. Mainz 2019, S. 150f. (stark veränderte und erweiterte Fassung)

Exkurs 5 – Pierre Bourdieu »studiert« Fotografien. Erstveröffentlichung

Exkurs 6 – August Sanders westerwäldische Räume, aus: Im Westerwald. Mainz 2019, S. 165ff.

Exkurs 7 – August Sanders Westerwald-Porträts, aus: Im Westerwald. Mainz 2019, S. 175ff.

Exkurs 8 – August Sander und mein Debütroman »Fermer«, aus: Im Westerwald. Mainz 2019, S. 157ff.

Exkurs 9 – Eine Fahrt zu Bernd & Hilla Becher, aus: Laurenz Berges. Das Becherhaus in Mudersbach. München 2022, S. 5ff.

Die kindliche Werkstatt 5 – Erste Spuren der Schrift, aus: Der Stift und das Papier. München 2015, S. 18ff.

Die kindliche Werkstatt 6 – Abzeichnen, aus: Der Stift und das Papier. München 2015, S. 24ff.

Die kindliche Werkstatt 7 – Die Erfindung der Chronik, aus: Der Stift und das Papier, München 2015, S. 42ff.

Die spätere Werkstatt 1 – Formate des Notierens. Erstveröffentlichung

Die spätere Werkstatt 2 – Die Erfindung des Blogs. In: Frankfurter Allgemeine Zeitung, 20.6.2020 (Literarisches Leben)

Kunstausstellungen 1 – Kirchen und Gotteshäuser, aus: Was ich liebe und was nicht, München 2016, S. 315ff.

Kunstausstellungen 2 – 1 Die Liebe zu Museen, aus: Was ich liebe und was nicht, München 2016, S. 189ff.

Kunstausstellungen 2 – 2 Der Museumsblick, aus: Was ich liebe und was nicht, München 2016, S. 199ff.

Kunstkontinente 1 – Das antike Griechenland 1. Auf der Agora in Athen, aus: Die Mittelmeerreise, München 2018, S. 435ff.

Kunstkontinente 1 – Das antike Griechenland 2. Im Athener Nationalmuseum, aus: Die Mittelmeerreise, München 2018, S. 481ff.

Kunstkontinente 1 – Das antike Griechenland 3. Die Akropolis, aus: Die Mittelmeerreise, München 2018, S. 508ff.

Sehen lernen durch Filme – 1 Im Kino, aus: Was ich liebe und was nicht. München 2016, S. 173ff.

Sehen lernen durch Filme – 2 Der Filmblick, aus: Was ich liebe und was nicht. München 2016, S. 181ff.

Sehen lernen durch Filme – 3 Aus den Filmnotaten der siebziger Jahre. Erstveröffentlichung

Kunstkontinente 2 – Rom und Venedig. 1 Aus den frühen römischen Notaten der siebziger Jahre. Erstveröffentlichung

Kunstkontinente 2 – Rom und Venedig. 2 Römische Bilder, aus: Rom. Eine Ekstase, Frankfurt/Main 2011, S. 31ff.

Kunstkontinente 2 – Rom und Venedig. 3 Rom begreifen, aus: Kollektive in den Künsten. Hrsg. von Hajo Kurzenberger, Hanns-Josef Ortheil, Matthias Rebstock, Hildesheim et al., 2008, S. 203ff.

Kunstkontinente 2 – Rom und Venedig. 4 Rom, Villa Massimo, aus: Rom, Villa Massimo, München 2017

Kunstkontinente 2 – Rom und Venedig. 5 Aus frühen venezianischen Notaten der siebziger Jahre. Erstveröffentlichung

Kunstkontinente 2 – Rom und Venedig. 6 Die venezianische Malerei, aus: Günther Uecker: Wasser Venezia Acqua luminosa, Mainz 2005

Kunstkontinente 2 – Rom und Venedig. 7 Venezianische Bilder, aus: Venedig. Eine Verführung, München 2016, S. 113ff., und aus: Alessandra De Respinis: Cicchettario, Mainz 2017, S. 159ff.

Kunstkontinente 2 – Rom und Venedig. 8 In einer venezianischen Galerie, aus: Venedig. Eine Verführung, München 2004, S. 103ff.

Kunstkontinente 2 – Rom und Venedig. 9 Venezianischer Nachklang mit Donna Leon – Brunetti winkte. Erstveröffentlichung

Kunstkontinente 3 – Paris. 1 Höhenblick und Vogelschau, aus: Paris, links der Seine, Frankfurt/Main 2017, S. 7ff.

Kunstkontinente 3 – Paris. 2 Der Ursprung der Moderne – Eugène Delacroix, aus: Paris, links der Seine, Frankfurt/Main 2017, S. 130ff.

Kunstkontinente 3 – Paris. 3 Der Boulevard und die Mode, aus: Paris, links der Seine, Frankfurt/Main 2017, S. 211ff.

Kunstkontinente 3 – Paris. 4 Im Paris von Ernest Hemingway und Gertrude Stein, aus: Paris, links der Seine, Frankfurt/Main 2017, S. 302ff.

Annäherungen an die Gegenwartskunst. 1 Gehen durch Galerien, aus: Was ich liebe und was nicht, München 2016, S. 202ff.

Annäherungen an die Gegenwartskunst. 2 Atelierbesuche, aus: Was ich liebe und was nicht, München 2016, S. 206ff.

Annäherungen an die Gegenwartskunst. 3 Vier Albumblätter. Lore Bert/Hanns-Josef Ortheil. Vier Albumblätter. Mainz 1982

Annäherungen an die Gegenwartskunst. 4 Das Werk von Lore Bert und ihr Lebensroman. Erstveröffentlichung

Annäherungen an die Gegenwartskunst. 5 Erwin Wortelkamps »Angelehnte«. Erstveröffentlichung

Annäherungen an die Gegenwartskunst. 6 IM TAL von Erwin Wortelkamp. Erstveröffentlichung

Wieder zurück. 1 Die Madonna in den Trümmern, aus: Der Typ ist da, Köln 2017, S. 245ff.

Wieder zurück. 2 Die Muttergottes in der Rosenlaube, aus: Bilder.Geschichten. Schriftsteller sehen Malerei. München 2006

Wieder zurück. 3 Der Durchbruch, aus: Was ich liebe und was nicht, München 2016, S. 211ff.

Wieder zurück. 4 Die SALA ORTHEIL, aus: Unterwegs im Westerwald, Berlin 2022, S. 237ff.

Abbildungsnachweis

Hanns Josef Ortheil Privatarchiv:
S. 5/S. 10/S. 14/S. 15/S. 16/S. 24/S. 25/S. 28/S. 30/S. 71/S. 99/S. 103/ S. 111/S. 122/S. 131/S. 136/S. 137/S. 138/S. 214/S. 220/S. 314/S. 335

August Sander/VG Bildkunst 2023:
S. 43/S. 47/S. 51/S. 52/S. 53/S. 54/S. 55/S. 56/S. 58/S. 59/S. 60/S. 62/ S. 63/S. 64/S. 69

Getty Images
S. 122/Getty Images; S. 154/Brandstaetter Images/Getty Images

Alamy Stock
S. 178/Lisa Pearson/Alamy Stock; S. 182/Alamy Stock;

Bridgeman Images
S. 180/Stefano Baldini/Bridgeman Images; S. 183/S. 191/S. 190

Wikipedia
S.184/Villa_di_livia,_affreschi_di_giardino,_parete_corta_meridionale_01/ https://de.wikipedia.org/wiki/Datei:Villa_di_livia,_affreschi_di_giardino,_parete_corta_meridionale_01.jpg/01/2023

Goethehaus Frankfurt
S. 188/Johann Heinrich Wilhelm Tischbein, Goethe am Fenster seiner Wohnung am Corso, Rom 1786-87. Aquarell sowie Pinsel und Feder in Braun, mit Rötel, blauer und schwarzer Kreide, weiß gehöht (Pinsel), auf Vergépapier, ganzflächig auf Karton aufgezogen, dieser ganzflächig auf festen Karton montiert, Blatt: 416 x 267 mm; Untersatzkarton: 439 x 287 mm, Inv. Nr. III-13385
© Freies Deutsches Hochstift/Frankfurter Goethe-Museum, Foto: David Hall

Cameraphoto Arte
S. 229

Lore Bert
S. 291-299/Galerie Dorothea van der Koelen/mainz/1982_Litographien

Erwin Wortelkamp
S. 311_Angelehnt, Der Felsendom, in der Abtei »Marienstatt«. c/o Werner Hannappel

Hermann Claasen/Rheinisches Bildarchiv Köln
S. 323/Madonna in den Trümmern, Köln 1945

AKG-Images
S. 328

Inhaltsverzeichnis

Sollte diese Publikation Links auf Webseiten Dritter enthalten, so übernehmen wir für deren Inhalte keine Haftung, da wir uns diese nicht zu eigen machen, sondern lediglich auf deren Stand zum Zeitpunkt der Erstveröffentlichung verweisen.

MIX
Paper | Supporting responsible forestry
FSC® C021956
FSC www.fsc.org

Penguin Random House Verlagsgruppe FSC® N001967

1. Auflage
Originalausgabe Mai 2023

in der Penguin Random House Verlagsgruppe GmbH,
Neumarkter Str. 28, 81673 München
Covergestaltung: semper smile, München
Umschlagmotiv: © shutterstock/Siam SK; Tong Minho; unter Verwendung eines Fotos von © Lukas Ortheil
Satz: Uhl + Massopust, Aalen
Druck und Einband: Litotipografia Alcione Srl., Lavis, Trient, Italien
cb · Herstellung: ast
Printed in Italy
ISBN 978-3-442-77300-8

www.btb-verlag.de
www.facebook.com/btbverlag